SOUVENIRS
DES
ZOUAVES
PONTIFICAUX

1861 et 1862

RECUEILLIS PAR

FRANÇOIS LE CHAUFF DE KERGUENEC

Ancien Zouave Pontifical

POITIERS

IMPRIMERIE OUDIN & Cie

4, RUE DE L'ÉPERON, 4

1890

SOUVENIRS

DES

ZOUAVES PONTIFICAUX

1861 et 1862

Fais ce que dois, advienne que pourra.

SOUVENIRS

DES

ZOUAVES PONTIFICAUX

1861 et 1862

RECUEILLIS PAR

François le CHAUFF de KERGUENEC

Ancien Zouave Pontifical

POITIERS

IMPRIMERIE OUDIN & Cie

4, RUE DE L'ÉPERON, 4

1890

A MES ENFANTS

Il m'est venu à la pensée, vers la fin de l'automne dernier, mes chers enfants, de relire les lettres écrites par votre oncle Henri, du temps qu'il était zouave du Pape.

Malheureusement je n'ai retrouvé que sa correspondance des années 1861 et 1862; celle de 1862 au premier janvier 1868, date de sa libération définitive du service pontifical, n'existe plus. Une seule lettre de 1866 a pu m'être communiquée: vous la trouverez à la fin de ce livre, dont elle est d'ailleurs le très naturel épilogue.

La seconde lecture de ces lettres m'a laissé une si bonne impression, que je me suis demandé s'il n'y aurait pas utilité à les publier et à les répandre. Toutefois, ne voulant pas m'en rapporter à moi seul, *j'ai consulté des juges d'une indiscutable compétence en pareille matière ; et il m'a été répondu, après un examen sérieux du livre projeté, « qu'il était de na-« ture à faire beaucoup de bien à des âmes de jeunes « gens, à éclairer des esprits prévenus et à inté-« resser vivement les plus indifférents par son style « piquant, spirituel et plein de chaleur. »*

Devant ces considérations, l'hésitation n'était plus possible ; aussi ai-je demandé à qui de droit la permission de réunir ces lettres de 1861 et 1862 en un volume que je vous dédie.

A la vérité, ces Souvenirs *ne sont qu'une humble page des Annales des Zouaves pontificaux, mais une page écrite sur place, ayant par là même un réel intérêt historique. Les dessins d'après nature dans lesquels M. le vicomte de Lambilly, le doyen d'âge des chefs de bataillon du régiment, a bien voulu l'encadrer, y ajoutent une vraie couleur locale et un charme artistique dont vous saurez apprécier le mérite.*

Castelfidardo, Mentana, la défense des États romains

suivie de la sacrilège occupation de la Ville éternelle en 1870, et la campagne de France, ont eu leurs panégyristes et leurs historiens éloquents et fidèles. Quel catholique n'a lu ou ne voudrait lire les remarquables ouvrages du vicomte de Poli, du baron de Mévius, du comte de Beaufort et du comte Jacquemont ?

Les Souvenirs que je vous offre, d'un genre différent et d'un ton plus modeste, nous font connaître la vie intime des zouaves à son berceau, l'esprit de foi, de dévouement absolu au Pape, de charité et de bonne camaraderie, qui animait le bataillon durant les deux premières années de son existence, et qui ne fit que se développer avec le temps.

Afin de suppléer au silence forcé de mon frère pendant le mois de juin 1862, j'ai cru devoir insérer parmi les siennes, quatre de mes propres lettres, que j'écrivis alors de Rome où j'étais allé comme pèlerin, et où je retournai dans la suite, pour revêtir, à mon tour, l'uniforme des zouaves pontificaux.

Recevez donc ce livre, mes chers enfants. Puisse-t-il vous encourager à marcher fièrement dans la voie de l'honneur, du patriotisme et de la religion, parcourue depuis bien des générations, grâces à Dieu, par ceux de votre nom et de votre sang qui vous ont précédés dans la vie, et à toujours mettre au service de l'Eglise et de la France un dévouement sans bornes et un ardent amour.

Kerguenec, 18 janvier 1890, en la fête de la Chaire de saint Pierre, à Rome.

François LE CHAUFF DE KERGUENEC,
Ancien zouave pontifical.

SOUVENIRS
DES
ZOUAVES PONTIFICAUX
1861 ET 1862

PREMIÈRE LETTRE

A M. ÉTIENNE DE..., ÉTUDIANT EN DROIT A PARIS. — POURQUOI SE FAIRE SOLDAT DU PAPE ?

Rome, 5 janvier 1861.

Il y a neuf jours, lors de mon trop rapide passage à Paris où je n'ai fait que vous entrevoir, je vous ai promis, mon cher Etienne, de vous donner sans retard de mes nouvelles et en même temps de vous faire brièvement l'historique de ma vocation à la vie de soldat du Pape que je mène depuis avant-hier ! Il est convenu qu'on vous enverra de Kerguenec les lettres ayant trait à mon voyage et à mon arrivée à Rome ; je me borne donc, avec la certitude de vous rassurer sur mon compte et dans l'espoir de vous être utile, à vous exposer les motifs de ma détermination !

J'ai vu qu'elle vous avait paru étrange et que vous me désapprouvez absolument : vous me trouviez sinon un peu exalté, du moins bien peu soucieux de l'avenir ! Compromettre ainsi votre carrière juridique, m'avez-vous dit, alors qu'elle s'ouvre si belle devant vous, assuré que vous êtes de la protection et des conseils de deux des plus éminents jurisconsultes de notre temps qui ne demandent qu'à vous lancer et à vous diriger, n'est-ce pas quelque peu imprudent ? — J'ai réfléchi à tout cela, mon cher Etienne ; j'ai même eu trop le temps, — bien malgré moi, par exemple, — d'y réfléchir, car mon 2e examen de droit que j'ai passé dans le courant d'août seulement, tout à la fin de la session, m'a fait manquer Castelfidardo où sont glorieusement tombés plusieurs de mes amis de collège, entre autres ce cher Hyacinthe de Lanascol qui, vous vous le rappelez, a passé une de ses dernières soirées de Paris avec nous dans ma chambre de l'hôtel Fénelon ! Il a fallu me résigner à la volonté de mon père que j'avais mis au courant, depuis la fin de mai, de mon projet d'aller m'enrôler dans l'armée de Lamoricière, et qui m'avait déclaré que je ne partirais pas avant d'avoir passé l'examen très important de 2e année. Mais depuis Castelfidardo je n'ai pu dormir en paix : les ombres de Georges d'Héliand, de Hyacinthe de Lanascol, de Joseph Guérin, de Rogatien Picou n'ont cessé de passer et repasser devant moi !

En apprenant la sainte mort de Joseph Guérin que Madame la comtesse Jurien de la Gravière appelle dans ses lettres le *petit ange de la terre*, je me suis ressouvenu d'une petite image qu'il m'avait donnée un jour, je ne sais plus à quel propos, au petit séminaire de Guérande ! Aussitôt je me suis mis en quête de cette précieuse relique et j'ai eu le bonheur de la rencontrer au milieu de plusieurs souvenirs que ma mère m'a conservés ! C'est cette image, bien modeste en elle-même, mais que je garderai désormais comme un trésor sacré, qui m'a surtout révélé ma mission ! On y voit un cœur d'or symbole de la charité ardente, qu'abrite un étendard aux couleurs jaunes et blanches sur lesquelles se détache une croix, et dans le cœur, gravée en caractères sanglants, cette devise : *Mon cœur est plein de courage sous l'étendard de la Croix !* J'ai vu là une invitation directe et providentielle de mon ami martyr à aller me ranger sous ce même étendard aux couleurs jaunes et blanches, à l'ombre duquel il vient de verser son sang à Castelfidardo, le boulevard de la foi ardente en ces temps d'apostasie des nations chrétiennes : « *Castellum fidei ardentis* » ; il me semble que cette étymologie du mot n'a rien de forcé.

Puis les évêques ont parlé, les oraisons funèbres prononcées par Mgr Pie et par Mgr Dupanloup m'ont remué toutes les fibres les plus délicates du cœur, et je me suis dit que pour tout jeune homme de vingt ans ayant un peu de bon et vieux sang dans les veines, c'était un devoir de répondre à l'appel du Vicaire de Jésus-Christ ; que « le droit, selon l'expression originale de Mgr l'évêque de Poitiers, c'est bien d'en étudier les principes, mais beaucoup mieux de faire la chose ».

Enfin une lettre admirable de Mgr le comte de Chambord au baron Athanase de Charette a achevé de me décider ; vous m'avez prié de vous en envoyer une copie, la voici :

« *Frohsdorf, le 3 octobre 1860.*

« Il n'y a qu'une voix, mon cher Charette, sur la
« part brillante que vous avez prise à la lutte mémo-
« rable engagée vivement par une poignée de braves
« contre toute une armée ! Montrant à vos frères que
« vous êtes leur aîné, vous leur avez donné un
« noble exemple qu'ils ont noblement suivi. J'ai été
« pendant quelques jours très inquiet de vous, sa-
« chant que vous aviez reçu deux blessures ; mais
« j'apprends que, grâce à Dieu, elles sont légères, et
« je me sens le cœur plus à l'aise pour venir vous
« faire mes compliments. Dites à votre mère que j'ai
« bien partagé ses anxiétés et que je m'associe bien
« sincèrement à son bonheur ! De cinq fils qu'elle
« avait consenti à voir s'éloigner d'elle pour servir la
« plus sainte des causes, trois lui sont rendus, et elle
« les retrouve encore plus dignes d'elle et de leur
« nom : avec quel joie et quelle juste orgueil elle les

« a reçus ! Que Dieu protège également les deux qui
« continuent à combattre ailleurs pour la même
« cause !

« Honneur, admiration, reconnaissance à ces in-
« trépides et vaillants défenseurs du droit aujour-
« d'hui si indignement attaqué, surtout dans le Sou-
« verain qui en est ici-bas le plus auguste et le plus
« vénérable représentant ! Douloureux et immortel
« souvenir à ceux qui ont succombé ! Cordiales et
« chaleureuses félicitations à ceux qui survivent.

« Je suis fier de penser que c'est principalement
« dans les rangs de mes amis que s'est rencontrée
« cette légion de héros et de martyrs. Que n'ai-je
« pu dans cette circonstance voler à leur tête au se-
« cours de la religion et de la société menacées par
« la Révolution ! Mais le jour viendra, et il n'est
« pas loin, où il me sera donné de me dévouer tout
« entier pour des intérêts si sacrés, heureux de
« pouvoir acheter de mon sang et de ma vie le
« triomphe d'une cause qui est celle de la France, de
« l'Eglise et de Dieu même.

« Ma femme me charge de vous féliciter aussi en
« son nom de votre belle conduite ; soyez notre in-
« terprète auprès de votre mère et de vos frères, et
« comptez plus que jamais sur ma gratitude et m
« vive affection.

« HENRI. »

La lecture de cette lettre a produit sur moi une

impression profonde, et le 8 décembre dernier, en la fête de l'Immaculée-Conception, qui est le jour anniversaire de ma consécration à la très Sainte Vierge dans la chapelle de 1re division du collège Saint-François-Xavier à Vannes (8 décembre 1854, presqu'à l'heure où Pie IX a proclamé le Dogme à Saint-Pierre de Rome), j'ai écrit à mon père une lettre dans laquelle je lui déclarai mon intention bien arrêtée de partir pour Rome vers la fin du mois. J'ai conservé cette lettre ; et comme je n'ai pas de secrets pour vous, je vous demande la permission de vous en citer quelques lignes : « Je partirai pour Rome vers la fin de
« décembre, à moins que maman et toi ne vous y
« opposiez *formellement*. Et ne crois pas, mon cher
« papa, que ce soit là une résolution prise à la légère
« et en un jour ! Non ; il y a cinq grands mois que je
« n'ai pas d'autre pensée, d'autre sujet de méditation,
« d'autre rêve ! C'est par l'inspiration de Dieu que
« j'ai pris cette grave résolution, c'est lui qui veut
« que je parte, c'est lui qui me l'a ordonné ; je l'ai
« consulté bien des fois dans la prière, et maintenant
« ce serait un crime pour moi de douter de sa volonté.
« Il y a cinq mois que je vois tous mes amis partir,
« les uns plus riches, la plupart de familles moins
« aisées que moi ; beaucoup que je connaissais intimement sont morts ; ces émotions ont été terribles !.
« J'espère que tu me comprendras et que toutes les
« considérations humaines tomberont devant ta foi...
« Aujourd'hui, 8 décembre, j'ai mis ma résolution

« sous la protection de la Sainte Vierge : demande-
« lui conseil, et elle te donnera du courage. »

Vous connaissez trop mon père et ma mère pour douter de la réponse qui m'a été faite. A la vérité, la foi et l'amour paternel n'ont pas manqué de se livrer un rude combat; mais la foi a eu vite remporté une pleine victoire, et le *Oui* tant désiré est tombé avec les meilleures bénédictions de leur cœur et de leurs lèvres! Le jour de Noël, j'ai demandé à l'Enfant-Dieu dans ma communion la force d'accomplir généreusement mon dernier sacrifice, et le lendemain, après avoir embrassé tous les miens et fixé encore une fois mes yeux remplis de larmes sur ce Kerguenec tant aimé de tous ceux qui le connaissent, j'ai pris le chemin de Rome.

Voici tenue, je crois, ma promesse de vous narrer ma vocation à la vie militaire sous le drapeau papal. Communiquez cette lettre, si vous le jugez bon, à nos amis communs! Si elle vous inspirait à tous le désir de m'imiter, je n'aurais perdu ni mon temps ni ma peine.

En vous attendant, mon cher Etienne, je me recommande à vos prières, et vous renouvelle l'assurance de ma sincère et constante amitié.

Henri le Chauff de Kerguenec,
soldat du Pape.

DEUXIÈME LETTRE

LE DÉPART DE KERGUENEC. — MGR JAQUEMET. — L'HÔTEL DES MISSIONS ÉTRANGÈRES A PARIS. — MGR DE SÉGUR. — MADAME LAPÈNE. — MADAME DU BOURG. — LE BUFFET DE DIJON. — CHEMISES ROUGES. — ARRÊT FORCÉ A SAINT-RAMBERT. — LA THÉORIE DE L'EXCENTRIQUE. — LA CANEBIÈRE. — A BORD DU *Vatican*.

Rome, 7 janvier 1861.

Mon cher François,

Quelle froide journée que celle du 26 décembre dernier! La neige couvrait la terre; un épais verglas rendait les routes impraticables; tout semblait conspirer pour m'empêcher de partir. Le soleil est venu pourtant, qui a fondu la glace; et la voiture de Guérande à Saint-Nazaire a pu marcher. Papa a tenu à me conduire jusqu'à Nantes, où nous sommes arrivés à midi. Bientôt nous étions introduits par le bon et vénérable M. Richard, près de Mgr Jaquemet, qui nous a fait le plus aimable et le plus cordial accueil. « Partez, mon enfant, m'a-t-il dit en me congédiant: l'ange du Seigneur vous accompagnera durant le voyage, et vous attirerez de grandes bénédictions de Dieu sur toute votre famille. » Puis Sa Grandeur m'a donné une médaille de l'Ange gardien et nous a bénis. Papa a eu peine à retenir ses larmes. Quand nous reverrons-nous en effet ? C'est le secret de Dieu. Toujours est-il que les bénédictions et encouragements de notre saint évêque nous ont singulièrement adouci les amertumes de la séparation.

Le lendemain, à l'hôtel des Missions Étrangères, à Paris, j'ai trouvé tous les camarades fidèles au rendez-vous. Plusieurs prennent pour la seconde fois le chemin de Rome : par exemple Maurice du Bourg, Zacharie du Reau que tu as vu il n'y a pas longtemps à Vannes, le cousin, je puis bien dire le frère de Georges d'Héliand, Ferdinand Lapène, Le Beschu de Champsavin, qui ont pris à peine le temps, les uns de laisser se fermer leurs blessures, les autres de se reposer de leurs glorieuses fatigues, et déjà rejoignent le poste de la fidélité et de l'honneur. Bernard de Quatrebarbes, Roger du Bourg, Paul Le Gonidec de Traissan sont nouveaux soldats comme moi et pleins d'entrain ! Avec quelle affection nous avons pressé les mains de nos aînés qui ont déjà si bien mérité de l'Eglise et de Pie IX ! Nous aurions déjà voulu être à Rome ! Les nouvelles politiques qui circulaient à Paris n'étaient pas rassurantes, et, en effet, tout faisait présager que le Piémont ne tarderait pas à consommer son crime.

Malgré la précipitation de mon départ, je n'ai pas

voulu quitter Paris sans aller recevoir encore la bénédiction d'une autre main qui m'est bien chère. De bon matin je suis allé trouver l'excellent Mgr de Ségur, qui ne cesse de me prodiguer depuis un an les conseils les plus paternels et les soins les plus affectueux ! Ce vénéré et bien-aimé père de mon âme m'a béni au nom de Pie IX, en me recommandant d'être un vrai soldat de Jésus-Christ, c'est-à-dire toujours prêt à mourir. Ses paroles m'ont tellement réconforté que j'aurais, ce me semble, en le quittant, bravé mille morts; j'étais heureux, autant qu'on peut l'être ici-bas, parce que je comprenais mieux encore et la grandeur de la cause que j'allais défendre et la sainteté de la mission à laquelle il plaît à Dieu de m'appeler !

A onze heures du matin il a fallu dire adieu à Paris. Nous sommes partis tous ensemble de l'hôtel des Missions Étrangères pour la gare de Lyon où beaucoup de nos amis nous avaient déjà devancés, de sorte que notre arrivée a fait sensation. Tout le monde a su bien vite, dans la salle d'attente, que nous allions prendre du service dans l'armée du Saint-Père, et je dois dire que, si l'on nous a beaucoup regardés, tous les regards étaient sympathiques.

Quand la cloche du départ a sonné, Madame du Bourg et Madame Lapène ont voulu nous embrasser au nom de toutes nos mères. Je n'oublierai jamais combien elles ont été bonnes pour nous. Le dernier ami que j'ai embrassé, sur le quai où il m'a accompagné, avant le départ du train, c'est Paul du Reau, le frère de Zacharie, parti dès le matin pour s'acquitter à Lyon d'un vœu de pèlerinage à Notre-Dame de Fourvière. Sa main a tremblé dans la mienne. « Qu'il m'est dur de ne pouvoir vous suivre ! » m'a-t-il dit, au moment où nous nous mettions en marche. Lui aussi est dévoré de la soif de se dévouer pour l'Eglise, et il lui faut rester à Paris pour se préparer à Saint-Cyr ! *Sic voluere fata*, c'est-à-dire papa et maman.

Notre voyage jusqu'à Marseille a été des plus gais. La conversation a roulé presque tout le temps sur Castelfidardo, sur Rome. Nous ne nous lassions pas d'interroger nos anciens. Mais dans un voyage il faut bien quelque incident, pourquoi pas même un petit accident, pourvu qu'il n'y ait ni morts ni blessés ! Nous avons eu l'un et l'autre. Voici l'incident : Dijon, 50 minutes d'arrêt ! C'est pour dîner. Aimez-vous la mou...mou...moutarde ? m'a murmuré L... à l'oreille, avec un léger bégayement, du reste assez agréable. Pour toute réponse je l'ai entraîné, ainsi que Le Beschu de Champsavin, du côté du buffet. En y entrant, *horresco referens*, devine ce que nous avons aperçu devant une table où gisaient de nombreuses bouteilles vides ? Trois soi-disant officiers de Sa Majesté Garibaldi, chemise rouge sur le dos, sabre au côté, képi rouge sur la tête, avec trois visages des plus comiques et des mieux enluminés. Ajoute à cela d'interminables moustaches à la façon du *galantuomo*, des oreilles sans fin et des bottes à revers, et tu as nos trois Anglais discourant avec certains commis-voyageurs qui s'étaient fait inviter par les mylords pour porter toutes les santés qu'ils voudraient. Entendant dire que c'étaient des soldats du Pape qui arrivaient, l'un d'eux ne s'est-il pas avisé de s'exclamer jovialement sous l'influence du Bourgogne qui lui chauffait le Capitole : « Aôh! moà boxer parfaitement toute seule toutes les soldats du Pape. » De Champsavin, qui n'est pas commode, sentant la mou-mou-moutarde de Dijon qui lui montait au nez, a foncé droit dessus, en leur montrant d'un geste impératif qui n'a pas eu besoin d'être réitéré, la porte, et en l'accompagnant de cette toute petite injonction : *Et vivement! ou moi tout seul aussi, je casse la figure à vous trois.* Les trois fils d'Albion n'ont fait qu'un bond, et courent encore ! Tout le monde a ri de bon cœur, seul le maître du buffet a ri jaune : ces Messieurs en effet étaient partis sans payer ; mais trois ou quatre garçons se sont élancés à leur poursuite et auront sans doute fini par les joindre. C'est égal, nous avons trouvé fort que trois aventuriers de ce style puissent afficher librement en France, à la pleine lumière du soleil et du gaz, la chemise rouge de la Révolution, tandis qu'il n'est pas permis aux soldats du Pape de porter leur uniforme.

Je passe à l'accident : à Saint-Rambert, le volant de notre locomotive s'est brisé, et il nous a fallu attendre deux grandes heures une autre locomotive demandée par télégraphe à Lyon. On a permis aux voyageurs de descendre des wagons pour faire les cent pas sur la voie. Immédiatement je me suis dirigé du côté de la machine en détresse, ayant à mon flanc gauche Raoul de Villoutreys. Un certain personnage, plus expéditif que nous, nous avait précédés et était en train de faire un cours complet de physique avec le mécanicien : c'était Bernard de Quatrebarbes. Nous avons essayé de l'arracher à ses scientifiques explications ; il n'en a pas moins continué à nous démontrer pendant au moins une demi-heure la théorie du tiroir et de l'excentrique. Voilà ce que c'est que d'avoir été admissible l'autre jour à l'Ecole polytechnique ! A part cela, Bernard n'en est pas moins le plus aimable des gentilshommes, et s'en va à Rome tout comme le plus modeste et le plus ignorant des paysans Artésiens, Vendéens ou Bretons, se faire soldat du Pape. Lui aussi est un *mercenaire*, héritier d'une belle fortune et d'un nom illustre, à la vérité, rendu plus célèbre encore par le récent dévouement de son oncle le comte Théodore de Quatrebarbes au siège d'Ancône, *un ivrogne et un étranger que la soif de l'or et la passion du pillage attirent en Italie*, pour me servir des expressions toutes fraîches de monsieur Cialdini, ce foudre de guerre.

Le 21 décembre, à 8 h. du matin, nous avons salué Marseille ! Eh ! oui, mon bon ! ayant l'honneur de fouler pour la première fois ce sol ou plutôt ce pavé de la Canebière dont le cher M. Puget nous a parlé tant de fois, j'ai cru devoir ôter mon chapeau. Nous sommes descendus à l'hôtel de Rome, qui en réalité n'a rien de beau ni de propre que son nom. Pendant le déjeuner, on s'est uniquement préoccupé de la traversée ! Lapène nous a fait la Méditerranée si terrible (j'ai vu plus tard qu'il avait ses raisons pour cela), que j'ai commencé à trembler pour le soir : aussi, dans le but de m'aguerrir et de faire connaissance avec cette mer si redoutable, ai-je proposé, au café, à un futur zouave, natif des bords de la Mayenne, nommé Legouey, une petite excursion en barque en dehors du port de la Joliette. « Je suis votre homme », m'a-t-il dit ! Troun de l'air ! il n'y avait pas une heure que nous étions sur l'eau que le visage de mon compagnon avait des teintes d'albâtre transparent ! Craignant la contagion, j'ai donné ordre à nos matelots de regagner le quai au plus vite ! Ce n'a pas été un mal du reste, car nous avons eu plus de temps pour admirer Marseille, et nous avons pu surtout faire notre pèlerinage à Notre-Dame de la Garde, où j'ai prié pour toute la famille.

A neuf heures du soir nous sommes montés à bord du *Vatican*, un beau transport, mais qui m'a paru un peu lourd. A dix heures on a levé l'ancre, et en route pour Civita-Vecchia ! Le départ s'est effectué dans un grand silence : on n'a entendu pendant quelques minutes que les commandements du capitaine répétés par les matelots. Nous sommes restés sur le pont aussi longtemps que nous avons pu apercevoir, à la lueur des phares, les rives du pays natal. Je t'avouerai, en toute simplicité, que mon cœur s'est un peu serré à ce moment-là et que j'ai versé quelques larmes. Une voix, par bonheur, s'est fait entendre, à laquelle plus de cent autres ont répondu avec un admirable élan, *Ave Maris Stella !*

Salut, Marie Immaculée, Etoile de la mer, montrez que vous êtes notre Mère, et bénissez ceux qui vont soutenir les droits sacrés du Vicaire de votre divin Fils.

Voici une partie des noms des passagers pontificaux du *Vatican*, tous ne me reviennent pas en ce moment à la mémoire : d'Harembert Achille, Fleury Norbert, de Lespinays, Bernard de Quatrebarbes, Zacharie du Reau, Paul de la Messelière, Bureau, Boisseau, Boulais, Drouet, Bonneteau, Paul le Gonidec de Traissan, le Pays du Teilleul, Lapène, Landier, Legouey, Maurice du Bourg, Louis le Beschu de Champsavin, Charrel, Roger du Bourg, Maurice de Lavalette-Monbrun, Raoul de Villoutreys, René Desmiers de Chenon, de Gatellier, Desfontaines, Roux, Braud, Hygnette, Laurent Dugas, Fernand de Ferron, Vaché, Martin, Emmanuel Dufournel, Perraud, Jose, de Trévérec, Bertrand (Joseph), Bertrand (Augustin), de Boisseuil, Harscouët de Saint-Georges, Gougaud, Messire, Lefure, de Montbel, Bonnefoy. L'uniforme était noblement représenté à bord et crânement porté par un Flamand, Sévérin Vercruysse, qui nous montrait son large pantalon criblé de mitraille à Castelfidardo! Lui seul, en sa qualité d'étranger, avait pu traverser la France en uniforme avec l'autorisation de la police.

Nous avons donc passé le 1er janvier 1861 sur la Méditerranée. La mer était assez mauvaise et beaucoup ont donné aux poissons d'abondantes étrennes! Lapène, qui est demeuré tout le temps immobile comme une borne au milieu d'un tas de cordages sur le gaillard d'arrière, a été d'une générosité sans pareille. Pour ce qui me concerne, je me suis bien comporté. La traversée a quand même été longue, deux nuits et un jour! On a le temps de prendre une idée du tangage et du roulis! Enfin le 2 janvier, aux premiers feux du jour, nous avons aperçu les côtes d'Italie et fait notre entrée, vers neuf heures du matin, dans le petit port de Civita-Vecchia.

A peine avions-nous stoppé qu'une barque démarrant du quai s'est dirigée de notre côté; au milieu se tenait debout un sergent de zouaves en uniforme, Olivier le Gonidec de Traissan, qui venait au-devant de son frère Paul, devenu déjà, depuis Paris, un de mes amis intimes. Le brave Olivier a reçu une véritable ovation : dès qu'il a paru sur le pont, les applaudissements ont éclaté, et comme il nous apportait la permission de débarquer les premiers... prendre son petit bagage, sauter en barque, aborder au rivage tant désiré et s'élancer à terre, n'a pas été long. Nous le foulions enfin, ce sol que nous venions défendre, et dans quelques heures nous serions à Rome.

Le Port de Civita-Vecchia.

Mais ce jour-là il n'y a pas eu assez de wagons à Civita-Vecchia pour nous emmener tous ; le temps surtout a manqué aux employés pour délivrer les passeports et les billets, et aussi l'habitude, car ce service est tout nouveau, si bien que lorsque la cloche du départ a sonné, nous étions encore plus de la moitié des voyageurs dans la gare. J'étais de ce nombre et pas du tout content. Olivier le Gonidec s'est dévoué par bonheur et a eu l'amabilité de rester avec nous, voire même de procurer des logements à nos braves paysans vendéens et bretons dont la bourse eût par trop souffert de ce fâcheux contre-temps. La visite de la ville, qui est bien peu de chose auprès de nos villes de France, n'a pas été longue. Toutefois, comme le temps était beau, nous avons continué de flâner jusqu'à cinq heures du soir. Le rendez-vous était à sept heures pour le dîner dans une petite *osteria* de l'endroit. La cuisine italienne et le vin, le vin surtout que je n'avais jamais savouré jusque-là que dans les odes de messire Horace, n'ont fait commettre de péchés de gourmandise à personne! Bref, on s'est dit qu'on s'y habituerait comme à tout le reste, et il n'en a plus été question. J'ai passé la nuit à un certain hôtel Orlandi, où l'on a pu nous donner deux lits pour six, ce qui ne m'a pas empêché de ronfler comme un sapeur à l'ombre de Paul le Gonidec ! Le lendemain matin, à quatre heures et demie, j'étais debout; mais juge de mon désappointement : en ouvrant la fenêtre, je constate qu'il pleuvait à torrents, comme il ne pleut pas chez nous, un vrai déluge ! Et moi qui m'étais figuré que le ciel était d'azur à l'état permanent en ce béni pays ! Encore une illusion de moins.

A six heures cette fois, en route pour Rome ! Par ce temps affreux le pays nous a paru des plus tristes ; en vain ai-je cherché quelques-unes de ces vallées verdoyantes, de ces lacs enchanteurs tant vantés par les poètes. Rien que des plaines marécageuses couvertes d'un jonc très gros, émaillées çà et là de bœufs gris coiffés de cornes interminables par exemple. En vain ai-je interrogé l'horizon brumeux pour tâcher de découvrir de loin le dôme de Saint-Pierre et sa croix ! Enfin à midi le train s'est arrêté ; des bruits de cloche tintant l'*Angelus* se sont fait entendre : nous étions à Rome. Quelques instants après, je franchissais la porte d'entrée de l'hôtel de la Minerve où sont descendus jusqu'à présent tous les volontaires français et où j'ai eu la bonne fortune de tomber sur Arthur de la Tocnaye, déjà vieux soldat de quinze jours. Sans plus tarder, Arthur m'a conduit au Séminaire français, où le Père Brichet a bien voulu donner l'hospitalité à ma petite malle ; et du même pas, n'étant pas venu à Rome pour me promener, mais pour me faire soldat, je suis allé, sans me laisser arrêter par qui que ce soit au bureau des engagements, *via Cremona*, 43, où j'ai incontinent signé le mien.

J'étais donc zouave une heure après mon arrivée à Rome ; et le soir même j'ai répondu à l'appel à la caserne Saint-Jean-de-Latran où je me suis vite trouvé en pays de connaissance. D'abord j'ai serré la main de notre brave aumônier M. Daniel, puis tous les compatriotes sont venus se grouper autour de moi, chacun me félicitant et me demandant des nouvelles du pays. Une demi-heure environ après l'appel, vers huit heures et demie, le clairon a sonné la prière. Quand j'ai vu tous ces braves tomber à genoux au commandement de leur chef, je n'ai pu retenir mes larmes. C'est M. Daniel lui-même qui a récité la formule adoptée pour le bataillon : « Mon Dieu, daignez bénir ces armes que nous avons voulu prendre pour la défense de votre cause ; faites que nous les portions toujours dignement pour la gloire de votre nom et pour le salut de nos âmes ! N'oubliez pas, ô mon Dieu, les âmes de nos défunts, nos frères de Castelfidardo morts dans votre grâce ; bénissez nos familles si généreuses dans leur sacrifice, et donnez-nous un jour le repos éternel que vous avez promis à ceux qui ont tout quitté pour vous. » Puis le *Pater*, l'*Ave*, le *Credo*, le *Confiteor* l'acte de contrition et le *De profundis*, et c'est tout ! C'est court, mais c'est bon !

C'est donc au soir du 3 janvier 1861 que j'ai fait ma première prière de soldat. Oh! combien j'ai remercié Dieu de l'insigne honneur auquel il m'a appelé ! Avec quelle ferveur je lui ai demandé le courage et la force de remplir noblement et saintement les devoirs de mon nouvel état!

Après la prière, ceux qui avaient des paillasses se

sont couchés ; quant à moi, j'aurais bien voulu en faire autant, car j'étais tant soit peu fatigué du voyage ; mais, n'ayant pu me procurer une paillasse à cette heure tardive, j'ai dû me contenter de la moitié de celle d'Arthur de la Tocnaye. Dès le lendemain j'ai revêtu l'uniforme, et l'on m'a versé à la 4e compagnie, formée quasi tout entière ce jour-là avec les recrues qui étaient à bord du *Vatican*.

Il fait un froid très piquant ces jours-ci, et la première heure d'exercice le matin sur la place Saint-Jean-de-Latran n'est pas chaude. Tête droite, tête gauche, portez armes, présentez armes, tout cela n'est pas très réchauffant. A la seconde heure on marche davantage, puis il y a le défilé de la fin avec la musique et les clairons ! Nos instructeurs sont tous de vieux soldats que le colonel de Becdelièvre a amenés avec lui. Le colonel et les instructeurs ne sont pas plus tendres les uns que les autres ! Mon sous-lieutenant s'appelle Monsieur C... Belle figure de soldat, ma foi ! Mais il est tellement rageur que ce matin, dans un moment de colère, calculé peut-être, il s'est mis à dégarnir un pavé de la place avec la pointe de son sabre, en menaçant l'infortuné Padioleau de le lui jeter à la tête. Le colonel tient à ce que notre éducation première ne languisse pas, afin, dit-on tout bas, de nous faire entrer au plus tôt en campagne, de sorte que nous n'avons pas un moment à nous. Pas moyen de s'ennuyer, je t'en réponds. C'est tout juste si on peut trouver une heure ou une heure et demie le soir pour aller casser une croûte en ville, car la place Saint-Jean-de-Latran est à une des extrémités de Rome; mais personne ne songe à se plaindre.

Après l'exercice, les chefs sont les premiers à mettre du baume sur les plaies par une bonne parole, voire même par une poignée de main ; et les petites vivacités dans le genre de celles de mon sous-lieutenant sont vite oubliées. Jusqu'à présent les rapports avec les soldats de l'armée française ont été excellents. Hier soir nous dînions, une trentaine de soldats français et pontificaux, dans le même restaurant, sur la place de Monte Citorio, et nous avons fraternisé d'une manière charmante; mais voici qu'on me dit que ça va changer, que des ordres sont venus de Paris, émanant directement de l'Empereur, et que nos chers compatriotes ne vont plus pouvoir dorénavant ni frayer ni faire cause commune avec nous. J'ai de la peine à le croire; qui vivra verra.

Maintenant que me voici enrôlé sous la bannière pontificale, mon plus vif désir, tu le comprends, est de voir mon Souverain et de recevoir sa première bénédiction. La semaine dernière, le jour de Noël, tous les zouaves ont eu le bonheur de communier, à la chapelle Sixtine, de la main du Saint-Père, qui a même poussé la bonté jusqu'à leur faire servir une petite collation après la messe dans l'une des salles du Vatican: aussi suis-je impatient de me prosterner à mon tour aux pieds du Vicaire de Jésus-Christ.

Voilà un long journal pour toi et pour toute la

famille, et aussi pour les Pères de Saint-François-Xavier ; j'aime à croire que tu ne t'en plaindras pas. Prie pour moi, recommande-moi aux prières de l'Archiconfrérie, et crois-moi plus que jamais

Ton frère affectionné,

HENRI.

TROISIÈME LETTRE

DÉBUTS DANS LA VIE MILITAIRE. — PREMIÈRE VISITE
AU PAPE. — LE SERMENT.

Rome, le 9 janvier 1861.

Je suis le plus heureux des hommes, mon cher Papa, et me fais parfaitement au métier. Hier nous avons passé une grande revue: ma tenue était irréprochable, grâce aux camarades qui m'ont aidé à bien rouler ma capote dans ma couverture et à ajuster le tout le plus artistiquement possible sur mon sac, ce qui n'était pas une petite affaire. En m'inspectant, le colonel m'a dit que j'étais bien *ficelé*, et j'ai failli m'en trouver mal, car il ne prodigue pas l'éloge. La vie de soldat me plaît beaucoup. Rien de plus beau que notre bataillon, rien de plus magnifique que les sentiments dont tous sont animés. J'ai une paillasse pour moi tout seul depuis hier soir : aussi ai-je passé une nuit délicieuse. Ce matin nous sommes tous allés à la messe militaire à Saint-Jean-de-Latran. Quelle basilique! et comme la musique et les clairons font un bel effet là-dedans ! Le service est rude. Le colonel nous fait goûter à la fois toutes les dou ceurs qui se rencontrent au début de la vie militaire : exercices, corvées, promenades sac au dos, revue de linge et chaussures, se succèdent sans interruption. Il tient surtout à ce que l'on s'habitue au sac, à ce qu'on apprenne à bien le faire, puis à bien le charger sur les épaules, ce qui est très important, car ce bon Azor n'est pas léger : soixante bonnes livres au bas mot, quand on a les douze paquets de cartouches, la grande couverture de campement, la tente et ses piquets, etc., etc. ; tu n'as pas d'idée de ce qu'on fait entrer dans un sac. La soupe de la caserne est bonne, le *rata* aussi, mais peu abondant. C'est, du reste, comme dans l'armée française, tout juste de quoi ne pas mourir de faim. Ceux qui ont de l'argent paient une portion et un verre à la cantine à ceux qui n'en ont pas : *Et hæc est vera fraternitas !* C'est ici vraiment que le roi et le berger sont égaux devant Dieu. Monsieur le duc et monsieur le marquis ne croient pas déroger en s'asseyant à la même table que les fils de leurs fermiers ; et tout cela se fait avec une grande délicatesse et une simplicité charmante. La discipline est très sévère : M. de Becdelièvre nous a mis sur le pied des compagnies de discipline d'Afrique qu'il a commandées, disant que des *oiseaux* de notre espèce, dont beaucoup ont pas mal d'argent à leur disposition et une certaine indépendance de caractère, ont besoin d'être tenus par une main de fer gantée de velours. A dire vrai, ce n'est pas le velours qui paraît davantage, et la main n'est pas souvent gantée.

Je t'écris d'un petit café de la place Saint-Pierre, où plusieurs compatriotes, Texier, Delabrosse, Armand Dugast, Achille Dufaure fument gravement leur pipe en jasant et en attendant patiemment que j'aie fini, car il pleut, et on est mieux dedans que dehors. A· propos de café, ne t'effraie pas : le café de Rome n'est pas du tout le café de France. Ici tout le monde fréquente le café ; c'est un milieu de réfection honnête, d'où sont bannis les jeux, les mauvais discours, les cris. Les cardinaux, les prêtres, les moines aussi bien que les militaires et les laïques s'y rencontrent, et personne n'y trouve à redire. On n'y boit, pour ainsi dire, pas de liqueurs ; c'est surtout le café noir, mais un café noir très léger, le café au lait et le chocolat pour le déjeuner du matin, et des glaces avec des gâteaux, qu'on y consomme.

La pluie cesse, nous allons donner un coup d'œil à Saint-Pierre et au Vatican ; je tâcherai d'achever ma lettre ce soir à la caserne.

Rome, 10 janvier 1861.

Impossible de terminer ma lettre hier soir, mon cher Papa ; je l'ai quand même mise à la poste, mais je veux dès aujourd'hui en commencer une autre, quitte à la continuer demain pour te raconter ce qui nous est arrivé hier.

Nous avons commencé par jeter un coup d'œil à la Basilique vaticane, à ce *pezzo di cielo caduto in terra*, à ce coin du ciel tombé sur la terre. Mais qu'est-ce qu'une première visite d'une demi-heure dans Saint-Pierre ? J'ai été écrasé par la majesté incomparable de ce temple gigantesque, et n'en suis pas encore remis. Que de temps il doit falloir pour étudier et apprécier comme elle le mérite une pareille merveille ! J'espère que le bon Dieu me le donnera. En sortant de Saint-Pierre, nous nous sommes dit qu'il fallait tâcher d'entrer au Vatican. « Ce ne sera pas possible », disait l'un; « il faut une permission spéciale! » reprenait un autre. Ah bien oui! Nous sommes entrés comme chez nous. — Bien mieux que cela. Nous nous promenions à peine depuis dix minutes dans une longue galerie, lorsqu'un cardinal, nous apercevant, nous a fait signe du doigt d'approcher et nous a dit, en souriant le plus gracieusement du monde, qu'il allait nous présenter au Saint-Père. C'était à n'en pas croire nos oreilles. C'est un moment solennel en effet que celui où l'on va paraître pour la première fois devant le représentant de Notre-Seigneur Jésus-Christ sur la terre. Alors le cœur vous bat bien fort dans la poitrine; une sainte émotion s'empare de votre âme. Pour ma part, je ne saurais trop définir ce que j'éprouvais : il y avait quelque chose de cette religieuse frayeur qui me pénétra lorsqu'enfant je me suis approché pour la première fois de la Table Sainte.

Le bon cardinal nous réunit à un groupe de trois autres zouaves qui attendaient déjà dans une petite salle voisine de la chambre du Saint-Père ; et le Pape précédé de deux gardes-nobles se montra presque aussitôt. *Genou terre!* Je respirais à peine ; mais bientôt le visage si doux et si bon de Pie IX, ses paroles si affectueuses et si paternelles ont dissipé notre émotion ! « Oh ! quel vieillard ! s'est-il écrié, en passant devant Achille Dufaure dont il a pincé légèrement la joue. Vous êtes bien vieux, mon enfant : quel âge avez-vous ? — Seize ans, très Saint-Père. — Seize ans ! a repris le Pape, et une larme a jailli de ses yeux ! Alors le Souverain Pontife nous a remis à chacun une belle médaille en argent, puis nous a bénis de nouveau et donné sa main à baiser. Nous étions fous de bonheur, ne pouvant nous lasser de regarder et de porter à nos lèvres notre chère médaille. Le soir, à la caserne, après la prière, bien des nouveaux arrivés, en nous entendant raconter notre visite au Vatican, ont envié notre chance.

Même jour, 8 h. 1|2 du soir.

Aujourd'hui, à trois heures de l'après-midi, nous avons pris part à une imposante cérémonie à laquelle nous ne nous attendions pas du tout : la prestation du serment au Souverain Pontife dans la basilique Saint-Jean-de-Latran. Le colonel a commencé par nous passer en revue sur la place ; puis à son commande-

ment le bataillon s'est mis en marche et, musique en tête, nous avons fait notre entrée dans la cathédrale de Rome. Devant le maître-autel était placé sur une table entre des cierges allumés le livre des Evangiles; M. Daniel, notre aumônier, en habit de chœur, et le colonel se sont alors avancés. Au commandement du chef de bataillon nous avons présenté les armes, tenant de la main gauche notre carabine, tandis que la droite était levée. Alors M. Daniel, levant aussi la main droite et laissant la gauche appuyée sur le livre des saints Evangiles que le colonel touchait lui-même de la pointe de son épée, a prononcé à haute voix en notre nom la formule ordinaire du serment des troupes pontificales : « Je jure à Dieu
« tout-puissant d'être obéissant et fidèle à mon Sou-
« verain le Pontife Romain, notre très Saint-Père le
« Pape Pie IX, et à ses légitimes successeurs. Je jure
« de le servir avec honneur et fidélité, et de sacrifier
« ma vie même pour la défense de sa personne au-
« guste et sacrée, pour le soutien de sa souveraineté
« et pour le maintien de ses droits ; je jure de n'ap-
« partenir à aucune secte ni civile ni religieuse, à
« aucune société secrète ou corporation, quelle
« qu'elle soit, ayant pour but, directement ou indi-
« rectement, d'offenser la religion catholique et de
« corrompre la société.

« Je jure de ne m'inscrire dans aucune secte ou
« société condamnée par es décrets des Pontifes
« romains.

« Je jure aussi à Dieu très bon et très grand de
« n'avoir aucune intelligence directe ou indirecte
« avec les ennemis, quels qu'ils soient, de la religion
« et des Pontifes romains.

« Je jure de ne jamais abandonner les insignes du
« Souverain Pontife et le poste qui m'aura été confié
« par mes supérieurs.

« Je jure d'obéir à tous mes légitimes supérieurs,
« de les honorer, de les défendre et d'exécuter tous
« leurs ordres en tout ce qui concerne l'observance
« de la Religion et le fidèle service du Saint-Siège.

« Je jure d'observer exactement les conditions de
« mon engagement, de me soumettre à tous les ar-
« ticles et à toutes les clauses des lois de l'Etat pon-
« tifical et des règlements militaires, et de me com-
« porter toujours en valeureux et fidèle soldat dans
« l'accomplissement de mes devoirs.

« Que Dieu me vienne en aide et son saint Évan-
« gile, par Notre-Seigneur Jésus-Christ. — Ainsi
« soit-il. »

Oui, avec la grâce d'en haut, nous tiendrons ce serment, prêté non du bout des lèvres, mais avec tout notre cœur.

Nous nous appelons maintenant officiellement : Zouaves pontificaux. Il y a trois jours, on nous a lu au rapport un ordre du jour de M. de Becdelièvre nous signifiant notre nouvelle dénomination. Sa brièveté me permet de le citer presque en entier :

« *Ordre du bataillon.*

« Le lieutenant-colonel, en informant le bataillon de la nouvelle dénomination qui lui est donnée, espère que tous les hommes comprendront bien que Sa Sainteté a voulu récompenser en eux la valeur de leurs devanciers, ainsi que le courage et la résignation qu'ils montrent eux-mêmes dans les fatigues et les misères qui sont les conséquences d'une organisation difficile. . . . .
. . . .

« Rome, le 7 janvier 1861.

« Le lieutenant-colonel,
« Vicomte DE BECDELIÈVRE. »

Ainsi donc me voilà zouave ! Toujours, avec la grâce de Dieu, on fera honneur au nom, comme on sera fidèle au serment.

Ton fils bien affectionné,

HENRI,
Zouave pontifical.

QUATRIÈME LETTRE

DÉPART DE ROME, SANS *tambours* MAIS AVEC TROMPETTES. — PALOMBARA. — NÉROLLA. — MONTE LIBRETTI.

Monte Rotondo, 22 janvier 1861.

Il y a onze jours, mon cher Papa, le samedi 11 janvier, nous quittions Rome à quatre heures du matin, sac au dos, musique en tête, et rien dans l'estomac ! Nous sommes sorti par la porta Pia. Où allions-nous ? Personne ne le savait : aux premières bornes milliaires nous devions trouver des gendarmes chargés de transmettre à nos officiers le tracé officiel de l'itinéraire ! On nous a fait faire presque le tour des murs de Rome, pour faire croire aux habitants que nous allions tout bonnement en promenade militaire. Nous avons marché ainsi jusqu'à midi. C'est à cette heure seulement que les clairons ont sonné la grande halte. Aussitôt il a fallu chercher le bois et l'eau, et faire la soupe que nous avons mangée d'un fort bon appétit.

A deux heures, nous nous engagions dans les montagnes : toujours grimpant par des sentiers à pic et rocailleux. Les pieds se prêtaient tant bien que mal au service, et nous commencions à sentir la fatigue, car mon sac avec la grande couverture, le campement, la tente et les piquets, les souliers, les brosses, les chemises, les cartouches, sans compter les armes, la carabine, le sabre, la giberne, plus un énorme bidon de cuisine que je portais brochant sur le tout, dépassait ce jour-là certainement les trente kilos dont je t'ai parlé. La première fois qu'on se sent un pareil poids sur les épaules, on désespère de pouvoir jamais le porter; puis on finit par s'y habituer; c'est une manière de dire : on finit par s'y résigner.

A 4 heures du soir nous avions déjà presque tous les pieds ensanglantés à force de marcher sur les rochers, et nous commencions à apercevoir au sommet d'une très haute montagne un petit village appelé Palombara où nous devions passer la nuit. Il en est ainsi de toutes les bourgades d'Italie : c'est à qui sera la mieux perchée. Après toute une journée de marche, en les voyant de loin, on se croit arrivé. Pas du tout, au moment où vous croyez les atteindre, une nouvelle montagne se dresse devant vous dont la cime se perd dans les nuages. Il faut pourtant la gravir; les forces manquent, on est tenté d'y renoncer, mais alors on regarde plus haut que la montagne, et le bon Dieu accorde un supplément de force au pauvre soldat.

A sept heures nous arrivions exténués à Palombara, vrai nid à colombes ou à pigeons ramiers, comme le nom l'indique. C'était la nuit depuis longtemps ; et depuis plus d'une heure aussi, une pluie torrentielle et glaciale, se mêlant à la sueur qui nous ruisselait du front et de tous les membres, nous tombait fort désagréablement sur le dos.

Aussitôt arrivés, nous nous jetâmes sur de la paille qu'on nous apporta dans la grande salle d'une sorte de forteresse, et restâmes là immobiles pendant près d'une heure, puis nous courûmes chercher quelque chose à manger. Il n'y avait rien dans ce village. Je ne pus me procurer que deux *humbles* saucisses et un verre d'un exécrable vin que dans le moment je trouvai délicieux. Cette réfection prise, je revins à ma paille ; malheureusement elle n'était pas très épaisse et j'étais trempé jusqu'aux os ; aussi j'eus pendant la nuit une fièvre de cheval ; un instant, je crus que c'en était fait de moi. Je ne pouvais plus respirer, une soif ardente me desséchait la gorge, et je n'avais pas la force de me soulever, tant l'accès était violent. Un de mes camarades et compatriotes, Alfred Delabrosse, m'entendant geindre vint à moi ; je lui demandai de l'eau, il eut la complaisance de m'en apporter dans son bidon, et la prudence de ne m'en laisser boire qu'une gorgée qui me fit grand bien. Me demandant alors avec inquiétude si je ne serais pas obligé de rester là le lendemain, j'adressai une prière à la Sainte Vierge, et à cinq heures du matin la fièvre me quittait. A six heures notre aumônier nous dit la messe dans l'église paroissiale au milieu des habitants, étonnés de nous voir et charmés d'entendre notre musique.

Notre première étape avait été de treize lieues ; la seconde journée devait être encore plus fatigante. D'abord il pleuvait par torrents, et comme nos cuisines étaient en plein air, impossible de réussir à faire bouillir la soupe. J'eus le temps d'acheter dans une espèce de café deux ou trois méchants biscuits (il ne restait plus une saucisse) et quelques verres de rhum que je mis dans mon bidon, et bien m'en prit. Aussitôt après la messe, en route sous les plus épouvantables averses que j'aie jamais reçues, à travers les montagnes, par des sentiers pleins de cailloux pointus et d'une boue couleur chocolat, dans laquelle nous enfoncions jusqu'à mi-jambe. M. Daniel marchait au milieu de nous, mais sans sac, bien entendu. Vers les quatre heures du soir, jugeant de notre fatigue par la sienne propre, il prit sur lui de demander au commandant de la colonne de nous faire faire une halte un peu sérieuse. Une demi-heure fut accordée. Notre premier soin fut de voir s'il n'y aurait pas moyen de faire du feu : il y avait quelques buissons devant nous ; la flamme brilla ; pendant cinq minutes on eût dit un vaste incendie que la pluie, hélas ! éteignit trop vite. Toutefois cette flambée nous réchauffa et nous donna des jambes. Enfin à six heures du soir nous arrivions à Nérolla, sorte de château fort perché comme Palombara sur la cime d'une montagne. Il était temps, car nous avions marché tout le jour sans rien prendre que le café et le rhum, si cela peut s'appeler du rhum, dont nous avions empli nos bidons; et, pour mon compte, mes deux biscuits du matin étaient presque plus bas que mes talons.

La pluie avait eu soin de nous tenir compagnie toute la route. On nous entassa les uns dans une chapelle abandonnée, les autres dans la forteresse et dans l'église. On mangea ce qu'on trouva; toujours est-il que je mangeai de bon appétit et que la fièvre ne revint pas. Sans cela j'étais cuit pour de bon. Puis je revins m'étendre mollement sur ce que je pus trouver de paille dans la susdite chapelle abandonnée, laquelle se trouvait, par parenthèse, au milieu d'un cimetière. Les marches de l'autel avaient été recouvertes d'une couche de paille plus épaisse pour nos trois officiers. Du Vigier de Mirabal eut la veine, lui, de mettre le nez sur une espèce de lit de sangle qui servait à porter les morts, car les cercueils ne sont point à la mode dans ces parages-ci : le défunt ou la défunte s'expose sur ce lit de sangle, puis, l'heure de la sépulture venue, le *becca morti* lui passe une corde sous les aisselles, et descend le corps dans le caveau ou dans la fosse qui doit le recevoir.

On y était, ma foi, tout à fait bien sur ce lit de sangle, car l'ami de Mirabal ayant dû se lever pour monter la garde, je sautai dedans après y avoir mis un peu de paille et essayai à mon tour de faire le mort: j'y réussis à merveille et dormis comme un sabot durant les deux heures de faction de cet excellent de Mirabal qui au retour me somma, comme il était juste, du reste, au nom de la maxime *primo occupanti*, de lui recéder sa place : ce que je fis de bonne grâce, d'autant plus que le Monsieur n'est pas commode, est fort comme un Turc du temps de Bajazet, et m'aurait au besoin fait déguerpir *manu militari*. Et moi aussi, je devais monter la garde cette nuit-là, mais je n'en pouvais plus et, par bonheur, un camarade charitable, le brave Landier, de Saint-Brieuc, a voulu me remplacer : ça m'a sauvé et je lui en aurai en ce bas monde et *ultrà* une éternelle reconnaissance. Nérolla est actuellement de ce côté (pas bien loin du fameux mont Soracte : tu le vois du premier coup sur la carte, toujours avec sa chevelure de neige : *Vides ut alta stat nive candidum Soracte...*) la dernière ville des Etats pontificaux, de sorte qu'avec de la bonne volonté on pouvait, en écartant tant soit peu les jambes, s'accorder la satisfaction de mettre un pied dans le territoire usurpé par le Piémont et laisser l'autre dans le patrimoine de Saint-Pierre.

Les Piémontais étaient campés à deux milles de nous ; instruits de notre arrivée, ils pourraient bien, nous disait-on, nous attaquer la nuit suivante. A une heure du matin, nous fûmes réveillés en effet par le cri : « Aux armes ! Une, deux, notre prière était faite : « Jésus, Marie, Joseph ! » et un acte de contrition, avec cela on peut marcher. En moins de cinq minutes nous étions tous sur deux rangs et prêts à faire feu ou à nous élancer au premier commandement.

C'était l'ennemi en effet qui était venu en reconnaissance tout près de nos avant-postes, et qui, ayant appris que nous étions 500 zouaves à Nérolla, se retirait prestement. Nous vîmes en effet ses feux s'éloigner peu à peu. Le lendemain il ne reparut pas et nous laissa nous reposer. Quelques poules ayant été tuées par mégarde à coups de sabres, on se restaura passablement. Après la pluie vient le beau temps. La gaieté, un peu *obnubilée* par les ondées des derniers jours, était revenue. Tout allait au mieux chez nous, sauf les pieds que nous avions plus ou moins en compote. Chacun s'en allait sautillant de roc en roc comme des chèvres surprises par une éruption subite du Vésuve et obligées de fuir en trempant une à une leurs pattes dans la lave brûlante. C'était assez drôle comme effet d'ensemble. Nous arrivâmes ainsi le jour suivant à Monte Libretti, la pluie ayant recommencé de tomber en notre honneur. On nous avait donné l'espoir que nous pourrions nous croiser avec des bataillons piémontais revenant de Gaëte; mais ils eurent vent de notre présence et firent un grand détour ; il était écrit que nous ne brûlerions pas encore ce jour-là la plus petite cartouche.

J'ai bien supporté cette marche, grâce à un conseil d'or qui m'a été donné le matin et que j'ai mis en pratique. Le docteur m'a taillé deux vraies semelles de sparadrap que je me suis délicatement collées sous l'un et l'autre pied, puis j'ai cassé dans chacun de mes souliers un bel œuf tout frais. Eh bien ! cette omelette a fait merveille : pas de meilleur caustique pour ces sortes de blessures. Essaie, si jamais un soulier trop dur ou trop étroit, ou une marche trop longue te joue quelque mauvais tour, et tu verras.

Nous nous reposons en ce moment-ci dans une petite ville appelée Monte-Rotondo, beaucoup plus rapprochée de Rome (car nous sommes revenus sur nos pas), où nous passerons peut-être, dit-on, le reste de l'hiver. Nous y avons trouvé de fort bonne paille et un immense palais qui nous sert de caserne, où nous serons mieux qu'à Saint-Jean-de-Latran de Rome, quand nous y jouirons d'une installation potable. Mais pourquoi toutes ces marches et ce retour sur Rome ? Evidemment nous avons dû manquer un coup. Quoi qu'il en soit, on a bien supporté les fatigues de ces premières marches. Pas un malade, et c'est étonnant : il y a ici de vieux Africains qui disent bien haut n'avoir jamais fait là-bas de si longues étapes, ni surtout porté une pareille charge. En somme, nous sommes tous ravis d'avoir eu quelque chose à souffrir pour Dieu et son plus auguste représentant sur la terre.

Je vous embrasse tous tendrement.

Henri.

CINQUIÈME LETTRE

AFFAIRE DE PASSO DI CORREZE. — LA CANTINIÈRE. — CONDUITE DES PRISONNIERS A ROME. — LE CAPORAL MORLAIS. — ORDRE DU JOUR DU COLONEL DE BEC-DELIÈVRE.

Monte-Rotondo, 31 janvier 1861.

J'ai reçu ta lettre hier matin, mon cher Papa, au camp de Passo di Correze ou de Ponte di Correze. J'espère que tu as reçu celle dans laquelle je te racontais la première partie de notre campagne. La seconde, à laquelle nous ne nous attendions pas, a été moins longue, il est vrai, mais non moins périlleuse et non moins hardie. Nous avions déjà passé quatre jours à Monte-Rotondo pour nous reposer tout en faisant l'exercice pendant cinq heures par jour, lorsqu'un beau soir l'ordre nous fut donné de faire nos sacs et de plier nos tentes et couvertures de manière à partir vers minuit. A onze heures, un contre-ordre arrivait, et l'on nous permettait d'aligner nos *humanités* sur notre chère paille. Le lendemain soir, même ordre.

Cette fois, à minuit moins un quart, nous levions le pied, c'est le cas de dire sans tambour ni trompette, dans le plus profond silence, sans sacs (juge quelle joie), mais avec les dix paquets de cartouche dans la giberne. Le colonel de Becdelièvre, monté sur son cheval blanc, après nous avoir fait former le carré dans la cour de notre grand diable de palais de Monte-Rotondo, nous harangua à peu près en ces termes, martelant et accentuant militairement chaque syllabe : « Je vous préviens que nous entreprenons un
« coup de main hardi, mais parfaitement étudié et
« avec chance de réussite. Que Dieu nous vienne en
« aide. Je n'ai pas besoin de faire appel à votre
« valeur ; c'est plutôt votre élan qu'il faudra ralen-
« tir ! Si nous sommes repoussés, nous nous replie-
« rons sur Monte-Rotondo, emportant, autant que
« faire se pourra, nos morts et nos blessés. Si nous
« bousculons l'ennemi, comme j'y compte, nous
« irons de l'avant après avoir dirigé nos prisonniers
« sur Rome, et quand nous aurons reçu des ren-
« forts qui doivent nous joindre à la pointe du jour.
« Silence absolu dans les rangs, jusqu'à l'attaque ! »

A peine sorties de Monte-Rotondo, nos quatre compagnies se divisèrent en quatre colonnes pour battre la plaine en avant de la ville, et se réunir, deux heures après, sur la route qui mène à Passo di Correze. Ma compagnie, la belle quatrième, comme on dit déjà, s'arrêta peu d'instants après sur l'ordre de M. de Chillaz, notre capitaine, dans un champ labouré.

Notre sergent-major Mignot nous commanda de charger nos armes, et tint, pendant que nous exécutions cette charge à volonté, à nous lancer aussi lui sa petite proclamation militaire qui, au premier moment, me fit un peu froid dans le dos : « Vous « savez (c'est le fond si ce n'est tout à fait la forme) « qu'on ne fait pas d'omelette sans casser des œufs ; « eh bien ! on ne va généralement pas au feu sans « voir tomber à ses côtés quelques camarades. Ne « vous arrêtez pas pour les relever. Cette besogne-« là se fait après ; avancez toujours. Allons ! ne vous « frappez pas pour si peu de chose ; j'en vois quel-« ques-uns, au clair de la lune, qui m'ont l'air ému ! « ça n'en vaut pas la peine ; je vous dis cela en « famille. On vous lancera, et on vous entraînera « bientôt, et ça ira tout seul. »

Nous marchâmes par des chemins affreux jusqu'à trois heures et demie du matin. Une fois sur la route, quand nous fûmes réunis, le colonel commanda *halte*, puis *baïonnette au canon* et *genou terre*. Alors l'aumônier nous dit quelques paroles pour nous exciter à la contrition de nos péchés et nous donna l'absolution. Le ciel était d'une clarté parfaite, les étoiles scintillaient, et nos baïonnettes, sur lesquelles la lune dardait ses rayons, brillaient comme autant de lumières. Je n'oublierai point cette belle scène. Quatre cents jeunes gens courbés sous la main d'un prêtre et recevant en même temps le pardon de leurs fautes sur cette route de la Sabine, à cette heure matinale, pour courir en se relevant au-devant de la mort : oui, ce spectacle était grandiose et touchant. Dix minutes après (il était 4 heures), nous nous élancions au pas gymnastique sur un poste piémontais en face de nous. L'enlever n'était rien ; mais le difficile était d'arriver, sans perdre trop de monde, à l'ennemi dont nous étions séparés par un pont fort étroit à la tête duquel veillaient ses sentinelles.

Nous venions à peine de nous ébranler que le factionnaire piémontais, entendant ce bruit, poussa un cri perçant : *Chi viva ?* Et sa balle aussitôt siffla au-dessus de nos têtes. « En avant! Vive Pie IX! » telle fut la réponse. En un clin d'œil nous avions traversé le pont, bousculé les sentinelles, ouvert le feu sur les maisons (il y en avait plusieurs à la file) qui abritaient les soldats piémontais. Ces derniers, surpris, eurent à peine le temps de se défendre et de tirer quelques coups de fusil. C'est justice de reconnaître qu'ils furent braves, car il nous fallut enfoncer plusieurs portes derrière lesquelles ils s'étaient déjà barricadés, et tous furent pris les armes à la main, et semblant disposés à se défendre ; mais dès lors que nous les cernions, les forces n'étaient plus égales, car ils n'étaient que 80 et nous étions 400. L'action ne dura guère qu'un quart d'heure ! Notre première décharge leur avait abattu trois hommes, c'était bien assez, et en avait blessé une dizaine d'autres ; et nous, nous n'avions pas une égratignure. Parmi les blessés se trouvait le mari d'une pauvre cantinière dont il faut bien que je te dise un mot, car c'est moi qui ai dû la faire prisonnière.

Arthur de la Tocnaye et moi nous étant rencontrés dans une des maisons (car nous ne sommes pas de la même compagnie), nous venions d'enfoncer à coups de crosse une porte au premier étage, quand des gémissements plaintifs se firent entendre. D'abord je ne reconnus pas une voix de femme et croyais avoir devant moi un tout jeune homme. Ayant frotté une allumette sur le mur et trouvé juste à point sur une petite table un bout de chandelle, j'aperçus une jeune femme en pleurs qui avait eu l'esprit de ne pas se lever. — « Oh! mon mari, mon mari! s'écria-t-elle, il ne vient pas me défendre, est-ce qu'il a été tué? — J'espère que non, lui répondis-je ; dans tous les cas, vous, n'ayez pas peur, vous n'aurez pas de mal, on a cessé le feu ; seulement levez-vous promptement, car il faut que nous vous conduisions à la colonne des prisonniers. Vous serez traitée avec tous les égards qui vous sont dus : nous sommes des chevaliers français et non des brigands. — Mais je n'ai qu'une misérable robe, reprit-elle à demi rassurée, et il fait très froid. » L'idée me vint de lui offrir mon manteau qu'elle accepta. Rassurée par ma façon délicate d'agir avec elle, la pauvre femme me suivit aussitôt, retrouva parmi les prisonniers son mari auquel une balle avait, hélas! fracassé le coude : le malheureux souffrait horriblement ; elle le pansa, le consola et l'installa de son mieux sur la charrette destinée aux blessés, puis, après avoir pris avec reconnaissance un peu de pain et de chocolat que je lui donnai, elle se mit à la suite des prisonniers, rangés sur deux files de chaque côté de la route.

Cependant je retournai à la maison pour voir s'il n'y avait pas encore quelque prisonnier à faire. Ce fut une mauvaise inspiration, car le colonel me rencontrant me dit : « Nous avons fait un oubli, brisez vite le fil du télégraphe. » Aussitôt commandé, aussitôt fait. Puis il ajouta en s'adressant à deux ou trois autres qui étaient accourus m'aider : « Et maintenant allez aux prisonniers ; il faut trente hommes pour les escorter, vous en serez. » Je n'en étais pas plus fier, par la raison que j'en avais assez dans les jambes, et qu'il fallait recommencer une rude étape. Lorsqu'il fit grand jour, je mis donc, avec les autres hommes d'escorte commandés, le cap sur Monte-Rotondo. Ma cantinière voulut marcher à pied pour se réchauffer, et garda mon manteau jusqu'à ce que le soleil, qui brilla vers huit heures, lui permît de me le rendre.

Nous quittions à peine Passo di Correze, emmenant nos 80 prisonniers, tous charmants du reste, et deux ou trois chariots chargés des blessés et des armes, que la batterie d'artillerie dont fait partie Bernard de Quatrebarbes est venue à passer. Les artilleurs, voyant que le coup avait réussi, se mirent à nous acclamer, et hâtèrent leur marche du côté de Correze. A 2 heures de l'après-midi, nous étions au-dessus de Monte-Rotondo. Une immense *osteria* avec de vastes écuries se trouvant là fort à propos, le commandant de la colonne décida qu'on y passerait la nuit. Cette nuit, qui nous procura un repos dont nous avions grand besoin, fut douloureuse pour les blessés. Le lendemain matin 27 janvier, nous partions de bonne heure pour Rome, où nous avons fait notre entrée à midi, par la porta Pia.

Inutile de te dire que nous avons soigné nos blessés et nos prisonniers de notre mieux, durant la route. Je me suis fait un ami d'un lieutenant fort bien élevé qui m'a remercié avec effusion des petites douceurs que j'avais su lui procurer. Nous avons causé politique, et je lui ai fait bien comprendre que nous n'étions venus à Rome que pour défendre les droits du Saint-Père, et aucunement poussés par un sentiment de haine contre les Italiens en particulier, ni contre les soldats piémontais dont nous étions les premiers à déplorer la douloureuse situation. Mes explications l'ont certainement touché, car j'ai vu de grosses larmes rouler dans ses yeux ! La cantinière a été laissée à l'hôpital, près de son mari qui va mourir, et sera placée ensuite dans un établissement de bienfaisance où le Saint-Père ne la laissera manquer de rien.

Le dimanche matin, après avoir entendu la messe à Saint-Jean-de-Latran, car c'est dans la bonne caserne de ce nom que nous avons dormi, je suis allé avec mon ami Grossin de Nantes prendre un bain. Outre la question de propreté, il en était une autre plus importante qui nous avait, comment dirais-je, imposé, dicté, si tu veux, cette détermination. Notre unique tenue était déjà dans un état lamentable : plus d'un bouton avait déserté son poste, les épines des jolis chemins de Palombara, Nérolla et Monte ? Libretti avaient fait surtout au bas de nos pantalons plus d'une échancrure ; puis nous ne nous étions pas déshabillés depuis notre départ de Rome. Bref, nous avions à réparer le désordre très considérable de nos toilettes. Comment faire ? Grossin m'avait dit : « Mon vieux, je ne vois qu'un moyen : nous pourvoir de fil, boutons, aiguilles et ciseaux, puis élire chacun domicile dans une baignoire pendant une heure, et plus, s'il le faut, et pendant ce temps-là travailler ferme, tout comme des élèves du Sacré-Cœur prenant leur leçon d'ouvrage manuel. — Grossin, mon ami, tu parles d'or, ai-je répondu. Je te paie la baignoire ; et comme je ne suis pas encore bien avancé dans l'art de manier l'aiguille, tu me donneras une leçon de couture. » A onze heures nous sortions de nos thermes, « luisants comme des fourreaux de sabre passés au tripoli », et tirés à quatre épingles. Nous avions ravaudé pendant presque trois heures : tu penses si cet exercice nous avait aiguisé la fine pointe de l'appétit !

Le soir, au moment où nous nous apprêtions à

savourer les douceurs d'une seconde bonne nuit sur les paillasses de la caserne Saint-Jean-de-Latran, crac ! l'ordre nous est arrivé d'avoir à l'instant à gagner Ponte-Mole sur le bord du Tibre, de l'autre côté de la Porte du Peuple, à l'effet d'y être embarqués sur deux bateaux à vapeur qui allaient nous reconduire à deux portées de fusil de Ponte di Correze. C'était charmant, oui. Mais le lendemain matin, à la pointe du jour, nous étions quasi au même point que la veille au soir, au moment du départ. Un brouillard intense nous avait empêchés d'avancer ; mais comme je m'étais endormi du sommeil du juste, peu après m'être enroulé dans ma couverture sur le pont, je ne m'étais point aperçu de notre immobilité ! A dix heures et demie nous avions rejoint les camarades au camp de Passo di Correze. Pas fâchés, car nous nous étions dit plusieurs fois, durant notre courte apparition à Rome, que s'il y avait une nouvelle grande ou petite danse durant notre absence, ce serait par trop vexant de la manquer. Nous nous trouvâmes campés à Correze, en plus des zouaves, des artilleurs, des dragons, un bataillon de chasseurs, le régiment d'infanterie de ligne. Tout cela plein d'animation et d'entrain. Le coup d'œil n'était pas du tout désagréable.

Il est de bon ton de dire qu'il ne fait pas froid en Italie. Eh bien ! durant ces derniers jours de janvier que nous avons passés à Correze, il a gelé, ni plus ni moins, à pierre fendre. Pour surcroît d'agrément, nous étions campés dans des prairies humides ; peu de paille pour garnir nos tentes : aussi fallait-il pour dormir une bonne volonté que je n'eus pas une seule nuit. Puis c'étaient des patrouilles continuelles. J'avais sous la même tente que moi et comme chef d'escouade un vieux caporal, le caporal Morlais, qui a été, s'il te plaît, capitaine dans l'armée française et doit bien compter *quarante-cinq* printemps. De capitaine à caporal : quelle chute ! Il n'y a que l'amour du Pape à pouvoir inspirer et faire accepter de tels sacrifices. Par une de ces nuits froides, le bon caporal Morlais ayant à conduire une patrouille me passa vers trois heures du matin par-dessus les pieds. Tandis qu'il se remuait pour exécuter cette manœuvre, je l'avais entendu murmurer entre ses lèvres, et en caressant sa moustache, je ne sais quel au revoir touchant à je ne sais quoi, qu'il laissait sous son sac. Est-ce que le vieux aurait récolté un petit chien ou un animalcule quelconque ? me dis-je, quand il fut parti. Voyons un peu ! — Je frottai une allumette sur ma culotte grise, la flamme jaillit, et quand je l'eus transmise à la mèche d'une belle chandelle d'un demi-baïoque, je regardai ce qui pouvait bien se trouver sous le sac du caporal Morlais. Devine : un caniche ? — Nenni. — Un chat ? — Non, rien de vivant ni d'animé, mais quelque chose susceptible de nous ranimer, de mettre un peu de chaleur dans nos estomacs raccornis par le froid noir : une bouteille de rhum que le père Morlais avait *chambardée*, c'est le mot du vocabulaire zouave, ou, si tu aimes mieux, qu'il s'était annexée dans le pillage de la cantine de ma pauvre cantinière.

Ayant instantanément donné avis de ma trouvaille aux quatre autres camarades qui essayaient de sommeiller à mes côt s (nous n'étions que six par tente et qui dans tous les cas se réveillèrent et se levèrent, ou plutôt s'accroupirent tous du même coup en m'entendant parler de rhum, il fut unanimement décidé que ladite bouteille serait sans le moindre retard divisée en cinq parts aussi égales que faire se pourrait. La bouteille une fois vide, et après avoir fait jurer à mes complices, par le sabre de Garibaldi, de ne pas se déclarer, j'eus la bonne idée d'aller puiser sous le pont de Correze, dans le courant, à l'endroit où elle n'était pa trop gelée, de l'eau qui occupa dans la bouteille le même volume que le rhum, ce fameux rhum qu'un Gascon mon voisin prétendait que nous avions mis en cruches ; mais j'ai protesté.

J'avais à peine terminé cette petite opération que le père Morlais revenait de sa patrouille accompagné d'un zouave portant une lanterne, et se glissait sous notre tente, toujours en me repassant par-dessus les pieds, et marmottant entre ses lèvres grelottantes et savourant déjà le rhum par approximation, une histoire impossible mais très vraie. « Allez donc, disait-il, allez donc faire des patrouilles pour vous faire casser la figure par des oiseaux comme ça ! — Ah ! bast ! repondons-nous en chœur tous les cinq ! — Certainement, c'est vrai qu'il souffle un vent glacial et violent, que le Tibre fait un tapage atroce et qu'on n'entend rien ; mais c'est égal, ces oiseaux-là sont trop pressés ! — Quoi donc ? — Quoi donc ! Eh ! nom d'un petit bonhomme, c'est là-bas tout au bout du camp, il y a un factionnaire en sentinelle avancée, un gamin de dix-sept ans, y compris les mois de nourrice, nommé *Desfontaines*, qui prétend avoir crié trois fois : « Qui vive ? » et que je n'ai pas répondu, tandis que je me suis égosillé à crier *trouille*. — Eh bien ? — Eh bien ! il m'a campé joliment son coup de fusil. La balle a cassé proprement le verre de mon falot, et voilà !... Oui ! Et faites donc des patrouilles avec des oiseaux comme ça ! — Pour ça, caporal, c'est triste ; mais heureusement que vous êtes né le jour de la chance et qu'en définitive ça ne fait qu'un verre de cassé ; on s'en console, me hasardai-je à dire au père Morlais. — C'est juste, reprit-il : aussi c'est ce qu'on va tâcher de faire. — Et, tirant respectueusement, à la lueur de la chandelle allumée de son glorieux falot, la fameuse bouteille de dessous son sac, il s'en met avec dignité le goulot entre les dents, et après s'être un instant recueilli aspire une, puis deux, puis trois gorgées, mais pas davantage ; son palais demeurait froid comme le givre qui couvrait nos tentes !

Nous nous attendions à une tempête de 1re classe avec accompagnement d'objurgations énergiques. Rien de cela : le père Morlais, avec une résignation que je n'ai pu trop admirer, s'est contenté de s'exclamer doucement sur un ton de prédicateur de cathédrale de dixième ordre : « L'Évangile rapporte qu'aux Noces de Cana l'eau fut changée en vin ; mais ce que l'Évangile ne dit pas et qui n'est pourtant, hélas ! pas moins vrai, c'est qu'il y a des oiseaux ici qui ont eu la vertu de changer le rhum en eau. » Tu entends nos éclats de rire. Pas de menaces, ni de salle de police, ni d'enquête pour rechercher les coupables. Non ! le bonhomme, qui en trois gorgées d'eau du *flavi Tiberis* a tout compris, accepte gaiement sa destinée. Eh bien ! je dis que si la vertu vient à déloger de tous les cœurs des mortels, on la retrouvera toujours dans celui du caporal Morlais.

Comme tu l'as vu par le détail de l'effectif des troupes que je t'ai donné plus haut, nous étions en forces assez imposantes au camp de Correze. Le plan de M. de Becdelièvre était d'aller en avant et de reconquérir du terrain au Saint-Père. Nous partîmes tous en effet pleins d'ardeur et mis tout à fait en goût par notre début de Correze.

Après avoir marché toute une nuit sans avoir rien pris depuis quatre heures du soir la veille et campé déjà une autre nuit par un froid glacial, nous arrivions à six heures du matin devant les postes ennemis. Déjà l'artillerie s'ébranlait à la suite des dragons partis au galop pour faire une reconnaissance, et nous nous disposions tous à donner vigoureusement, lorsqu'un capitaine d'état-major français, M. Dumas, m'a-t-on dit, suivi de deux lanciers, portant chacun au sommet de leur lance le drapeau français, traversa nos rangs au galop de son cheval, et remit un pli au commandant de la colonne. Nous entendîmes commander halte, puis il y eut un moment de silence et d'inexprimable angoisse. La triste vérité se faisait jour dans nos esprits. C'était un ordre du général de Goyon. Non seulement il nous était défendu d'aller plus loin, mais il nous fallait encore revenir sur nos pas et regagner Ponte di Correze. Quel crève-cœur ! en face de l'ennemi et au moment où nous allions trouver des vivres pour nous refaire. Nous n'arrivâmes au camp qu'à quatre heures du soir, endurant depuis longtemps les tortures de la faim, auxquelles se joignait la fatigue de la route.

Nos gendarmes avaient été plus heureux que nous le matin. Comme ils nous devançaient, ils avaient pu attaquer le premier poste piémontais avant l'arrivée de l'ordre du général de Goyon ; l'ennemi avait pris la fuite, laissant derrière lui beaucoup d'armes et de bagages. Nos gendarmes les saluèrent de quelques décharges et arrivèrent peu d'instants après nous à Passo di Correze, ramenant deux chariots pleins de carabines, de sacs, de gibernes et de couvertures.

Je suis trop jeune et les données me manquent pour apprécier et juger la politique impériale en tout ceci. En ce moment le Piémont a toutes ses troupes régulières devant Gaëte. Nous arrivions donc facilement à Terni que nous prenions si nous n'avions pas été arrêtés, et en moins de huit jours nous rendions au Saint-Père presque la moitié de ses Etats. Une fois installés à Terni, nous n'en aurions pas été délogés si facilement par le Piémont; et, auparavant, une intervention diplomatique mettant à nouveau les Puissances dans l'embarras, eût été nécessaire.

Nous voici de retour à Monte-Rotondo. Hier le colonel nous a adressé l'ordre du jour suivant :

« *Ordre du jour du bataillon du 30 janvier 1861.*

« Zouaves.

« Je vous exprime toute ma satisfaction pour le
« remarquable courage dont vous n'avez cessé de
« faire preuve dans les fatigues et les privations de
« cette courte campagne.

« Des circonstances politiques ne nous ont permis
« de rencontrer l'ennemi qu'une seule fois, et ont
« terminé nos opérations plus tôt que votre ardeur
« ne l'espérait; mais l'élan digne de votre nom avec
« lequel vous avez effectué le coup de main de Cor-
« reze a suffi pour répandre au loin la terreur parmi
« les bandes révolutionnaires organisées par le Pié-
« mont.

« Telle est du reste partout, vous le savez, l'atti-
« tude de la Révolution. Abusant de sa force vis-à-
« vis des faibles, elle se montre pleine d'épouvante
« et recule toujours devant la véritable valeur.

« Défenseurs des droits de l'Eglise et de la puis-
« sance temporelle du Souverain Pontife, nous
« avouons que partout vos actions ont un juste re-
« tentissement.

« J'espère que nos amis de France comprendront
« la mission toute catholique qui vous est confiée en
« Italie, et qu'en voyant quelle puissante barrière
« votre dévouement oppose aux incessantes menaces
« de la Révolution, ils ne voudront pas tarder plus
« longtemps à venir renforcer vos rangs.

« Reprenez donc avec un surcroît de zèle et de
« confiance les travaux de votre instruction militaire,
« et n'oubliez pas que vous avez plus d'occasions de
« montrer votre courage dans toute sa réalité, au
« milieu des occupations journalières de votre vie de
« soldat que sur les champs de bataille...

« Monte-Rotondo, le 30 janvier 1861.

« *Le lieutenant-colonel commandant des zouaves,*

« DE BECDELIÈVRE. »

Quelle belle page ! De telles paroles, tu le penses
bien, nous ont rendus fiers et nous ont fait oublier
toutes nos fatigues. Je me porte très bien, et souhaite que ce long journal, pour me servir du style
pioupiou français, vous trouve de même.

HENRI.

SIXIÈME LETTRE

CAMPAGNE DE NAZZANO. — PRISE DE GAETE. — RETOUR A MONTE-ROTONDO. — MORT D'ARTUS DE LA SALMONIÈRE.

Monte-Rotondo, 17 février 1861

Pour compléter les détails que je t'ai donnés dans ma dernière lettre sur l'affaire de Ponte di Correze, je commence par te copier, mon cher Papa, une lettre écrite de Rome au *Monde*, à la date du 6 février, et publiée par ce journal :

Rome, le 6 février.

« Le jeudi 31 janvier, deux anciens amis d'étude, un prêtre et un cavalier de Lamoricière, pour le moment en disponibilité, voulurent faire une promenade à Ponte di Correze, afin d'aller voir quelques-uns de leurs amis qui servent aux zouaves. Arrivés au point où le chemin de Monte-Rotondo se sépare de la Via Salara, ils trouvèrent la 7ᵉ compagnie du 20ᵉ chasseurs français faisant halte sur la route. Cela leur fit penser qu'ils ne trouveraient peut-être plus les zouaves pontificaux à Ponte di

Correze, où les Français iraient prendre leur place, afin qu'eux pussent aller plus avant à la poursuite des bandes. A l'auberge située en decà du pont, nos deux voyageurs trouvèrent, au lieu de zouaves, un capitaine d'état-major français, M. Dumas, avec un hussard, qui attendaient impatiemment la compagnie de chasseurs. Sur la maison au delà de la rivière, où était établi le poste enlevé par les zouaves pontificaux dans la nuit du 24 au 25 janvier, flottait le drapeau français, et à cent pas plus loin, sur la route de Terni, on apercevait les couleurs piémontaises.

« Les deux amis descendirent de cheval, et pendant qu'on leur apprêtait un petit repas, ils apprirent que les zouaves étaient retournés à *Monte-Rotondo*. Pendant la halte qu'ils furent forcés de faire en cet endroit pour laisser reposer leurs chevaux, la compagnie de soldats français arriva, et aussitôt les Piémontais, ayant disposé leurs fusils en faisceaux autour de leur drapeau, vinrent sans armes leur souhaiter la bienvenue et boire avec eux. Ceci donna l'idée aux deux promeneurs d'aller aussi voir ce qui se passait de l'autre côté du pont. Ils y trouvèrent un détachement de la force d'une compagnie à peu près. Ces hommes, dont un très petit nombre était en uniforme, paraissent appartenir aux bandes de Masi, lesquelles bandes, au dire d'un Français qui servait de guide et d'interprète aux ennemis du Pape et de la France, s'avançaient du côté de Terni, fortes d'environ 6,000 hommes, tandis que la brigade régulière, dite de Pavie, venait de Rieti. Pendant ce temps, l'officier qui commandait cette avant-garde piémontaise, et qui avait dîné dans l'auberge, à la même table des voyageurs, vint demander à M. Le Page de Longchamps, major du 20e bataillon des chasseurs français, l'autorisation d'arrêter le compagnon du jeune prêtre, parce qu'on l'avait reconnu comme ayant appartenu à l'armée du général de Lamoricière. Le digne et loyal officier français repoussa bien loin cette demande, et força même les Piémontais à relâcher un autre bourgeois qu'ils avaient arrêté un peu auparavant. »

J'aurais voulu t'écrire tous ces jours-ci ; mais il n'y a pas eu moyen. Toujours en route par tous les temps, la grêle, la pluie, le tonnerre, la glace même comme à Passo di Correze, sous ce beau ciel d'Italie; toujours sur le qui-vive, alerte sur alerte, des marches et contre-marches, des factions de nuit et de jour, tu comprends qu'avec tout cela il m'a été physiquement impossible de songer à t'envoyer un peu de belle prose, et pourtant ce n'était pas le désir qui m'en manquait, car le cœur franchit souvent la Méditerranée, les Apennins, les Alpes et tout le reste, pour aller vous faire une petite visite.

Après cinq jours passés à Monte-Rotondo à faire l'exercice du matin au soir, le colonel de Becdelièvre a donné l'ordre à la 4e compagnie, la compagnie des marcheurs par excellence, d'aller occuper un petit village appelé Nazzano, à huit lieues de

Monte-Rotondo, distant d'un autre village du nom de Torrita où la 2ᵉ compagnie avait déjà été détachée après Ponte di Correze. Nous sommes restés douze jours à Nazzano, et je t'assure que pendant ce temps nous en avons vu de rudes : presque pas de sommeil, toujours sous les armes, en reconnaissance, en faction ou en patrouille, ou bien embusqués sur les montagnes, dans les ravins, pour tâcher de surprendre l'ennemi auquel nous avions enlevé en arrivant un poste au delà du Tibre. Or le Tibre coule au pied de la montagne que couronne Nazzano.

Ce poste que nous avons gardé cette fois, au moins quelques jours, était un vrai coupe-gorge. Huit d'entre nous s'y tenaient, la nuit seulement, en permanence ; mais huit hommes et un caporal ne sont pas une force bien considérable. A la vérité, en cas d'attaque ils avaient ordre de se replier au moyen d'un bateau, ou plutôt d'un bac, sur la rive opposée où nous avions établi un autre poste que nous appelions les Tuileries à cause d'une briqueterie qui s'y trouvait ; mais c'est précisément ce passage du Tibre qui était dangereux, car en raison du bruit épouvantable que fait un torrent se précipitant dans le Tibre à cet endroit, l'ennemi pouvait arriver jusqu'à nous sans être entendu et nous écharper. Trois nuits de suite, il s'approcha de nous autant qu'il put et avec des précautions extrêmes.

La seconde nuit, je venais de descendre de faction et étais en train de secouer devant le feu du poste mon manteau aussi trempé que s'il eût passé un an au fond du Tibre, lorsque je m'entendis appeler par le factionnaire qui m'avait remplacé : c'était mon ami René Desfontaines, à peine âgé de dix-sept ans, l'oiseau qui avait tiré dans la lanterne du père Morlais à Ponte di Correze. Je pris mon arme et me dirigeai vers lui. « Qu'y a-t-il ? » lui dis-je. — « Il y a que je crois les voir : ça remue tout le temps devant moi. » Moi, je ne voyais rien du tout. « Pour sûr, ce sont eux, je les vois », reprit-il. — « Eh bien ! si tu les vois, tape dedans, c'est à toi de tirer. » Je ne pouvais pas lui donner d'autre conseil. Le coup partit, mais un vrai coup de canon, par la raison toute simple que notre oiseau avait oublié de retirer le tampon qui bouchait l'ouverture du canon de son arme pour empêcher la pluie d'y entrer, mais il y a une providence pour les enfants, et heureusement pour celui-ci le fusil n'éclata pas ; aussitôt les cris : « Aux armes ! » retentirent dans tous les postes de la montagne et sur la tour de Nazzano. L'ennemi (c'étaient des soldats des bandes de Masi) eut peur et s'en alla comme il était venu.

Il se ravisa le lendemain, des renforts lui étant sans doute arrivés. Par bonheur, nous avions eu vent, dans la journée, de l'attaque projetée pour la nuit, et le soir vers six heures ordre fut donné au poste *Trans Tiberim* de se replier sur l'autre rive en laissant de la lumière dans la mauvaise case qu'on abandonnait. Pour ma part, j'ai bien travaillé, ce jour-là. Ayant passé toute la matinée à ce fameux poste *Trans Tiberim*. l'idée m'est venue de m'occuper avec deux ou trois autres zouaves à couper un des deux sentiers par lesquels l'ennemi pouvait arriver audit poste, car il n'y en avait que deux. Nous nous en sommes pris, bien entendu, à celui qui serpente au flanc de la montagne à trente pieds au-dessus du Tibre, et je te prie de croire que la coupure n'a pas été ratée. « Quelle culbute, mon ami, s'ils s'aventurent par là ! me disait Henri Galbaud du Fort. Je ne sais pas trop si c'est de bonne guerre ce que tu fais là. — Bon, ai-je riposté, pour te faire plaisir et entrer dans tes sentiments d'humanité, mon excellent bon, on va planter un poteau au haut duquel on mettra cette inscription en italien : *Chemin autorisé pour ceux qui veulent aller boire un coup dans le Tibre. Attention !* Et le tout sera éclairé la nuit par une lanterne dans le genre de celle du père Morlais, avec une chandelle allumée dedans. »

Or donc, la nuit venue, étant remonté avec Galbaud et mes autres compagnons de poste, à Nazzano où je confectionnai, en l'honneur de Zacharie du Reau, de Paul de la Messelière, d'Alain de Charette, et de cet excellent bon (c'est ainsi que nous appelons Galbaud du Fort), un pudding exquis avec du riz, des raisins secs et ce qu'on appelle dans ce pays-ci du rhum, je fus encore désigné pour être de faction cette nuit-là, mais sur la tour de la forteresse d'où l'on a une vue splendide, ce qui ne manque pas de charme en plein jour. Je venais de monter à ma tour tout comme Madame Malborough, vers les deux heures du matin, pour commencer à y faire non pas les cent pas, c'était impossible, mais les quinze ou vingt pas, quand j'aperçus ce vieux poste *Trans Tiberim* sur lequel j'avais les yeux braqués, s'illuminer de clartés soudaines avec accompagnement de détonations qui se répercutaient avec un fracas d'un joli effet dans les gorges des montagnes. C'étaient les gars de Masi qui s'abattaient, au nombre de huit cents, sur le poste *Trans Tiberim* en faisant feu et en criblant de balles la petite maison occupée naguère par nos huit hommes, lesquels avaient eu soin, comme je te l'ai déjà dit, d'y laisser plusieurs chandelles allumées.

Furieux de n'y trouver personne, ils dirigent leur feu avec acharnement sur le poste de l'autre rive, sur les Tuileries, où je te jure qu'il ne faisait pas beau en ce moment-là. Mais les nôtres, qui ne se sont pas amusés à demeurer sur le seuil de la porte ni aux embrasures des fenêtres, n'ont pas été touchés; en revanche les briques ont été mises en pièces. Inutile de te dire qu'au cri de *Aux armes !* que j'ai vigoureusement poussé et au bruit de la fusillade, tous les camarades sont vivement sortis de leur paille. Mais c'est en vain que nous avons attendu l'ennemi qui n'a pas osé traverser le fleuve, et ça se comprend. Leur feu a duré assez longtemps, et nous ne savions pourquoi.

Au petit jour, je fus envoyé en reconnaissance aux Tuileries sous les ordres de Boux de Casson, caporal, en compagnie de Texier et de deux Belges, avec ordre de nous rapprocher du Tibre le plus possible, afin de bien nous rendre compte de la situation, mais de ne pas tirer. C'est alors qu'un paysan nous apprit que ces Messieurs s'étaient avisés de se précipiter sur le poste *Trans Tiberim* par les deux sentiers dont je t'ai parlé plus haut, que cinq avaient fait le plongeon dans le Tibre par ma coupure et s'étaient noyés, et qu'en outre l'obscurité de la nuit leur ayant fait perdre la tête, leurs feux s'étaient croisés. La bande de l'un des deux sentiers qui formaient comme une ellipse à l'entour du poste avait tiré sur celle de l'autre sentier, croyant avoir affaire à nous, et ces malheureux se tuèrent ainsi leur capitaine et trois soldats ; nous n'aurions pas mieux fait.

En dépit d'inimaginables précautions que Guy Boux nous a fait prendre durant notre reconnaissance, nous avons été aperçus, et aussitôt trois compagnies de ces braves gens — nous les distinguions très bien — de se détacher de la montagne et d'accourir sur le bord du Tibre. Avec des carabines *Minier* telles que les nôtres, ils auraient pu nous démolir; l'envie ne leur en manquait point, car ils nous ont fait l'honneur de nous saluer par trois décharges ; mais leurs balles sont toutes venues mourir dans la terre à plus de cent mètres ! Nous, nous avons, je ne dirai pas bêtement, mais scrupuleusement respecté l'ordre que nous avions de ne pas tirer. Mais dame ! le sacrifice a été rude ! et *guère de moins* méritoire que celui d'Abraham, sais-tu ? disait un des braves Flamands qui était de reconnaissance avec moi et qui sentait aussi sa carabine lui brûler entre les mains. Si tu les avais vus, mon pauvre Papa ! ils étaient si beaux à canarder ! à sept cents mètres de nous tout au plus, et nos carabines portent jusqu'à onze cents. Il n'y avait qu'à taper dans le tas. Quelques instants après, nous rejoignions notre compagnie, qui prit aussitôt le pas gymnastique pour se porter sur les Tuileries ! La compagnie de Torrita, de son côté, se mit en marche et passa le Tibre. Il s'en est fallu de cinq minutes que les soldats Masiniens (je ne dis pas Mazziniens) ne fussent pris entre deux feux ! Leurs officiers avaient vu, hélas ! à l'aide de leurs jumelles notre mouvement, et tout ce gros bataillon s'enfuit si vite que la compagnie de Torrita, lancée, elle aussi, au pas gymnastique, ne put arriver à temps pour leur barrer le passage. Bref, c'est un joli coup de filet manqué et je ne regrette pas du tout ma coupure.

Quelques jours après, la veille de notre départ de Nazzano, dix d'entre nous et quelques soldats irlandais du bataillon Saint-Patrice ont eu la chance de surprendre la queue d'une colonne des gens de Masi, et leur ont envoyé une certaine quantité de balles coniques qui, paraît-il, n'ont pas été toutes perdues.

Sur ces entrefaites la nouvelle de la prise de Gaëte

est venue nous frapper comme un coup de foudre, et l'ordre nous est venu, vendredi après-midi, de quitter immédiatement Nazzano. Nous sommes arrivés assez tard à Fiano, petite ville qui nous a semblé, le lendemain matin, assez proprette.

De Fiano à Monte-Rotondo l'étape n'est que de quatre à cinq lieues, une plaisanterie pour des bons hommes habitués, comme nous le sommes maintenant, aux longues marches. Le colonel et la musique sont venus à notre rencontre, et nous avons revu avec bonheur tous les amis qui commençaient à être inquiets de nous.

Nous étions à peine arrivés que la première compagnie qui était restée à Monte-Rotondo est allée je ne sais où. J'entends dire que nous la rejoindrons demain. On prétend qu'elle s'est dirigée du côté du royaume de Naples. Pauvre Gaëte ! Le roi et la reine de Naples sont à Rome. Ferdinand de Charette, qui est revenu avec Leurs Majestés, était ici hier. Quel beau soldat ! Il paraît que Cialdini, qui entre en fureur au nom de Messieurs de Charette, se promettait d'assouvir sa haine sur Ferdinand et sur son frère Urbain ; mais François II a trouvé moyen de les lui arracher en les comprenant dans sa suite avec quelques autres Français. Qu'allons-nous faire maintenant ? Notre sort va-t-il se décider par une lutte suprême ? A la grâce de Dieu ! Nous lui avons consacré notre sang ; s'il faut de nouvelles victimes, nous sommes prêts. Tous, avec l'aide d'En Haut, nous saurons mourir en braves comme nous avons su endurer les privations et les fatigues jusqu'ici. — Le pauvre Artus de la Salmonière est mort ici, d'une rupture d'anévrisme, pendant notre campagne de Nazzano : c'est un zouave de plus au ciel. Quand l'aumônier a eu fini de réciter les dernières prières sur la fosse, le colonel de Becdelière, après avoir jeté l'eau bénite, se retournant vers les zouaves présents, et tous ceux qui n'étaient pas de service se trouvaient là, leur a dit ces simples paroles qui ont produit une grande impression : « Quand des soldats chrétiens ont conduit la dépouille d'un camarade à sa dernière demeure, c'est un devoir pour eux de prier en commun sur sa tombe ! » Et le colonel, se mettant à genoux, a récité lui-même, à haute et militaire voix, la première partie du *Pater* et de l'*Ave* : je te laisse à penser si les soldats ont répondu avec cœur et avec ensemble !

Crois-moi plus que jamais, mon cher Papa, ton fils bien respectueusement affectionné.

HENRI (1).

(1) M. Léger de Boussineau, dans une lettre reproduite par le *Monde* du 20 février 1861, raconte ainsi les derniers moments d'Artus de la Salmonière :

Monte-Rotondo, 7 février 1861.

MES CHERS PARENTS,

Depuis ce matin, l'état d'Artus nous donnait de graves inquiétudes. Hélas ! elles n'étaient que trop fondées. Il vient d'expirer dans les bras de M. l'abbé Daniel, il y a à peu près une demi-heure ; il est quatre heures du soir.

Ce matin, à onze heures, pendant que je déjeunais avec M. de La Jaille qui avait passé la nuit avec moi près d'Artus, on est venu nous chercher en toute hâte, en nous disant de nous presser, si nous voulions le voir. Nous y courûmes, et nous avons bien cru qu'il était à son dernier moment ; j'ai envoyé de suite chercher M. l'aumônier, et pendant ce temps je me suis jeté à genoux au pied de son lit, j'ai récité le *Memento*, le *Pater* et l'*Ave*, puis les Litanies de la Sainte Vierge. Notre capitaine et les officiers de ma compagnie qui était aussi la sienne, sont accourus, et ils ont répondu aux Litanies.

M. l'abbé Daniel n'a pas tardé à arriver, et lui a donné l'indulgence *in articulo mortis*. Pendant ce temps, Artus avait un crucifix entre les mains, il le baisait avec ardeur et faisait avec le signe de la croix.

Au bout de quelques minutes il a paru mieux et m'a serré plusieurs fois la main ; comme son corps n'était qu'une plaie et qu'il souffrait comme un martyr, il essaya, en se pendant à mon cou, de trouver une meilleure position, ou, pour me servir de ses propres termes : « Donnez-moi, disait-il, une position plus agréable » ; puis dans ses cris douloureux il prononçait le nom de son père et de sa mère.

A trois heures et demie, M. Daniel me dit : « Prenez neuf de vos camarades et allez à l'église prier pour votre ami ; vous demanderez sa guérison par l'intercession de Guérin, le martyr de Castelfidardo ». J'y suis allé avec de Cadaran, de La Jaille, Antoine et Athanase de la Rochette, de Kersabiec, etc... Quand nous sommes revenus, notre cher Artus venait de rendre le dernier soupir.

Veuillez annoncer cette triste nouvelle à sa famille. Dites-lui bien qu'Artus a expiré en bon chrétien, et a souffert courageusement comme un soldat. Sa mort, plus triste que celle du champ de bataille, ne lui est pas moins méritoire, puisqu'il a succombé à la suite des fatigues éprouvées au service de la cause à laquelle il avait consacré tout son dévouement et sa vie.

Adieu, mes chers parents ; je vous embrasse tous, et suis votre fils dévoué, qui vous aime tendrement.

Léger de Boussineau.

Une Porte à Anagni.

SEPTIÈME LETTRE.

ARRIVÉE A ANAGNI.

Anagni, 23 février 1861.

Comme je te le faisais pressentir dans ma dernière lettre, mon cher Papa, nous avons quitté Monte-Rotondo, et sommes arrivés après trois jours de marche, à Anagni, l'ancienne capitale des Herniques, ni plus ni moins, à vingt-deux kilomètres de Frosinone qui se trouve marquée sur toutes les cartes, et à un peu plus de vingt lieues de Naples, si je ne me trompe. Anagni, patrie de Boniface VIII de la famille des Caetani, compte de cinq à six mille habitants. C'est ici que maître Guillaume de Nogaret, envoyé avec Sciarra Colonna par Philippe le Bel, arrêta ce glorieux Pontife en 1303, mais nos habitants d'Anagni se révoltèrent, et cet excellent monsieur de Nogaret fut obligé de prendre la poudre d'escampette, emportant, comme souvenir d'Anagni, une excommunication qu'il n'avait pas volée et dont il fut du reste relevé avant sa mort, qui advint en 1314.

Tout le bataillon se trouve réuni en cette terre Hernique, voire même la sixième compagnie, arrivée d'hier, et dans laquelle j'ai retrouvé avec plaisir plusieurs vieilles connaissances, notamment Xavier de Kerampuil qui est fort bien et paraît enchanté de son sort. Qu'allons-nous faire ici ? Donnerons-nous un de ces jours le dernier coup ? Ça ne me semble pas prendre cette tournure-là ! Quatre-vingt mille paquets de cartouche nous sont pourtant arrivés hier. D'autres troupes pontificales occupent les petites villes environnantes. Si l'on doit marcher et que Dieu le permette, on tâchera de bien se comporter et de cogner ferme. Ma santé est toujours excellente: me voilà rompu aux fatigues, et il y a de quoi, car si je voulais me passer la fantaisie de supputer exactement les kilomètres que nous avons dans les jambes depuis le 12 janvier, j'obtiendrais pour sûr, un chiffre très respectable.

C'est d'un modeste café d'Anagni que je t'écris ce petit mot pour te dire seulement aujourd'hui où nous sommes et où nous en sommes. A mes côtés Athanase de la Rochette et Léger de Boussineau jouent gravement une partie d'écarté avec des cartes françaises qu'ils ont fait venir de Rome.

Henri.

HUITIÈME LETTRE

LA VIE DE GARNISON. — LES VÊPRES DU DIMANCHE PRÉSIDÉES PAR MGR L'ÉVÊQUE. — UNE PROMENADE A FERENTINO. — CONSTRUCTIONS CYCLOPÉENNES.

Anagni, 4 mars 1861.

Rien de nouveau depuis notre arrivée ici, mon cher Papa. Une seule chose à noter : le passage presque journalier de troupes françaises qui vont occuper de petites villes entre les Piémontais et nous. Le bon général de Goyon, qui ne peut faire autrement d'ailleurs que de se conformer aux instructions qu'on lui envoie de Paris, n'a probablement pas grande confiance en nous, et se dit évidemment, et non sans raison, que si nous demeurons abandonnés à nos propres réflexions, nous pourrons bien recommencer nos fredaines de Ponte Correze et de Nazzano, et susciter au général en chef commandant le corps expéditionnaire de nouveaux embarras. En attendant que nous puissions nous battre, nous ne négligeons rien pour nous former et nous aguerrir :

théorie, exercice, promenades militaires, tir à la cible, école de peloton, école de bataillon, revues de toutes sortes, *tout ça marche, tout ça marche, tout ça marche en même temps.* Le colonel de Becdelièvre ne nous laisse pas grand temps pour nous amuser. Puis il y a les corvées. Ce matin, par exemple, à mon petit lever j'ai fait la corvée de quartier que les vieux d'Afrique appellent la corvée du pinceau. « Allons, mon ami, m'a dit en me présentant le balai le caporal de semaine, — un grand Toulonnais qui doit mesurer six pieds ou peu s'en faut, et qui répond au nom de Testanier, — allons, mon ami, saisissez ce pinceau *seulemint* et écrivez à votre famille. »

Je me porte toujours comme un charme et ne me fais pas de bile : à quoi bon ? Cette ville ou plutôt ce grand village d'Anagni n'offre aucune espèce de distractions. Il faut absolument s'en créer, mais de sa nature le zouave est ingénieux. On rit, on chante ; le soir après l'appel, on se livre à certains petits divertissements de chambrée qui ont leur agrément. En dehors des chefs, les soldats se font leur petite justice entre eux ; il arrive assez souvent que tel ou tel soit condamné presqu'à l'unanimité à passer à la couverture. Ça se fait solennellement chez nous, car nos couvertures sont immenses, jamais méchamment. Le patient touche souvent le plafond, ce qui n'est pas dangereux ; mais on a soin qu'il ne heurte pas le pavé : fourreaux de sabres, nécessaires d'armes, gibernes, piquets de tente, brosses, gamelles voltigent avec l'infortuné dans les airs. En somme, l'agrément n'est pas pour celui qui saute, mais ceux qui font sauter ont généralement l'air de trouver à cet exercice un grand plaisir.

Il y a encore la facétie de la gamelle pleine d'eau qui se met sur le rebord d'une fenêtre au-dessus d'une paillasse; une ficelle relie la gamelle et la paillasse; on tend la ficelle du mieux qu'on peut et on la dissimule sur la paillasse à l'aide d'un mouchoir ou d'un vêtement. Quand le propriétaire de la paillasse se met en devoir d'y prendre la position horizontale, autrement dit de se coucher, il donne forcément de la tête dans la ficelle, et instantanément la gamelle lui dégringole sur la face, et les voisins ne pleurent pas.

Mais s'il en est qui passent par l'eau, il en est d'autres qui passent par le feu, par exemple mon très cher ami René Desmiers de Chenon, qui a failli brûler vif l'autre nuit sur sa paillasse. L'administration n'entretenant dans chaque chambrée qu'une toute petite lampe microscopique, on n'y voit goutte; en conséquence nous nous payons presque tous des chandelles de suif d'un demi-baïoque ou même d'un baïoque, mais les chandeliers manquant, nous collons nos chandelles contre le mur, et ça tient et ça brûle comme ça peut. Or mon ami Desmiers de Chenon s'est endormi sans éteindre sa chandelle, laquelle est tombée sans cérémonie sur sa paillasse et y a mis le feu. Mais voilà que par bonheur le caporal Testanier, qui ne dormait que d'un œil en face, s'en est aperçu, et s'emparant immédiatement d'un des deux bidons d'eau (il doit y avoir deux bidons d'eau toujours pleins à l'entrée de chaque chambrée), en a jeté tout le contenu du côté de la paillasse enflammée. Ce brave Testanier a-t-il étudié la géométrie ou non ? Je ne sais; toujours est-il qu'il a obliqué beaucoup trop à gauche et que c'est moi qui ai tout reçu. Tu comprends qu'il a fallu prendre la chose du *bon côté* et retourner ma paillasse de *l'autre*, et tout a été dit.

Mais si nous sommes gais, c'est que nous sommes sans peur et sans reproche parce que nous n'oublions pas Dieu. La prière du soir continue à se faire régulièrement dans chaque chambrée. Le matin, quand on peut, on va à l'église, on sert la messe, puis on n'a pas peur de se confesser ni de communier une fois le temps. Les fonctions d'aumônier près de nous ne sont pas une sinécure, mais aussi et M. Daniel et le parfait Mgr de Woëlmont et Mgr Sacré, l'aumônier de Castelfidardo, s'en acquittent si bien ! Chaque dimanche, bien que ce ne soit pas l'usage dans ce pays-ci, nous chantons les vêpres dans une des églises de la ville. Monseigneur l'évêque d'Anagni veut bien les présider. Personne n'est forcé d'y assister, bien entendu; mais tout le monde s'y trouve, et l'église est trop petite. Je n'ai jamais rien vu de plus beau : tout un bataillon debout ou à genoux, chantant les psaumes et priant Dieu de bénir ses armes et le Chef de l'Église ; quelques larmes sillonnant de temps en temps maintes joues et venant mouiller de vieilles ou jeunes moustaches. Heureux ceux qui peuvent jouir d'un tel spectacle !

HENRI.

Anagni, 5 mars 1861.

Il m'a fallu interrompre ma lettre hier au soir, mon cher Papa ; je la reprends ce matin à mon petit lever, sur ma paillasse où j'ai dormi comme un loir sous une couverture qu'on m'a donnée ces jours-ci, de sorte que je suis le plus heureux des hommes. Dimanche dernier, comme nous n'avions pas d'exercice et que je n'étais pas de garde, je suis allé, en l'aimable compagnie de Zacharie du Reau et de Raoul de Villoutreys, faire une excursion à Ferentino, petite ville à environ trois lieues d'Anagni, où se trouve la batterie d'artillerie dont fait partie Bernard de Quatrebarbes. Cette promenade nous a fort intéressés. De Ferentino nous apercevions Frosinone qui n'en est qu'à cinq milles, puis la chaîne des Abruzzes. Nous n'étions qu'à dix lieues de Gaëte. Que je voudrais aller voir François II à Rome ! Ferentino est sur une hauteur, cela va sans dire, et traversée par la *Via Latina*. C'est ici que nous avons vu pour la 1re fois ces fameuses constructions cyclopéennes qui abondent en cette partie du pays et sont certainement d'une date bien antérieure à la fondation de Rome. Que de bras il a fallu pour remuer ces masses énormes ! Il n'y a pas de danger que le vent les emporte avant le jugement dernier. C'est solide, je t'en réponds, mais c'est grossier, et je me figure que ces bonnes gens-là ne bâtissaient d'une façon aussi rudimentaire que faute de savoir faire autrement. La plupart des maisons de Ferentino sont plus cyclopéennes encore que les murs de la ville, et, ma parole d'honneur, je crois que les boulets de nos canons ne leur feraient pas grand mal.

En outre de ses constructions cyclopéennes, Ferentino possède un petit collège de Jésuites, un externat pas mal installé. Bernard s'est empressé de nous conduire chez les bons Pères. Le Père Recteur et le Père Ministre parlent assez bien le français ; avec les autres nous avons soutenu la conversation et une conversation fort animée, et sans trop chercher nos mots, dans la belle langue de Marcus Tullius Cicéron. Les vénérables Pères se sont plu gracieusement à constater que leurs confrères du collège Saint-François-Xavier de Vannes, *in Britannia Minori*, comme a dit plusieurs fois et très élégamment Bernard, nous avaient donné une instruction sérieuse. Modestie à part, ils auraient pu tomber plus mal, car Bernard, Raoul et moi n'étions pas les derniers de la classe, et Zacharie, qui se trouvait à Vannes, dans la classe inférieure à la nôtre, y occupait un bon rang. Nous étions dans le bonheur. Ces excellents Pères Jésuites sont partout les mêmes : mêmes manières, mêmes usages. Ce qui nous a fait peut-être le plus de plaisir, c'est de voir sur les portes des cellules des Pères de petites tablettes ou pancartes quasi semblables à celles de Vannes, avec les noms des différentes parties de la maison : *Chiesa.* — *R. P. Rettore* — *Scuole.* — *Giardino* : Eglise — R. P. Recteur — Classes — Jardin — etc., etc. N'en pouvant croire mes yeux, j'ai bien enfoncé dix fois le piton de l'une de ces pancartes dans l'un des petits trous, tant ce rien, vraiment bien petit rien *per se* (pardonne-moi, je parle encore latin comme l'autre jour, j'ai même rêvé en latin la nuit suivante) me causait de jubilation. C'est que, loin du pays, le moindre objet qui vous le rappelle fait faire *tic tac* au malheureux cœur.

Bref, chez les bons Pères nous nous sommes sentis chez nous. Tu vois que nous avons parfois de bons moments. Les neuf jours que nous venons de passer à Anagni nous ont fait grand bien. Nous voici complètement remis de nos fatigues, et tout prêts, s'il plaît à Dieu, à en endurer de nouvelles.

Embrasse bien maman, Marie et Anna pour moi. Je ne tarderai pas à écrire aux Vannetais.

Ton fils bien respectueux et affectionné,

Henri.

NEUVIÈME LETTRE

UNE VISITE A GENAZZANO.

Anagni, 14 mars 1861.

Nous faisons l'école de bataillon avec passion, du moins du côté de notre colonel, et aussi, pour ce qui nous concerne, avec de légers succès. Monsieur de Becdelièvre voudrait nous voir manœuvrer comme à Saint-Cyr ; il dit que nous n'y sommes pas encore, mais qu'avec du temps et de la bonne volonté ça pourra venir.

Bernard de Quatrebarbes ayant été envoyé, avec sa batterie, de Ferentino à Genazzano, à quelques kilomètres en avant, nous sommes de rechef partis du pied gauche, ses deux cousins Zacharie du Reau et Raoul de Villoutreys et moi, pour aller l'y visiter.

Genazzano ! L'église de cette petite ville a tout comme Lorette sa *Santa Casa*, renfermant l'image miraculeuse de Notre-Dame du Bon-Conseil. Je t'envoie une notice très détaillée à ce sujet. Tu verras, en la lisant, que la translation par les Anges de Notre-Dame du Bon-Conseil de Scutari (Albanie) à Genazzano est aussi bien prouvée que celle de la sainte Maison de Lorette. Notre-Dame du Bon-Conseil, c'est la Madone des Papes. Pie IX en a une belle copie sur son bureau. Avec quelle ferveur nous avons prié devant cette Madone ! Bernard est tout heureux de fouler cette terre si particulièrement consacrée par Marie. Il fallait l'entendre parler de la très Sainte Vierge, et nous raconter avec toute sa volubilité et son originalité cette magnifique histoire. J'ai bien reconnu là l'ancien Préfet de la Congrégation de 1re Division à Vannes. Ce pèlerinage nous a rafraîchi l'âme et réconfortés. Daigne la Vierge du Bon-Conseil avoir abaissé sur les soldats du Vicaire de son divin Fils ses regards miséricordieux, et nous avoir obtenu de Notre-Seigneur les lumières dont nous aurons besoin pour orienter notre vie !

Henri.

DIXIÈME LETTRE

LES PAQUES. — LE COLONEL ALLET. — CHARETTE
COMMANDANT.

Anagni, 24 mars 1861.

C'est hier samedi, mon cher Papa, que nous avons terminé notre retraite ; oui, notre retraite : pas celle du soir avec les clairons, mais une vraie retraite spirituelle préparatoire à la communion pascale qui nous a été prêchée par deux prêtres français. Chaque corps de l'armée pontificale a ainsi la retraite prêchée chaque année, et cette retraite n'est pas facultative, mais obligatoire. Crie qui voudra : c'est une excellente chose, et du reste ce n'est pas chez nous que l'idée pourrait venir à quelqu'un de ne pas faire ses Pâques. Notre messe de communion a été des plus édifiantes. Belle journée, je t'assure, pour notre cher bataillon ! c'est là surtout, agenouillé à la Table sainte, qu'il était beau. Que de larmes j'ai vu couler ! Quel bonheur, quelle sérénité sur tous les fronts ! Oh ! nous sommes bien les frères des martyrs de Castelfidardo. Le Saint-Père nous a accordé une Indulgence plénière comme bouquet de retraite. Nous voici donc blancs comme la neige.

Depuis huit jours nous avons mené une vie de rentiers et de flâneurs, à laquelle nous ne sommes pas habitués. C'est la retraite qui *nobis hæc otia fecit !* Pas d'exercices militaires pendant ce temps-là, rien que les spirituels. De plus, une pluie torrentielle n'a cessé de tomber, de sorte que les cafés nous ont servi de salles d'étude et de récollection. C'est là qu'on fait ses lettres, c'est là qu'on a pris ses notes sur les instructions. Pour deux baïoques ou deux sous, car la tasse de café ne coûte que cela, y compris le sucre et un grand verre d'eau qu'on vous apporte sur un plateau en métal, on peut rester tant qu'on veut au café. Avec six ou huit baïoques par jour, on s'en donne, comme tu vois ; le café qu'on boit est très léger et ne surexcite pas le système nerveux, mais c'est une boisson très saine et un fébrifuge très recommandé.

En Italie, il y a plusieurs sortes de cafés : d'abord je te demande la permission de te faire remarquer qu'en italien café s'écrit avec deux *f* : Caffé. Ainsi il y a le *Caffè nero*, café noir, le *Caffè latte*, le café au lait, et le *Caffè rosso* ou café rouge, une chose parfaite que je ne saurais trop te conseiller ; la recette n'est pas difficile : 1° tu prends un œuf frais ; 2° tu le casses et laisses tomber au fond d'un grand verre le jaune, pas le blanc ; 3° tu bats le jaune d'œuf avec du sucre en poudre ; 4° quand tu as obtenu une crème mousseuse, tu verses dessus du café noir bouillant, en ayant soin de bien mêler le tout avec une cuiller ; 5° il se forme alors une écume très appétissante au-dessus du verre ; tu avales chaud, si tu veux, ou bien tu trempes là-dedans un petit pain coupé en tranches longues de vingt-cinq ou trente centimètres que tu dégustes sans te presser, je ne te dis que cela. Si ça ne fait pas de bien, ça ne peut pas faire de mal. Mais, plaisanterie à part, c'est délicieux, rien de meilleur pour les estomacs un peu avariés ou délicats. Dis de ma part au cher docteur du Bouays d'en faire l'expérience, et je suis sûr par avance que ses malades lui voteront des chandelles d'honneur.

On boit aussi, dans nos cafés, de la limonade : les indigènes en font une consommation effrayante. Ça coûte plus cher que le café. Quant aux liqueurs, elles ne valent pas celles de France, et nous n'en usons guère. Le vin d'Anagni n'est pas du tout remarquable, et pourtant quelles belles vignes ! Ils ne savent pas le faire. Toutefois ce vin étant naturel est par là même bienfaisant, mais très dur, et il faudrait une fameuse dose de courage pour en abuser. Du reste, le vice de l'ivrognerie n'est pas connu parmi les Italiens, du moins parmi ceux de ces contrées ; il y a ici quelques vieux Bretons du Morbihan et des Côtes-du-Nord qui n'en reviennent pas.

A propos de Bretons des Côtes-du-Nord, il en est un, artilleur dans la batterie de Bernard de Quatrebarbes, à Ferentino, qui vient d'écrire à un Monsieur de son pays une bonne lettre. Le *Monde* l'a reproduite. Persuadé qu'elle fera ton bonheur, je ne puis résister à la tentation de te la copier :

« *Ferentino, le 10 mars 1861.*

« Monsieur,

« .... Le nombre des zouaves est très considérable, et tous les jours il augmente. Je ne trouve rien de mieux que de voir tous les Messieurs courir avec leur gamelle, chercher leur ration, manger leur peu de viande et le petit pain sans sel qu'on nous distribue tous les matins, faire les corvées, aller au pain, chercher du bois et des légumes, *chacun son tour*, sans aucune distinction et sans plainte. Il n'y a pas de tristesse parmi nous, malgré que les exercices *sont pénibles* : nous ne craignons rien.

« Nous sommes maintenant en garnison à Ferentino ; mais je pense que nous allons retourner à Rome. Je suis maintenant conducteur dans l'artillerie ; nous aurons cinq sous par jour, on n'est pas longtemps à les dépenser quand on veut ; mais, du moins, je tâche de mettre quelques sous de côté, parce que nous changeons souvent de caserne ; et quand on est en route, on est bien misérable sans le sou, et il faut avoir pitié de celui qui n'en a pas.

« Mon compagnon Guillemoto est un fameux soldat, ainsi que MM. de la Bégassière : ils supportent bien la fatigue sans plainte. Quant à M. de Hingant, il a toujours une **plaisanterie** quelconque pour distraire le plus fatigué ; bon **soldat.**

« Les trois quarts des volontaires sont Bretons. C'est une admiration parmi nous. Quelquefois un officier nous demande : « D'où êtes-vous ? — De Bretagne. » Il s'en va en riant et disant : « Ils sont tous Bretons. » Il y a cependant avec nous beaucoup d'étrangers, des Russes, des Belges, des Allemands, des Polonais, des Suisses, des Français et des Bretons, *comme on dit.*

« Nous avons eu, la semaine dernière, la messe tous les jours, pour l'ouverture de Pâques. J'espère aller à Rome faire ma communion pascale.

« Il faut s'habituer ici à beaucoup de petites misères; nous ne connaissons plus ni lits, ni draps, ni oreillers ; pour la pension, je n'en dis rien, elle n'est pas délicate, et pourtant nous sommes aussi forts et même bien plus lestes pour toutes les manœuvres. Je m'habitue facilement à tout. D'ailleurs ni moi, ni mes compagnons ne nous sommes enrôlés pour chercher ni fortune, ni bonne chère.

« Agréez, etc.....

« Yves Jégou, *artilleur pontifical.* »

Anagni, 25 mars.

Je continue ma lettre. C'est le jour de l'Annonciation. Voici une grosse nouvelle. Notre brave colonel M. Becdelièvre nous a quittés à la suite de différends avec Mgr de Mérode. Il ne m'appartient pas d'apprécier les motifs qui ont dicté ce départ ; je n'ai pas d'ailleurs les données suffisantes, et, dans tous les cas, les journaux ne tarderont pas d'en parler. Trois ou quatre officiers ont cru devoir suivre le colonel dans sa retraite, et il y a eu, cela va sans dire, un peu d'émotion et d'agitation parmi nous. Mais ça n'a duré qu'un jour. Tous les esprits se sont vite calmés, grâce aux belles paroles du capitaine de Charette, qui nous a déclaré que le désir du Saint-Père était de nous voir rester sous son drapeau et qu'un tel désir devait être pour nous plus qu'un ordre. On a crié : « Vive Charette! » Tout a continué à marcher avec le même entrain, et nous avons fait le meilleur accueil à notre nouveau colonel, M. Allet. M. Allet est Suisse, de très noble famille et de très vieux sang. Digne descendant du héros d'Ivry auquel Henri IV donna le collier de nos Ordres sur le champ de bataille, il a déjà trente ans de service dans l'armée du Pape et s'est magnifiquement conduit à Castelfidardo.

Mgr de Mérode a nommé M. le capitaine de Charette chef de bataillon, et tous nous avons applaudi à cette nomination. « Mais c'est un drapeau que vous donnez là aux zouaves !» lui a représenté quelqu'un à Rome. — « C'est vrai, a répondu Mgr de Mérode ; mais un drapeau qui a été percé de balles à Castelfidardo et qui a le droit par conséquent d'être déployé en face du tombeau de saint Pierre. » A la bonne heure ! Voilà qui est parler en ministre des armes de Notre Saint-Père le Pape Pie IX.

Du reste, M. de Becdelièvre emporte tous nos regrets ; c'était le meilleur, le plus brave et le plus beau soldat ! On tremblait devant lui, mais on l'aimait quand même ; jamais nous ne l'oublierons, et nous nous associons dans une large part à la peine que doit lui causer son éloignement de ce bataillon qu'il a la gloire d'avoir formé.

Henri.

ONZIÈME LETTRE

LA CASERNE SAINT-SIXTE. — LES CATACOMBES SAINT-CA-
LIXTE. — LE TOMBEAU DES SCIPIONS. — BÉNÉDICTION
Urbi et Orbi! — LE TOMBEAU DU GÉNÉRAL DE PIMODAN
A SAINT-LOUIS DES FRANÇAIS. — LE COMTE DE BERMOND
DE VACHÈRES.

Rome, Samedi Saint, 30 mars 1861.

Mon cher Papa, le soir du dimanche des Rameaux, 24 mars dernier, l'ordre est arrivé au colonel d'envoyer le bataillon à Rome pour les fêtes de Pâques. Il y a trois bonnes étapes d'Anagni à la Ville éternelle. Cette fois, je n'ai pas eu de chance, la fièvre m'a pris dès la première étape et ne m'a quitté qu'ici, où je suis arrivé clopin-clopant. Nous sommes casernés à Saint-Sixte, à une heure du centre de la ville, tout près des Catacombes de Saint-Calixte. Pas de lits : c'est du luxe, prétend Mgr de Mérode qui est venu nous inspecter ; rien que nos couvertures et un peu de paille étendue sur la brique.

Dès le lendemain matin de notre arrivée, avant que le quartier ait été déconsigné, ce qui n'a pas eu lieu avant midi, l'idée nous est venue, à plusieurs de la quatrième *inter quos* de Canson, de Bonrepos et d'autres *ejusdem farinæ*, c'est-à-dire des Messieurs pas plus commodes qu'il ne faut et très entreprenants, d'aller visiter les Catacombes de Saint-Calixte dont l'entrée se trouvait à une portée de fusil de nous. L'adjudant nous a permis cette petite disparition, en nous recommandant d'être bien exacts pour l'appel de onze heures.

En deux ou trois bonds nous étions à l'entrée des Catacombes Saint-Calixte où nous trouvons un seigneur gardien qui nous fait un pitoyable accueil, nous dit un tas de choses dont nous ne comprenons pas la moitié, nous parle du cardinal vicaire, de *licenza*, d'excommunication ; bref, nous décoche une harangue à la façon cicéronienne qui n'en finissait pas. — « Allons, allons, l'ancien, c'est pas tout ça ! s'est mis à murmurer doucement avec sa petite voix de bouledogue en colère, René de Canson, qui porte lorgnon sur un nez proportionné au reste de son individu (on dirait un poteau de télégraphe), *satis verborum*, nous avons assez de ta faconde. En avant : ce sont les Catacombes qu'il faut nous montrer. Et vivement... — *Ma, signori, non posso, non posso... Moi ne pas pouvoir. La licenza... Il Cardinale Vicario...* » Toujours la même rengaine : ça devenait fatigant. Aussi, sans avoir besoin d'ôter nos gants, attendu que nous n'en portons pas, avons-nous pris le vieux par les épaules et lui avons-nous fait comprendre qu'il fallait marcher. Le malheureux a pâli, s'est mis à pleurer, à trembler, et en fin de compte a pris ses allumettes et ses petites bougies et nous a introduits dans les catacombes !

Ces Catacombes de Saint-Calixte sont les plus belles de Rome et sans contredit les plus vastes, elles ont vingt milles de long. Nous avons bien descendu vingt-cinq mètres pour arriver à la première galerie. A la vue de notre recueillement et de l'émotion respectueuse et sainte qui s'emparait de nous, notre guide a compris que nous avions un peu de religion et est devenu aimable. Je n'ai pas d'expression pour rendre ce que j'ai éprouvé en parcourant ces longues galeries souterraines : il me semblait, en foulant cette terre empourprée du sang des martyrs, que mon sang, à moi pauvre chrétien, indigne de respirer l'air sacré de ces caveaux, coulait pourtant plus léger dans mes veines.

J'ai vu le tombeau de sainte Cécile, c'est-à-dire le *loculus* où son corps a reposé ; car c'est l'église de Sainte-Cécile au Transtévère qui possède maintenant le trésor. Je me suis même mis à genoux dans ce *loculus*, et m'y suis étendu tout de mon long en répétant à ce moment, dans toute l'ardeur de ma foi et avec toute la ferveur de mon âme, la prière de cette incomparable vierge martyre : *Fiat cor meum et corpus meum immaculatum ut non confundar*. Tout près de là, dans un autre *loculus*, j'ai pris, oh ! avec un grand respect, sans savoir encore qu'un pareil larcin était défendu sous peine d'excommunication, et j'ai enfoui pieusement dans ma poche, un ossement plus que perceptible à l'œil nu. L'heure que j'ai passée là m'a paru bien courte. J'aurais voulu rester plus longtemps dans ces lieux si chers à tout cœur chrétien, et particulièrement à un cœur de zouave, y assister au saint sacrifice de la messe, y communier. Ce sera pour une autre fois, si Dieu le permet, comme je le lui demande et comme je l'espère.

Quand nous avons revu la lumière du jour, nous nous sommes cotisés pour offrir deux ou trois paoli (1 fr. 50) à notre guide infortuné, qui a fait des difficultés pour accepter, en parlant de plus en plus *del Cardinale Vicario* et *della scomùnica*. Ce n'est que dans la journée, en racontant notre visite du matin aux Catacombes, que nous avons eu la révélation du mauvais cas dans lequel nous nous étions mis, bien à notre insu, et l'explication de l'attitude étrange du *custode* vis-à-vis de nous. Il est absolument interdit, sous peine d'excommunication, de pénétrer dans les Catacombes sans la permission du *Cardinale Vicario*, et pareillement défendu, sous peine d'excommunication, d'en emporter quoi que ce soit, ne serait-ce qu'une poignée de terre. Me voici gentil, moi, avec ma relique ! Je comptais si bien la garder précieusement, toujours la porter dans mon sac comme un talisman qui m'eût défendu contre les dangers de l'âme et du corps. Ça me coûte de m'en défaire. Mais il n'y a pas à dire, il faut que je la porte à M. l'abbé Daniel, qui la remettra à qui il voudra.

Non loin des Catacombes de Saint-Calixte, j'ai pu admirer une curiosité d'un autre genre: le tombeau des Scipions et le *columbarium* d'Octavie. Le tombeau des Scipions, le plus ancien mausolée de la Rome républicaine, se trouve sur la voie Appienne, à gauche, en allant vers Marino et Frascati. Au-dessus de la porte d'une *vigne* appelée la Vigna Sassi on lit cette inscription antique: SEPULCHRUM SCIPIONUM; puis l'on découvre deux sarcophages qui contenaient les restes des ancêtres du grand Scipion l'Africain. Le *columbarium* d'Octavie est parfaitement conservé: figure-toi une de nos fuies de Bretagne. Tout l'intérieur du *columbarium* est garni, du haut en bas, de niches contenant chacune un vase en terre cuite où l'on déposait les cendres des corps qui étaient brûlés dans de la toile d'amiante. L'usage des premiers temps de Rome, qui fut conservé par d'illustres familles patriciennes, n'était pas de brûler les cadavres, mais de les ensevelir: de là un *sepulchrum* pour les Scipions, et un *columbarium* pour la sœur de l'empereur Auguste et ses compagnons et compagnes de niche, madame Cicéron, par exemple, et bien d'autres (car c'est par centaines qu'il faut compter ces niches), lorsque l'usage primitif fut remplacé par la combustion des corps.

Toutes les urnes existent, parfaitement intactes. J'y ai pris quelques pincées de poussière, mais pas dans l'intention de les **vénérer** comme des reliques, et les ai enfermées toutefois dans des petits morceaux de papier. Point d'excommunication à encourir dans ce cas-ci.

Le Jeudi Saint, après l'Office du matin, j'ai vu pour la première fois le Saint-Père donner la Bénédiction *Urbi et Orbi* à la *Loggia* de la façade principale de Saint-Pierre. Ce spectacle est d'une majesté à laquelle rien ne se peut comparer sur terre. L'ellipse de la colonnade de Saint-Pierre peut contenir quatre-vingt mille personnes, juste autant que l'intérieur de la basilique, et une place qui lui sert comme d'appendice en recevrait au moins autant. Le centre de l'esplanade est occupé par l'armée pontificale et l'armée française. Le reste regorge d'une foule innombrable de tous pays et de toutes conditions. Dimanche prochain, nous y serons, et je m'en fais **une grande fête**. Lorsque le Pape a eu prononcé lentement, **en s'arrêtant même un peu après chacune**, les paroles de la Bénédiction, d'une voix si forte et en même temps si **harmonieuse** et si sonore qu'on l'entend de partout ; lorsque j'ai vu toute cette foule tomber à genoux comme un seul homme et se courber au son des fanfares et des tambours battant aux champs et au bruit des canons, sous la main du Vicaire de Jésus Christ, je suis demeuré quelques instants comme anéanti, la face contre terre, et j'ai cru que je ne me relèverais pas.

Dans l'après-midi, j'ai commencé à visiter les églises. A Saint-Louis des Français, j'ai eu la consolation de prier devant le tombeau du général de Pimodan, le plus illustre des martyrs de Castelfidardo. J'ai baisé avec un saint respect et touché du front le marbre qui recouvre cette grande dépouille. Un des chapelains m'a procuré l'inscription que tout Rome a pu lire au-dessus de la grande porte extérieure de *Santa Maria in Trastevere*, le jour des funérailles du général. Je la trouve si belle, si éloquente dans sa concision, que je ne puis résister à la tentation de la transcrire ici pour t'en faire juge :

Georgio de Pimodan
Viro Nobilissimo
Duci fortissimo
Quem pro Sede Apostolica
Magnæ animæ prodigum
Catholicus orbis luget
Pius IX Pontifex Maximus
Suo et Romanæ Ecclesiæ Nomine
Solemne funus
Tantæ virtuti et pietati debitum
Mœrens persolvit (1).

Je ne sache pas qu'aucun héros chrétien ait été jamais si dignement, si magnifiquement loué. L'Eglise tout entière et son chef auguste pleurant sur le cercueil de Pimodan : cette gloire-là défie toutes les autres.

---

(1) Cette inscription fut inspirée par Pie IX lui-même au chevalier de Rossi.

Impossible de séparer le nom du général de Pimodan de celui d'un autre serviteur également illustre de l'Eglise, dont la dépouille mortelle repose aussi sous ces mêmes dalles funéraires de Saint-Louis des Français.

C'est du comte de Bermond de Vachères que je veux parler.

Un de ses fils, Antoine, répondant certainement aux plus chers désirs du cœur de son glorieux père qui le bénit et veille sur lui du haut du ciel, s'est fait zouave. C'est un de mes amis, et ce qui vaut mieux pour lui, un bon troupier, de taille moyenne, d'assez grêle apparence, sec mais vigoureux, entêté comme dix Bretons et pas commode du tout lorsqu'une petite contrariété lui a remué le sang.

Ce brave Antoine m'a naturellement entretenu plus d'une fois de son père. Les journaux de 1851, année de sa mort, et des lettres, que sa famille lui a conservés et que j'ai parcourus, m'ont révélé sur le comte de Bermond de curieux détails que j'ignorais et qui t'intéresseront, j'en suis sûr.

Le comte de Bermond de Vachères, appartenant à une des plus nobles et plus vieilles familles de Provence, s'enrôla, âgé de quinze ans, dans les armées impériales, et se distingua dans les guerres d'Italie, notamment dans celles de Calabre.

En 1814, le prince Eugène, sous les ordres duquel il servait en Italie et qui avait pour lui autant d'affection que d'estime, apprenant la restauration de la maison de Bourbon en France, engagea avec une grande loyauté le comte de Bermond à rentrer dans sa patrie et à se rallier à un gouvernement qui devait avoir toutes ses sympathies. Son conseil fut suivi. Durant les Cent Jours, le comte de Bermond se compromit gravement pour la cause des Bourbons et faillit être fusillé. En 1823, on le trouve dans les rangs de l'armée française envoyée par Louis XVIII en Espagne pour délivrer Ferdinand VII des mains des révolutionnaires. Qu'il brisât son épée en 1830, cela va de soi, et ce que tu sais peut-être et t'ira au cœur dans tous les cas, c'est qu'il coopéra énergiquement, tout comme toi, en 1832, au mouvement entrepris au nom de la duchesse de Berry. L'insuccès de cette tentative ayant de nouveau brisé son épée, cet homme vaillant et infatigable, qui ne sut jamais ce que c'est que de se reposer, prit la plume qu'il maniait avec finesse, ironie et talent, et se mit à batailler dans les colonnes de la *Gazette de France*.

En 1850, un nouvel horizon militaire s'ouvrit devant lui, et il rêva l'organisation d'une légion qui continuerait à Rome l'œuvre si héroïquement commencée par notre corps expéditionnaire.

Quoique très souffrant, il se rendit quand même près du Pape vers la fin de l'été 1850. Pie IX l'accueillit avec une extrême bienveillance, et comptant sur son dévouement et sur sa grande intelligence militaire, lui confia le soin de lui recréer une armée. J'ai sous les yeux le texte italien de l'ordre du jour par lequel le Saint-Père daigna le nommer major général de ses troupes, et je le transcris en partie :

« MINISTERO DELLE ARMI.

« *Ordine del Giorno* 24 *Gennaio* 1851.

« Per esecuzione della Volontà Sovrana...... il
« conte *Ponziano Ippolito de Bermond de Vachères*
« è nominato Colonnello. La sua destinazione è
« all'immediazione del Ministro colla qualifica di
« Capo dello Stato Maggiore generale...

« *Il Ministro delle Armi,*
« D. principe ORSINI. »

Hélas ! trois semaines s'étaient à peine écoulées que, dans la nuit du 12 au 13 février, le comte de Bermond, après s'être confessé plusieurs fois à notre bon Père de Villefort et avoir reçu de sa main les derniers sacrements, mourait saintement, avec deux regrets au cœur : de ne pouvoir embrasser sa femme et ses enfants demeurés sur la terre de France, et de n'avoir pas fait davantage pour la défense de l'Église.

Ses obsèques furent célébrées avec une grande pompe à Saint-Louis des Français, le dimanche 16 février 1851. Mgr l'évêque de Marseille dit une messe basse et chanta les prières de l'absoute. Je lis dans le journal officiel de Rome que les honneurs militaires furent rendus par les troupes romaines en présence de tout l'état-major pontifical, de M. le comte de Reyneval, ministre plénipotentiaire de la République française, du général Gémeau, commandant en chef le corps expéditionnaire, et de beaucoup d'officiers de la division française accourus pour témoigner leur sympathie au brave officier qui, après avoir loyalement servi sa patrie, venait de consacrer son épée au service de l'Eglise.

Quelle belle fin ! Aussi l'abbé Gerbet, aujourd'hui Mgr Gerbet, le vaillant évêque de Perpignan, ami de la famille de Bermond, écrivait-il d'Amiens, à la date du lundi 24 février, une éloquente lettre de condoléance à l'oncle de mon ami Antoine. J'en détache le passage qui m'a le plus ému : « La pensée qui m'occupe à votre égard, c'est que la foi vous prodigue, au sujet de cette mort, des consolations que pour beaucoup d'autres elle ne donne qu'avec mesure. Si Dieu a retiré de ce monde votre noble frère, il est mort de son dévouement à la cause de Dieu et de son Eglise ; il y a sur sa tombe quelque chose de l'auréole du martyre. Quelle couronne pour son honorable vie et quel gage d'une autre couronne ! »

Cette auréole du martyre et cette couronne présageaient celles du général de Pimodan. Après s'être dévoués tout entiers à Pie IX et avoir été pleurés par Lui, ces deux grands morts dorment côte à côte leur dernier sommeil dans la terre papale, sous les voûtes de l'église consacrée à notre grand saint

Louis, qui s'intitulait de son vivant « le bon sergent de Jésus-Christ » : c'était justice (1).

A bientôt plus longuement, quand la fête de Pâques sera passée. Je t'embrasse bien affectueusement, mon cher Papa, ainsi que maman et les frères et sœurs.

Henri.

(1) Le 20 février 1851, M. Brenier, ministre des affaires étrangères, s'exprimait ainsi du haut de la tribune française : « Maintenant, il reste encore un sujet sur lequel nous avons appelé très sérieusement l'attention du gouvernement pontifical, c'est la réorganisation de son armée. Malheureusement, l'officier supérieur qui devait être chargé de cette réorganisation, les personnes de cette assemblée qui le connaissaient, le regretteront comme moi : cet officier supérieur vient de mourir : c'est le colonel de Bermond. » — *Une voix à gauche* : « Il n'a pas de chance, le Pape ! » (Murmures nombreux.) *M. le Ministre des affaires étrangères* : « Vous avez raison, il n'a pas de chance ; mais il faut supporter tous les malheurs, surtout celui-là, regrettable comme il l'est. »

DOUZIÈME LETTRE

LES TROIS ÉTAPES D'ANAGNI A ROME. — SÉVERIN VER-
CRUYSSE. — L'HÔTEL D'ITALIE A ANAGNI. — LE JOUR
DE PAQUES A ROME. — LA COUPOLE DE SAINT-PIERRE
ILLUMINÉE. — LA *Girandola* AU PINCIO.

Anagni, 8 avril 1861.

MON CHER PAPA,

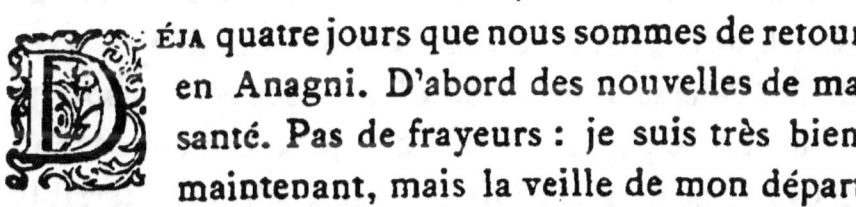ÉJA quatre jours que nous sommes de retour en Anagni. D'abord des nouvelles de ma santé. Pas de frayeurs : je suis très bien maintenant, mais la veille de mon départ de Rome, dame fièvre a fait de nouveau son apparition. Je n'en étais pas plus fier, car la perspective de faire trois étapes sac au dos n'avait rien de réjouissant ; et pourtant il en fallait bien prendre son parti. Le lendemain matin, je me mis donc en route avec la compagnie, toutefois après avoir obtenu par un bonheur inespéré la permission de mettre mon sac sur une charrette. Bien que considérablement allégé, j'avais grand'peine à mettre un pied devant l'autre, car la chaleur était excessive, et de plus l'idée était venue de nous faire doubler l'étape

ce jour-là, de sorte qu'au lieu de faire trois étapes de Rome à Anagni, comme cela s'est pratiqué, nous n'en avons fait que deux. Enfin, après avoir souffert, mais pour de bon, je suis arrivé avec les autres à Valmontone, la dernière étape avant Anagni.

J'avais une fièvre réussie et respirais à peine. Aussitôt je m'étendis sur une bonne couche de paille. Le docteur, prévenu par un voisin charitable (car il y a ici de la vraie charité fraternelle), vint immédiatement et déclara qu'il fallait absolument qu'on me trouvât un lit. On chercha, mais en vain. Ce bon voisin dont je viens de parler a heureusement veillé sur moi avec une sollicitude toute paternelle : c'est mon brave Séverin Vercruysse, glorieux débris de Castelfidardo, qui me rend depuis longtemps, avec une délicatesse que le bon Dieu seul peut inspirer, une masse de petits services que je reconnais de mon mieux. Il ne m'a pas quitté de l'œil durant ce terrible accès; et pourtant il était éreinté comme les autres et avait grand besoin de sommeil. Eh bien ! pour ne pas dormir et être sûr de ne pas manquer d'arrêter à mon intention la voiture publique qui va de Rome à Frosinone et passe à Valmontone sur les deux heures du matin, il s'est dévoué à monter la garde à la place d'un autre. En entendant la voiture qui s'approchait, il a crié: « Halte là! » Le conducteur a dû s'arrêter, et, malgré qu'il fût bien chargé, me trouver un coin où Vercruysse m'a installé de son mieux. Ça, c'est du vrai dévouement, ou je ne m'y connais pas.

Au pied de la montagne d'Anagni que la voiture laissait à gauche, je me suis fait mettre à terre et ai monté, comme j'ai pu, la côte, qui est très longue. Enfin, après m'être arrêté pour souffler bien des fois, j'arrivai en ville, et, muni de la permission que mon capitaine et le docteur m'avaient donnée à Valmontone,

Anagni.

je frappai à la porte d'une sorte de *locanda*, l'*hôtel d'Italie*, où l'on put me donner une chambre et un lit. J'étais sauvé. En introduisant pour la première fois depuis mon départ de Paris mon *humanité* dans des draps blancs, j'ai éprouvé, malgré l'ardeur de la fièvre, une indicible jouissance. Toutefois la fièvre ne m'a pas quitté de la nuit et n'a commencé à baisser que le jour suivant. Enfin, grâce à de fortes doses de sulfate de quinine et d'*olio di ricino*, m'en voici quitte pour longtemps, j'espère. Au moment où je t'écris, je suis très bien; seulement, en raison de la disparition de forces causée nécessairement par l'accès, je suis exempt de service pour trois jours, et en vais profiter pour dormir le plus possible dans mes draps blancs, et écrire.

Nous avons donc passé le jour de Pâques à Rome. Notre bataillon était seul sous les armes dans l'intérieur de Saint-Pierre. C'est un grand honneur qu'on nous a fait. Quand le Saint-Père est passé au milieu de nous, porté sur la *Sedia gestatoria*, il nous a regardés avec attendrissement, et ses yeux se sont remplis de larmes. Comme son cœur comprenait les nôtres ! Il y avait déjà six mois que nous étions éloignés de lui, et depuis Castelfidardo il n'avait pas vu une seule fois son cher bataillon sous les armes ! Aussi, lorsqu'au commandement de *genou terre* il nous vit tous prosternés devant lui présentant les armes, pleurant pour la plupart, le saint Pontife ne fut plus maître de son émotion; et je l'ai vu, le visage baigné de larmes, lever les regards vers le ciel pendant que ses lèvres murmuraient une fervente prière pour ses fidèles défenseurs, pour ces pauvres enfants de France, de Belgique et des Flandres qui avaient déjà souffert beaucoup pour lui.

Le soir, nous avons pu jouir de ce spectacle unique dans son genre qui est l'illumination de la Basilique Vaticane. J'ai en ce moment sous les yeux *les trois*

Rome de Mgr Gaume, car nous commençons à nous monter une bibliothèque à Anagni, et il est bien clair que ce bel ouvrage devait être une de nos premières acquisitions. Impossible de mieux décrire que Mgr Gaume ce que j'ai vu comme lui de mes yeux, mais que ma plume ne saurait aussi bien exprimer.

« Qu'on se représente, dit-il, le plus magnifique
« temple du monde avec ses proportions colossales,
« avec sa coupole de quatre cent vingt-quatre pieds
« de hauteur, avec son immense place environnée
« d'une double colonnade ornée de milliers de sta-
« tues de marbre, et tout cet édifice devenu une
« montagne de feu. Quatorze cents lampions à feu
« *voilé* sont placés sur la façade extérieure du temple
« et des portiques, à partir du sol jusqu'à l'extré-
« mité de la croix du dôme. Ces lampions dessinent
« toutes les arêtes de l'édifice dont ils marquent les
« lignes architectoniques, se courbant où elles se
« courbent, s'arrêtant où elles s'arrêtent, se brisant
« où elles se brisent...

« A neuf heures, il y a changement de feu. Au pre-
« mier coup de l'heure, quelque chose d'enflammé,
« semblable à des étoiles filantes, court sur le dôme,
« sur la croix, sur les petites coupoles, sur la fa-
« çade, sur le péristyle, sur la colonnade, sur la
« place, se faisant voir partout et ne s'arrêtant nulle
« part ; et quand le dernier coup de l'heure sonne,
« ce je ne sais quoi ne remue plus, ne se voit plus ;
« mais sept cent quatre-vingt-onze nouveaux feux

« ont été allumés, et des rosaces, des guirlandes, des
« candélabres se trouvent mêlés aux lignes un peu
« ternes de la première illumination. Rien ne peut
« rendre la promptitude de ce changement de feu,
« comme rien ne peut faire comprendre à ceux qui
« ne l'ont pas vu, le grandiose de cet incendie de la
« coupole.

« Trois cent soixante-cinq *pietrini* suspendus
« avec des cordes ont tout à coup opéré cet effet ma-
« gique sans qu'on ait pu les apercevoir, et allumé
« dans le temps que je mets à l'écrire, cinq mille
« neuf cent quatre-vingt-onze lampions. C'est leur
« secret et une des gloires du génie italien, sans
« rival dans les beaux-arts et l'ordonnance d'une
« fête. »

Le mardi de Pâques, un autre spectacle non moins grandiose nous attendait au Monte Pincio. Le Pincio est une colline de Rome voisine de la Porte du Peuple, qui a été convertie en un magnifique jardin où la société romaine afflue chaque jour dans ses somptueux équipages ; on va au Pincio à Rome comme on se rend au Bois de Boulogne à Paris.

Au Pincio notre attente a été complètement dépassée. Il s'agissait du feu d'artifice en l'honneur des fêtes de Pâques auquel on donne à Rome le nom de *Girandola*.

Les Romains excellent dans les artifices, soit dit sans mauvais calembour. Il faut avoir été témoin des effets merveilleux produits par ces pièces de tous genres, pour en avoir une idée. Je garderai longtemps le souvenir de cette fête grandiose : ces flots de lumière, ces gerbes étincelantes, ces fusées aux mille couleurs, ces palais de feu s'évanouissant tout à coup dans les airs, ces perspectives si admirablement ménagées, ces changements à vue auxquels semble présider la baguette d'une fée mystérieuse, tout cet ensemble magique en un mot m'a ravi. J'ai toujours devant les yeux cette immense basilique de Sainte-Marie-Majeure, le bouquet final, qu'on pouvait croire transportée au Pincio, dévorée par un vaste incendie prenant peu à peu d'effroyables proportions ; après quelques instants, des torrents de flammes jaillirent de tous les portiques, des milliers de feux de Bengale s'allumèrent à la fois, puis, à un signal donné, l'obscurité la plus complète.... plus de Sainte-Marie-Majeure ! Alors la voix majesteuse du canon se fit entendre. Tous les échos des sept collines répondaient en même temps ; ce fut un solennel vacarme; on eût dit deux armées s'entre-choquant et se disputant la victoire. Tu aurais juré qu'il y avait là cinquante batteries à tonner ensemble, tandis que, grâce à la position qu'on avait su lui choisir, une seule suffisait à produire ce magnifique effet.

Je me suis fait photographier à Rome en compagnie du brave Vercruysse et je t'envoie ce groupe.

Ton fils bien affectionné,

HENRI.

TREIZIÈME LETTRE

LE GÉNÉRAL KANZLER. — LE MOIS DE MARIE. — CE QU'ON NE VOIT PAS A L'HORIZON. — LE CASERNEMENT A ANAGNI.

Anagni, 2 mai 1861.

Toujours à Anagni, mon cher Papa, faisant de plus en plus l'exercice. Le bataillon manœuvre vraiment bien. Hier, nous avons été passés en revue par un des généraux de l'armée pontificale : le général Kanzler, homme d'un grand mérite, très apprécié des généraux français qui le disent excellent *manœuvrier*, passe-moi l'expression. Nous avons reçu de lui des compliments non exagérés, mais flatteurs pourtant. Ça n'est jamais désagréable. Depuis hier, c'est donc le mois de mai, le mois de Marie, des mois le plus beau, surtout en cette Italie si vantée qui en même temps qu'elle est le pays des fleurs et du soleil, est aussi le temple de Marie par excellence, tant il y a d'églises dédiées à la très Sainte Vierge en cette terre privilégiée, et tant le culte de la Madone y est en honneur.

Chaque soir nous nous réunissons dans une des églises d'Anagni. Nous commençons par chanter un cantique, puis vient la récitation du chapelet, suivie de la prière du soir et de la Bénédiction du Très Saint-Sacrement. Marie ne peut manquer de nous bénir et de nous donner libéralement la force et le courage dont nous avons besoin.

Que dit-on en France ? Voit-on quelque chose à l'horizon ? Pour ce qui nous concerne, nous sommes où Dieu nous veut, où le Pape nous ordonne de rester, et nous y resterons tant qu'il faudra. C'est une belle mission : pourquoi faut-il qu'elle n'ait pas été assez comprise ? Si l'appel de Pie IX avait été mieux entendu avant Castelfidardo, s'il y avait eu plus d'élan de la part des catholiques pour cette croisade ayant pour chef un Lamoricière, si beaucoup de jeunes gens et de France et des autres pays baptisés n'avaient pas discuté les raisons de prudence, de carrière et d'avenir compromis, en un mot, si l'on n'avait pas tant écouté la voix de la chair et du sang, le *Faites vite* qui a permis aux Italiens d'écraser à Castelfidardo la petite armée pontificale, ne serait pas tombé des lèvres impériales. Je veux bien croire que l'Empereur, ne prévoyant pas une résistance aussi vigoureuse de la part des volontaires pontificaux, n'avait pas non plus prévu qu'il y aurait tant de sang versé. Toujours est-il qu'à mon sens, l'Europe catholique a commis, en l'année qui vient de s'écouler, une faute peut-être irréparable.

Puisque les nations catholiques ont capitulé devant la Révolution et n'ont pas daigné agir, c'était aux catholiques, dès lors que le chemin de Rome était libre, à s'y précipiter en foule. Mais, je le répète, *on* n'a pas compris, et je renferme mentalement dans mon *on* bien des classes d'individus. L'occasion ne se représentera plus aussi belle, car, si une armée, si faible qu'elle soit, est nécessaire au Pape pour protester jusqu'à sa spoliation complète que je redoute, il n'est plus guère possible que cette armée, à moins d'un revirement favorable de quelque grande puissance catholique qui viendrait l'appuyer, devienne jamais assez forte pour arracher au Piémont les Etats qu'il a usurpés. Puisse l'avenir ne pas justifier mes prévisions! Qui vivra verra.

Tu m'as demandé, dans une de tes lettres, si nous étions bien installés dans la capitale des Herniques. Pas trop mal ; un luxe modéré commence même à nous envahir. Écoute plutôt : nous avons chacun une paillasse, deux couvertures, et, depuis quelque temps, des draps ; aussi dormons-nous admirablement, en dépit de la guerre acharnée que nous font des masses de petites bêtes, d'espèces très variées, qui, se permettent de manger du Zouave tant qu'elles peuvent et n'en crèvent pas. Nous nous déshabillons donc tous les soirs : c'est un grand bonheur pour des gens habitués pendant longtemps à coucher toujours en grande tenue. A propos de tenue ou, si tu veux, d'uniforme, ça commence à être bien râpé, car nous n'avons pas de rechange ; mais si la corde du drap commence à paraître, c'est propre, quand même; pas un bouton ne manque, on n'a pas des brosses, du fil et des aiguilles pour rien, puis le gris n'est pas une couleur salissante. En somme, nous avons bonne mine, même de près, et de loin nous sommes superbes : par exemple, Edgard de Raffelis Soissan, qui porte l'uniforme avec une grâce et une dignité incomparables. Edgard est mon ami de cœur. Nous nous entendons en tout et pour tout, comme les deux doigts de la main. C'est un Avignonnais blanc comme le roi, et jouissant d'un oncle Jésuite. Il tient absolument à me faire visiter, un jour ou l'autre, son pays de Vaucluse. Ce n'est pas de refus. Mais quand pourrons-nous mettre à exécution ces chers projets ? Quand le bon Dieu voudra. Avec cette philosophie-là, on se console de tout, et on sait prendre patience. Je vous embrasse bien affectueusement.

HENRI.

QUATORZIÈME LETTRE

LE DOCTEUR CHAUVIN. — PROJET DE CAMP. — MORT DE LUDOVIC DE TAILLART. — LE PÈRE LA JOIE.

Anagni, 9 mai 1861.

Mon cher Papa, ma santé est excellente, bien que je t'écrive de mon lit. Oui ; mais n'aie pas peur, ce n'est pas la fièvre qui m'y retient. J'ai à une jambe, depuis deux mois, un peu au-dessous du mollet, des plaies pas plus larges qu'une pièce de cinquante centimes, occasionnées par le frottement de mes molletières qui se sont trouvées trop serrées à cet endroit-là.

Pour que ces bobos, dont je ne me suis pas du tout préoccupé jusqu'ici, aient une fin, il faut, paraît-il, que je garde le lit durant quelques jours. Ainsi le veut et ordonne le brave docteur Chauvin, et je lui rends grâces. Ça va me faire mettre du sommeil en magasin par avance.

On parle de nous faire camper bientôt dans une plaine entre Civita-Vecchia et Rome avec les autres troupes pontificales. Monseigneur de Mérode au rait fait confectionner huit cents hamacs à notre intention. C'est une belle pensée. Cette vie au camp ne manquera pas de charmes. Je voudrais déjà y être. Si on nous permet d'aller à Civita-Vecchia, on verra arriver les bateaux de France. Quoi qu'il en soit, nous sommes maintenant si bien faits à la vie d'Anagni que nous ne pourrons nous empêcher de regretter cette petite ville dont le nom restera bien longtemps gravé dans notre souvenir et aussi dans nos cœurs, car nos rapports avec les habitants, avec le clergé, avec les bons chanoines qui viennent très volontiers nous surprendre à la fin de nos repas et acceptent en toute simplicité de boire un verre de vin avec nous en portant la santé du Pape, sont excellents.

J'apprends qu'un de nos camarades vient de succomber il y a une demi-heure, à l'hôpital, aux atteintes d'une fièvre typhoïde. C'est un de plus que saint Pierre aura bien reçu, je n'en doute pas, à la porte du paradis. Quand on s'y présente avec sa feuille de route de zouave signée de M. l'abbé Daniel, on ne doit pas attendre longtemps son laissez-passer. Aussi, je me figure que le cher Ludovic de Taillart, un Breton de Guingamp, tout jeune, a déjà fait son entrée dans la gloire de son Seigneur. Toute souffrance est passée, toute larme est essuyée, le voilà heureux pour jamais ; et si son sang n'a pas coulé sur le champ de bataille, de Taillart n'en est pas moins tombé au champ du devoir pour le Vicaire de Jésus-Christ, martyr plus obscur, mais aussi plus méritant peut-être que ses frères de Castelfidardo. C'est un beau sacrifice, pour un fils de famille, que de mourir à dix-huit ans, loin de la patrie et des regards maternels et paternels, comme le dernier des pauvres, sur la paillasse d'un très modeste hôpital italien. Il faut avoir l'or pur de la charité dans le cœur pour s'offrir ainsi gaiement et généreusement en holocauste, comme on m'assure que de Taillart l'a fait; mais aussi avec cet or-là on achète sûrement le ciel.

M. Baron, de Nantes, sergent à la 3ᵉ compagnie, est pris, aussi lui, de la fièvre typhoïde, mais non encore en danger; et tout fait espérer que sa robuste constitution triomphera du mal. Pour ce qui me concerne, j'ai déjà eu assez la fièvre pour me passer du typhus; du reste, je ne suis point à l'hôpital, mais dans une petite chambre bien proprette de l'hôtel d'Italie, et parfaitement résolu à fermer la porte à dame typhoïde, qui ne s'avisera pas d'y venir frapper. Elle ne règne pas ici à l'état d'épidémie; mais, l'été, quelques cas se déclarent toujours. Sois donc sans inquiétude. Je ne me frappe pas, et suis plus gai que jamais; d'aucuns m'appellent le père *la Joie*. Passe pour la *Joie*; quant au titre de père, mes naissantes moustaches ne me font guère digne de la vénérabilité que comporte ce nom. Le père Le Chauff, ça te va bien à toi qui as de la barbe grise, et es vraiment le meilleur des pères; mais pour un blanc-bec comme moi, ça n'est pas encore de saison.

Je vous embrasse tous bien affectueusement.

Le jeune père la Joie, Henri.

QUINZIÈME LETTRE.

PROCESSION DE LA FÊTE-DIEU ET CLÔTURE DU MOIS DE MARIE. — LES CONFITURES DE CERISES ET LÉGER DE BOUSSINEAU. — A RAOUL DE VILLOUTREYS.

Anagni, 7 juin 1861.

IL y a bien longtemps que je ne t'ai écrit, mon cher François ; aujourd'hui je veux te dédommager en t'envoyant un vrai journal. Nous sommes toujours à Anagni, menant la vie assez monotone de garnison. Quoi qu'il en soit, nous tâchons de nous ennuyer le moins possible ; tous nous avons fait de bonnes provisions de gaieté en partant de France, de sorte que nous chassons bien loin la mélancolie dès qu'elle veut montrer le bout de l'oreille, et nous attendons patiemment que les événements changent de tournure. Quelques-uns demandent leur congé définitif, mais en petit nombre ; pour moi, mon opinion est qu'on doit rester jusqu'à la fin, et je ne démarrerai pas d'ici, à moins qu'une maladie grave ne me force de retourner pour un temps au pays.

Dimanche dernier, nous avons eu la procession de la Fête-Dieu : tu penses si nous nous sommes bien tenus et si nous étions fiers d'escorter en armes le Très Saint-Sacrement. La musique et les clairons se sont distingués ; le reposoir dressé sur la grande place était fort bien réussi. Canons, faisceaux d'armes, rosaces composées de batteries de fusils démontées, drapeaux, guirlandes, fleurs à profusion, rien n'y manquait ; tout le monde avait travaillé de son mieux, et le Dieu de l'Euchariste a dû être content de son bataillon. Ce jour-là, nous faisions aussi la clôture de notre Mois de Marie. On nous avait annoncé la veille qu'un jeune prêtre français, invité par M. l'abbé Daniel, notre aumônier, nous parlerait le lendemain soir à quatre heures, dans une église de la ville ; mais voilà que la procession a eu lieu précisément à cette heure-là. Nous regagnions, à 8 heures, le chemin de nos casernes, regrettant notre sermon, lorsque je rencontrai le sergent Arthur Guillemin qui m'apprit officiellement que la clôture du Mois de Marie allait se faire au reposoir de la place, et que M. Daniel, muni de toutes les permissions, y convoquait tous les zouaves.

Dix minutes après, le bataillon tout entier, officiers et soldats, ayant monseigneur l'évêque d'Anagni à sa tête, était devant le reposoir. Chacun s'était procuré une torche de résine. Quand les clairons et la musique eurent commencé à se faire entendre, la foule arriva de tous côtés, et la place fut bientôt remplie. Le coup d'œil était délicieux. Pas un nuage au ciel, pas de vent pour éteindre les torches et les cierges. Il était neuf heures du soir, quand le prêtre annoncé commença son discours. Electrisé par l'admirable et imposant spectacle qui se déroulait sous ses yeux, il fut sublime. Oh ! comme toutes ses paroles partaient du cœur ! Quel beau concert en l'honneur de Marie, qui de tout temps a su et saura toujours détruire dans le monde entier toutes les hérésies : *Gaude, Maria Virgo, cunctas hæreses sola interemisti in universo mundo.*

Marie, à l'heure de Dieu, détruira l'hérésie du jour la plus formidable de toutes, comme elle a détruit les précédentes ; elle écrasera la Révolution qui hurle aux portes de Saint-Pierre, et voudrait en arracher pour les jeter au vent, comme elle a fait de celles des rois de France, les cendres des Pontifes romains. Marie veillera sur les défenseurs de Pie IX ; jusqu'à la dernière heure, ils combattront vaillants pour le Pontife-Roi et, s'il le faut, ils se feront hacher sur le tombeau du Prince des Apôtres ou sur les marches du Vatican. Nous étions transportés, et avons répondu par un *Magnificat* formidable qui a dû faire comprendre, mieux que toute espèce de remercîments, au jeune orateur qu'il avait bien interprété les plus intimes sentiments de nos âmes. Puis, monseigneur l'évêque d'Anagni, étendant ses bras vers le ciel, en a fait descendre sur nous les bénédictions divines ; sa voix était vibrante, nous étions tous sous l'empire d'une vive et religieuse émotion. Au son des clairons, toute la foule était tombée à genoux. La Bénédiction pontificale terminée, l'un de nous a entonné le cantique à Notre-Dame des Victoires, dont tout le bataillon a repris le refrain :

> Eh bien ! chrétiens, soyons soldats.
> Volons, volons à la mort, à la gloire.
> Celle qui dirige nos pas
> C'est Notre-Dame de Victoire !

Puis on n'a plus entendu qu'une grande clameur : *Viva Pio Nono !* qui s'est prolongée pendant dix minutes, proférée par six ou sept mille personnes. L'enthousiasme était à son comble. Enfin, Monseigneur, précédé de la musique, a été reconduit à son modeste évêché, à la lueur des torches et au milieu des *vivats* de la foule : une vraie marche triomphale et une ovation dont nous étions tous pour le moins aussi heureux que lui. En cette journée du 2 juin, en cette Italie où la Révolution célébrait partout une fête sacrilège, à cette heure où les cris de mort retentissaient dans toutes les Loges contre l'Eglise et contre Pie IX, il y avait du moins un petit coin de terre où huit cents zouaves du Pape l'acclamaient et le faisaient acclamer, et demandaient à la Vierge Immaculée son maternel secours pour continuer de lutter contre la tempête et rester fidèles à leur serment.

De pareilles fêtes font du bien. Celle-ci, absolument délicieuse, a ranimé notre courage et nous a remplis de douces et saintes consolations.

On a prétendu, il y a quelques jours, que nous avions failli nous battre. Quatre mille Piémontais devaient, paraît-il, venir nous attaquer une belle nuit. Qu'y a-t-il de vrai ? Je ne sais. Toujours est-il que nous avons agi comme si cela devait être, et qu'on nous a fait faire des marches et contre-marches, des patrouilles et des reconnaissances sans fin. Bref, nous en avons été pour nos frais, et c'est bien dommage, car nous étions en parfaites dispositions.

Me voici condamné à un repos qui menace de se prolonger pour deux petites blessures à la jambe dont j'ai parlé à papa dans ma dernière lettre. Ça n'a l'air de rien, et ma guérison ne marche pas. Chaque jour le docteur cautérise les plaies avec la pierre infernale et coupe avec des ciseaux *ad hoc* des espèces de bourrelets de chair qui se forment à l'entour, puis m'ordonne des médicaments tant pour l'usage interne que pour l'externe ; c'est à peu près comme s'il éternuait sur un violon pour en faire sonner les cordes, ainsi s'exprime le sergent Jean-Hubert *Lintermans*, de la 6ᵉ compagnie et de Saint-Trond (Limbourg, Belgique), la crème des hommes et des sergents, mais que les charmes un peu rébarbatifs de sa personne et de sa physionomie ont fait surnommer par ses collègues : *Cupidon*.

J'abrite mon individu en une chambre à deux lits

que Léger de Boussineau, un peu éclopé aussi lui, a obtenu la permission de louer de concert avec moi, à l'hôtel d'Italie, l'hôtel du Louvre de l'endroit. Ça vaut un peu mieux que l'hôpital, et, ma foi, nous y faisons bon ménage et y menons joyeuse vie, et je n'entends par là d'excès d'aucun genre. Pas plus tard qu'hier, pour varier nos plaisirs, nous nous sommes avisés de nous lancer dans des confitures de cerises. Une dizaine de zouzous, fumant gravement leur pipe, assistaient à la cuisson desdites confitures. Nous les avions invités à cette petite fête de famille et à manger l'écume. C'était assez drôle. Chacun disait son mot et donnait son avis ; malgré tout, les confitures se sont trouvées excellentes, et maman elle-même, qui a une réputation pyramidale, et du reste bien méritée, dans le pays, pour la confection de toutes sortes de confitures, se serait extasiée devant les quatre grandes cruches que nous sommes parvenus à remplir. Ne t'étonne pas, nous avions quarante livres de cerises et vingt de sucre ; les cerises coûtent un baïoque la livre ici, et la livre de sucre huit baïoques seulement. Nous en avons donc pour dix francs.

Dame ! quand on fait aussi grandement les choses, ça ne peut pas être mauvais, n'est-ce pas ? Demande plutôt au frère Hue. Aussi, nous faisons avec cela des repas succulents : hier nous n'avons déjeuné qu'avec des confitures. Ça se mange comme la soupe ; mais notre passion ne tardera pas à se refroidir, j'en ai déjà les dents longues d'un centimètre. Nous avons voulu en faire goûter à notre patronne, car ici on ne connaît point les confitures. Elle a trouvé que ça ne valait pas les *macaroni. Odi profanum vulgus et arceo,* lui ai-je dit sur un ton solennel, et elle a immédiatement tourné les talons. Oh ! n'aie pas peur : si jamais nous voyageons ensemble, je t'apprendrai à faire la cuisine. On devrait exiger quelques connaissances culinaires pour le baccalauréat.

Je ne sais pas si c'est l'effet des confitures de cerises, mais voilà qu'hier soir Léger et moi nous ne pouvions pas dormir. La vraie raison, c'est que nous avions déjà dormi durant le jour. Pas moyen de fermer l'œil. Une idée superbe a traversé l'esprit de Léger. « Si tu veux, me dit-il, nous allons faire des vers sur n'importe quel sujet, et le premier de nous deux aura pour récompense la gloire d'avoir battu l'autre. » C'était peu. Mais enfin, puisque le sommeil ne venait pas !... Nous voilà donc tous les deux nous armant d'un crayon et d'une feuille de papier, enfourchant Pégase et priant la muse de nous inspirer.

Ça n'est guère venu, comme tu vas pouvoir t'en convaincre. Si le bon Père Bougon et le vénérable Père Théodore Chaney, qui, entre parenthèses, a son frère lieutenant dans nos carabiniers suisses, m'ont fait beaucoup travailler le latin, le grec et les vers latins, mais surtout les vers latins et le grec à Vannes, ils ne m'ont pas du tout initié aux règles de la versification française : il paraît que ça ne vaut rien pour les élèves de *nos* collèges. Un jour pourtant, il m'en ressouvient en écrivant ces lignes, durant mon année de seconde, alors que j'avais de temps en temps pour émule ce digne Hippolyte Courbalay qui avait l'air d'être mon grand-père et te couvrait de sa haute protection de questeur de 1re Division, le Père Bougon nous a permis de risquer quelques vers français, nous indiquant même le sujet à traiter. Il s'agissait de célébrer *poetico modo* les charmes enchanteurs de l'île de Conlo, que pas un poète, pas plus chez les anciens que chez les modernes, n'avait songé encore à chanter. On s'y mit de son mieux ; pour ma part, je commis trente vers, tous plus ou moins boiteux, mais où le Père Bougon voulut bien pourtant trouver un certain souffle poétique.

Depuis ce premier essai, jamais plus je n'ai tenté de me mettre à gravir les pentes du Parnasse. C'est dur, tout comme lorsqu'on monte la côte d'Anagni sac au dos. Et pourtant c'est moi qui ai eu le prix. Vers les onze heures du soir, Léger, avec une grandeur d'âme digne des anciens Romains, a déclaré, après avoir lu ma pièce, qu'il me cédait le pas ; j'ose à peine te faire juge de mon élucubration, car c'est par trop de la poésie de troupier, et si tu prends la peine de la lire, tu diras certainement, et avec raison, que je dois m'en tenir là pour le reste de mes jours. C'est une sage pensée. Mais il paraît que les cimes du mont Parnasse ont des charmes qui vous attirent, tout comme les pics des montagnes de Palombara ou de Nérolla, d'heureuse mémoire (1).

(1) A LÉGER BOUSSINEAU.
Ma chambre d'Anagni.

L'auteur suppose qu'il a quitté Anagni pour le camp dont on parlait alors.

C'est toi, ma pauvre chambre, aimable solitude,
Où, loin du bruit des camps et de la multitude,
J'ai pris un doux repos, que mon cœur attendri
Veut chanter, à cette heure où je n'ai pour abri
Que la voûte d'en haut toute d'azur semée,
Le ciel de l'Italie à la brise embaumée,
Qui le soir d'un beau jour, quand le soleil encor
Teint les monts de ses feux mêlés de pourpre et d'or,
Charme et ravit mes yeux ; mais bientôt la nuit sombre
Sur notre camp joyeux a répandu son ombre.
Alors je pense à toi, ma chambre, au temps heureux
Où deux amis Bretons de leurs propos joyeux
Egayaient ton enceinte, assis près d'une table
Où se joignait à eux, franche et toujours aimable,
L'élite des zouzous, la fleur des bons vivants,
Au superbe appétit et aux couplets bruyants.

  Ils chantaient : Vive notre Père !
  Vive le Pape notre Roi !
  Par Pimodan, Lamoricière,
  Nous jurons de venger la foi ;
  De la Vendée et la Bretagne,
  De l'Anjou nous sommes l'honneur.
  De par Clovis et Charlemagne
  Mort aux ennemis du Seigneur !

Et chacun répétant la pieuse ballade
Versait à son voisin une pleine rasade ;
Tous alors au grand Pie, à la justice, au Roi,
Tous soldats du devoir et preux de bon aloi,
Buvaient avec transport ; contre toute espérance
Espérant pour le Droit, comptant sur leur vaillance,
Et fiers de ranimer au dedans de leur cœur
Les sentiments de foi, de courage et d'honneur.

Aujourd'hui 17 juin, je continue ma lettre commencée il y a dix jours.

Le Docteur m'ayant permis avant-hier de me servir de mes deux jambes, j'ai pris ce bon Raoul de Villoutreys de par-dessous le bras gauche et m'en suis allé flâner avec lui en dehors d'Anagni jusqu'au delà de la caserne ou, si tu aimes mieux, du couvent San-Giacomo, sur la route de Rome. En obliquant à droite, nous sommes tombés dans un charmant vallon. La chaleur avait disparu, il était presque sept heures du soir. Nous nous sommes assis sous un grand arbre. Ayant tiré mon calepin de ma poche, je me suis mis en devoir, bien entendu, de faire admirer mon chef-d'œuvre poétique à Raoul. « Mais, c'est qu'il y a du bon ! » m'a-t-il dit avec un peu de malice et beaucoup d'indulgence ; « si tu me dédiais aussi quelques vers ? Justement ce vallon est

Léger, il t'en souvient de ces heures charmantes
Où nous savourions les vapeurs enivrantes
D'un tabac à grands frais apporté du pays,
En causant du clocher, des parents, des amis,
Jusqu'à ce que Morphée en nos yeux pacifiques
Eût versé des pavots les sucs soporifiques !
Si ce temps-là n'est plus, si du camp les labeurs
Ont pour nous du repos remplacé les douceurs,
C'est le beau temps encor ; car pour le vrai zouave
C'est bonheur de souffrir, c'est bonheur d'être brave,
Et sa devise à lui c'est de toujours savoir
Trouver joie et plaisir, partout où le devoir
L'appelle ; ô ma chambrette, aujourd'hui sous la tente
Je rêve à tes splendeurs et malgré moi je chante.
Ensemble pourrons-nous dans ton sein revenir ?
Chi lo sa? C'est à Dieu qu'appartient l'avenir.

plein de poésie : ce silence, ce coucher de soleil, cet air parfumé, puis moi-même avec ma jolie barbe en brosse ; tiens, voilà mon crayon. » Alors je me frappai la tête, comme faisait sans doute autrefois le vieux Pindare de Thèbes en Béotie, et il n'en a pu jaillir que les quatre misérables strophes suivantes que je prie le Père Pharou de me pardonner.

A RAOUL DE VILLOUTREYS.

Hier je m'égarais dans les bosquets sauvages
Pour respirer l'air pur et le parfum des fleurs.
Pour goûter le repos sous de riants ombrages
Que le soleil dorait de ses mille couleurs.

Je me sentais heureux, et dans ma rêverie
J'oubliais que bien loin l'exil m'avait jeté,
Car j'étais près de toi, Raoul; ta voix chérie
Vers le pays m'avait doucement reporté.

Les sentiers tout fleuris et la riche verdure,
Et les chants des oiseaux à l'approche du soir,
Tout, jusqu'au bruit si doux du ruisseau qui murmure,
Nous rappelait nos bois et notre vieux manoir.

Retournons, ô Raoul, en ce lieu solitaire,
Ensemble il fait si bon deviser et courir !
Et rêver au pays, n'est-ce pas sur la terre
Un des grands biens que peut donner le souvenir ?

Comme tu le sais sans doute, monsieur le comte de Cavour vient d'être appelé au grand tribunal de l'éternité à seule fin d'y régler ses comptes.

Que Dieu lui fasse miséricorde !

Sur ce, je te quitte, en te chargeant de mes plus affectueux respects pour tous les Révérends Pères du collège Saint-François-Xavier que j'ai l'honneur de connaitre.

Ton frère qui t'aime,

HENRI.

SEIZIÈME LETTRE

SOUHAITS DE FÊTE ET GROUPE A L'ADRESSE DU RÉVÉREND PÈRE PILLON, RECTEUR DE SAINT-FRANÇOIS-XAVIER DE VANNES.

Anagni, 24 juin 1861.

Mon cher François,

Ma dernière lettre n'a pas été sitôt partie que j'ai songé à la fête du Révérend Père Pillon qui approche. Malgré notre éloignement du collège Saint-François-Xavier, nous n'avons garde d'oublier, sur notre terre d'exil, son bon et vénéré Recteur. Nous sommes en ce moment, aux zouaves, plus de soixante formés à Vannes par ses saintes mains. Zacharie du Reau nous a suggéré l'idée de nous faire photographier tous ensemble et d'offrir ce groupe au Révérend Père Pillon. L'idée a été adoptée avec enthousiasme et mise sans délai à exécution. Pourvu que notre cadeau arrive à temps ! Joseph de la Villebrunne m'a demandé de joindre à cet envoi quelques vers que je t'expédie dans cette lettre : c'est beaucoup d'audace.

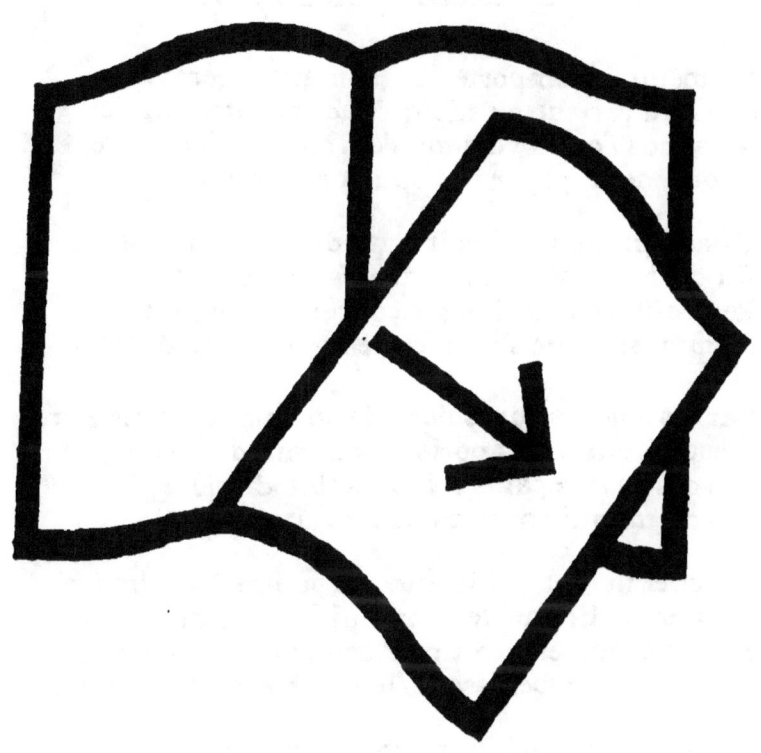

Documents manquants (pages, cahiers...)
NF Z 43-120-13

J'espère que le Père Recteur sera bienveillant et me la pardonnera.

AU RÉVÉREND PÈRE PILLON.

De même qu'emporté par son aile légère
L'oiseau revient au nid qu'il dut quitter un jour,
Ainsi nos cœurs vers toi s'envolent, ô bon Père,
Jaloux de te payer le tribut de l'amour.

Quand chacun te bénit et te dit sa tendresse
En cet heureux asile où tu les vis enfants,
Les zouaves romains au concert d'allégresse
S'empressent de s'unir et de mêler leurs chants.

Car ils sont toujours fiers de te nommer leur Père,
C'est toi qui leur appris le chemin du devoir,
Toi qui les préparas à leur noble carrière,
Encor toi qui soutiens en leur âme l'espoir.

Absents ils ont voulu que du moins leur image
Vînt embellir ta fête et réjouir ton cœur.
Père, daigne, en retour de ce modeste hommage,
Mettre, en les bénissant, le comble à leur bonheur.

A nos Pères aimés, à ta chère famille
Fais agréer nos vœux et notre souvenir,
Dis-leur que la gaîté sur nos fronts toujours brille
Et que pour Dieu la lutte est douce à soutenir.

Les fleurs de ce bouquet ne sont point de Bretagne,
Moins pur est leur parfum, leur éclat moins brillant ;
Ce sont des fleurs d'exil, prises dans la montagne
Et que t'offre la main de ton fidèle enfant.

HENRI LE CHAUFF DE KERGUENEC,
Zouave pontifical.

Ouf ! Après cet effort non moins pénible que les deux autres dont je t'ai fait juge, je jure que de fièvre m'ayant repris, le docteur Vincenti m'a dit, un beau matin de juillet : « Vous avez besoin de changer d'air ; celui de la mer vous fera, je crois, beaucoup de bien, je vais demander qu'on vous y envoie en compagnie de quelques autres zouaves éclopés comme vous. » A ces paroles j'ai tressailli. La mer, ça m'allait joliment ; car respirer l'air de la mer c'était presque pour moi, né sur les rives de l'Océan, respirer l'air natal. La permission demandée par le docteur fut accordée, de sorte que peu de jours après, le 23 juillet, par une belle soirée, nous partions, toujours en grande tenue, avec armes et bagages. Pour dire toute la vérité, nous étions en voiture : oui, emmagasinés en quatre grandes voitures aussi avariées que nous et qui pourtant devaient nous transporter jusqu'à Porto d'Anzio, c'est-à-dire à plus de vingt lieues d'Anagni, chargées et surchargées outre mesure. Le voyage se fit gaiement.

Tous les pays que nous traversions nous paraissaient, même au clair de la lune, vraiment magnifiques. Ils l'étaient en effet ; puis, il faut bien le dire, pour des gens qui voyagent en voiture, la nature a des charmes que ne goûtent guère ceux qui sont forcés de l'admirer à pied et sac au dos.

C'étaient, ma foi, de bons enfants que mes compagnons de voyages, *inter quos* un vieux gentilhomme breton, le vaguemestre en chef du bataillon, ayant servi dans l'armée française, actuellement beau vieillard à la barbe plus blanche que grise, mais légèrement endommagé par les fatigues du métier, et venant chercher la santé comme nous aux bords de la Méditerranée. Pourquoi ne pas le nommer ce cher père de Kersaintgilly ? En écrivant ce nom d'un homme aussi vénérable, je me sens encore saisi de respect, et porte comme malgré moi la main à mon képi : salut donc, mon vieux sergent. Nous ne le laissâmes guère dormir pendant la nuit : ce ne furent que chansons succédant aux chansons.

Il y avait là, en dehors du mien, quatre gosiers bretons plus ou moins fêlés, qui étaient infatigables. A lui seul Xavier de Régnon faisait plus de bruit que tous les autres. C'est un garçon d'une haute intelligence et d'un rare savoir, possédant trois frères au moins aussi distingués que lui et qui, plus est, tous trois Jésuites, ce dont je lui fais mon sincère compliment. Je renonce à te donner même une petite idée du déluge de plaisanteries dont il nous a inondés durant cette bienheureuse nuit. A la pointe du jour, nous étions devant Velletri. Bientôt un soleil magnifique dora cette splendide campagne. Tout autour de nous, des vignes d'une végétation luxuriante ; devant nous d'immenses montagnes couvertes de forêts verdoyantes et touffues, puis sur notre gauche les *Marais Pontins* à perte de vue. Je ne saurais décrire l'effet que produisit sur moi ce nom de *Marais Pontins*, prononcé d'un ton classique et solennel par mon ami Xavier ; je ne fis plus que penser à Annibal qui y perdit, il y a de cela quelques centaines de lustres, l'œil gauche, ce me semble, bien que le père de Kersaintgilly soutînt *mordicus* que c'était le droit. Bref, nos équipages traversaient sur les neuf heures le champ de bataille où Garibaldi eut soin de se laisser brosser assez convenablement en 1849. Nouveau sujet de conversation.

Un peu plus loin, le malin vaguemestre nous montra une certaine barrière. « Mes enfants, nous dit-il, je la recommande à votre attention. » Et en effet la susdite barrière ne laissait pas que d'avoir pour lui un intérêt, je puis dire piquant. Il y avait un an, à pareille époque, notre excellent père de Kersaintgilly, étant en détachement à Velletri avec d'autres Franco-Belges, faisait une patrouille nocturne. Arrivée à cette barrière, la patrouille jugea parfaitement inutile de l'ouvrir. Pour nos zouaves jeunes et vigoureux, ce ne fut pas un grand obstacle ; le père Kersaintgilly, voulant suivre l'exemple commun, se mit, comme on dit vulgairement, à califourchon sur la barrière ; jusque-là tout allait bien ; mais voilà qu'en voulant passer la jambe gauche pour sauter à terre, il perdit l'équilibre et dut à son large pantalon de rester accroché à l'un des piquets. Cette position dans une pareille circonstance et à cette heure de la nuit lui parut atroce, d'autant plus que la patrouille continuait son chemin sans s'occuper du retardataire qui serait demeuré ainsi suspendu près de dix minutes entre ciel et terre.

A dix heures nous arrivions à une charmante petite

ville appelée Genzano (ne pas confondre avec Genazzano, la ville de la Madone du Bon-Conseil), un petit paradis terrestre avec un air tout français, des promenades magnifiques, de grands chênes, des bosquets. Depuis dix mois que j'habitais les Etats pontificaux, je n'avais pas encore rencontré ville si propre ni si coquette. Nous mîmes pied à terre : notre *vetturino* trouvait que nos chevaux avaient grand besoin de souffler, et d'un autre côté nos estomacs criaient à faire pitié : tout était donc pour le mieux, et l'on s'occupa du déjeuner. L'un alla acheter de la viande, l'autre des œufs, celui-ci du pain, celui-là de la salade, des fruits. En moins d'une heure le déjeuner fut prêt. Il y avait longtemps que je n'avais plus d'appétit : l'air de la mer que nous respirions déjà me le rendit à peu près, et je mangeai tant bien que mal. Les autres s'en tirèrent mieux encore. Le vin de Genzano était du nectar auprès de celui d'Anagni; et à propos de nectar, l'ami Xavier, qui a son sac plein de devinailles, comme de toute autre chose, nous en proposa une superbe dont tu me voudrais de ne pas te donner et l'énoncé et la solution.

Trois cardinaux de la sainte Eglise romaine boivent du vin délicieux (de Genzano ou d'Orvieto, peu importe), dans un pré, à dix heures du soir.

Déterminer, d'après cela, la contenance du pré. — C'est assez joli, tu vas voir !

Le vin que boivent nos trois cardinaux est délicieux ; par conséquent nous avons *(un nectar).*   1 hectare

— Il est dix heures du soir ; par conséquent *(c'est tard).*   7 ares

— Nos trois cardinaux n'étant pas encore Papes, sont sans tiare, ce qui fait *(trois sans tiare)* 3 centiares.

La contenance du pré est donc 1 hectare, 7 ares, 3 centiares.

Un déjeuner assaisonné de pareils traits d'esprit et arrosé d'un tel vin a été, c'est bien clair, un déjeuner de Lucullus.

A deux heures de l'après-midi, en voiture par un soleil des plus ardents. Je plaignais les pauvres chevaux ! « Naïf ! m'a dit Xavier ; si c'était nous qui faisions une étape à pied par cette chaleur, on ne nous plaindrait pas. » Ce qui m'a prouvé que l'ami Xavier était encore loin des dispositions requises à Paris de ceux qui tiennent à devenir membres de la Société protectrice des animaux. Je te dis cela parce que je te connais le cœur tendre pour les bêtes. Nos coursiers nous menèrent bon train, en dépit de la trotte qu'ils avaient déjà dans les jambes, et Genzano avait à peine disparu à nos regards que déjà nous étions au pont de l'Aricia. Sur le conseil du vieux Kersaintgilly, nous le traversâmes à pied. Ce pont, qui réunit le mont d'Albano à celui du village de l'Aricia, est composé de trois rangs d'arcades presque d'égale hauteur, construites en pierre albaine dite *Péperin.* Le premier rang, long de cent neuf mètres, a six arches ; le second en a douze, et son étendue est de deux cent vingt-cinq mètres ; le troisième a trois cent quatre mètres de longueur et est composé de dix-huit arches. Les sommités du premier et du second rang de ces arcades sont praticables d'une extrémité à l'autre, moyennant une espèce de petite galerie percée à travers l'épaisseur des piliers. Ce pont gigantesque, commencé en 1846 sous la direction de l'architecte ingénieur Joseph Bertolini, est digne de notre Saint-Père Pie IX, glorieusement régnant, qui l'a fait exécuter.

Nous ne fîmes que traverser Albano. Je ne pus m'empêcher d'admirer la montagne de ce nom et tout le pays d'alentour. Toutes ces villas, ces forêts d'oliviers, ces vignes, étaient pour nos yeux un spectacle enchanteur et nouveau. Quel contraste entre cette végétation et celle d'Anagni, entre ces monts boisés et fleuris et toutes ces arides montagnes de la Sabine que nous avions gravies sac au dos et la carabine sur l'épaule pendant le dernier hiver !

A six heures du soir, nous étions à Porto d'Anzio, au bord de la mer, d'une mer unie comme un lac, transparente comme le cristal, sous un ciel du plus pur azur.

Aussitôt les voitures déchargées de leurs bagages et de leurs voyageurs, chacun de nous reconnut sa carabine et son sac, et nous fîmes une entrée triomphale dans la modeste caserne qui nous était destinée. De bons vieux artilleurs, qui avaient l'air de

Le Pont de l'Aricia.

revenir de la bataille de Lépante et n'avaient pas encore vu notre uniforme, nous reçurent avec la plus grande cordialité. Notre installation ne demanda pas grand temps. On *toucha* par tête, c'est le terme consacré, une paire de draps, une paillasse et une couverture : c'était superbe ! Les lits une fois arrangés, les carabines et les sacs astiqués et pendus au mur, nous sortîmes tous au plus vite, pressés que nous étions de visiter notre nouvelle résidence. Inutile de te dire que notre uniforme fit sensation : on ne savait encore de quel œil nous regarder. Les cafés nous firent un accueil pitoyable. Dans les restaurants (il y en avait deux), on se demandait s'il était bien prudent de nous donner à manger sans nous faire payer à l'avance. Au fait, il n'y avait rien là qui dût nous surprendre : ces braves gens, peu au courant de la politique, n'étaient pas forcés de savoir qui nous étions. En faisant briller quelques pièces d'or sur les tables, nous les eûmes bientôt civilisés.

La première nuit, tout le monde coucha au quartier ; le lendemain, quelques-uns des plus valides s'en allèrent, avec la permission du lieutenant commandant notre petit détachement, à Rome, d'où ils nous rapportèrent nos malles et quelques menues provisions. L'arrivée de ces colis causa une joie générale, et ce fut à qui mettrait le plus vite de côté l'uniforme. Il y avait un an que nous avions oublié la jouissance qu'on éprouve à endosser une chemise bien blanche, à mettre un pantalon, une redingote, à se coiffer d'un chapeau à haute forme ou d'un feutre mou. C'était trop de bonheur en un jour. Nous ne pouvions nous lasser de nous admirer les uns les autres. Grand fut aussi l'étonnement de la population quand elle vit les zouaves de la veille transformés en *signori* du meilleur ton. De tels seigneurs ne pouvaient plus vraiment coucher à la caserne. Notre lieutenant, Louis de Villèle, en sage appréciateur de la discipline militaire, et sans outrepasser en rien du reste les instructions qu'il avait reçues, fut le premier à nous conseiller de déguerpir du quartier et de chercher des logements plus dignes de nous. Ce conseil fut mis sur-le-champ à exécution, et la caserne demeura à peu près déserte. Chacun avait son chez-soi, recevait chez soi. Moi-même, avec mon ami Xavier, j'avais poussé le raffinement jusqu'à manger chez moi. Il ne manquait plus que chevaux et voitures. Le dimanche seulement, nous étions tenus d'aller à la messe en corps; tout le monde alors redevenait zouave pour une heure, et pendant les heureux jours que nous passâmes à Porto d'Anzio, ce fut la seule chose qui nous rappela que nous étions soldats.

Quel joli petit port de mer que Porto d'Anzio! Aussi la société romaine y abonde à cette époque de l'année.

Rien ne nous manquait : pour les marins et les nageurs, la mer, la pêche, les promenades en bateau;

pour les chasseurs, les magnifiques forêts de Nettuno et de Porto d'Anzio qui s'avançaient jusqu'au bord de la mer. Il semblait que la brise marine, loin d'arrêter les arbres dans leur développement ou de les dessécher, donnait plus de vigueur à leurs rameaux et de fraîcheur à leur feuillage. Pour les littérateurs et les amateurs d'antiquités, quelle richesse de poésie, de ruines et de souvenirs ! L'Antium de Néron était là tout entier, enseveli sous le sol que nous foulions. Nous pouvions interroger, tout le jour, les restes de cette villa dont Néron voulait faire la merveille du monde, étudier à loisir ces curieux vestiges de la grandeur païenne. Ces colonnes de marbre brisées, ces chapiteaux aux sculptures rongées en partie seulement par les siècles, ces longues galeries souterraines, ces murailles encore aussi solides que si elles étaient d'hier, ces voûtes, ces débris de temples, chaque pierre, pour mieux dire, offrait un intérêt particulier. Tout nous disait que là jadis avait régné un des maîtres du monde, un persécuteur des chrétiens, un monstre de cruauté, un tyran qui avait passé et dont la mémoire serait en exécration dans tous les âges.

Nous respirions l'air de Porto d'Anzio et prenions des bains de mer depuis à peine huit jours que déjà nous étions tous guéris. Fièvres tierces, quartes, intermittentes, fièvres de toutes couleurs, comme dit la vieille chanson, plaies aux jambes et maux de toute espèce avaient disparu ; la bonne et belle mer d'Anzio avait tout pris et gardé. Les appétits de France étaient revenus : plus moyen de se rassasier. Oh! les heureuses journées! Comme c'était bon, après avoir été courbé durant plusieurs mois sous une discipline militaire un peu *corsée*, je te prie de croire, de pouvoir respirer librement et bâiller à son aise!

Un soir que je me promenais, toujours flanqué de Xavier de Régnon, sur les quais du port, je fus accosté très aimablement par des Religieux que nous reconnûmes pour des Jésuites. L'un d'eux nous adressa la parole en très bon français. Quand nous eûmes décliné nos noms et qualités et surtout notre titre d'anciens élèves des Jésuites, ce fut de part et d'autre une explosion de joie et de jubilation. Les bons Pères nous invitèrent à aller les voir. « Mais comment donc! fit Xavier ; tant qu'il vous plaira ! nous causerons philosophie, théologie, histoire, économie sociale et politique. Je suis le frère de trois Jésuites, *tre fratelli Gesuiti*. » — « *Pare incredibile*, » s'écria l'un des Pères qui écoutait *arrectis auribus* (je sus le lendemain que c'était le Père Liberatore), et avait peine à croire que son jeune interlocuteur entendît vraiment quelque chose et à la philosophie et à la théologie et à tout le reste.

Dès le jour suivant, à l'heure que nous avaient indiquée les Révérends Pères, nous étions chez eux. Leur premier soin fut de nous faire visiter leur demeure, demeure royale assurément. C'était un palais aux vastes proportions, propriété d'une noble famille romaine qui l'habitait pendant la saison des bains. On y aurait logé un bataillon. Les Pères Jésuites en occupaient une partie ; ils y venaient chaque année à pareille époque pour changer d'air et se reposer à leur façon, c'est-à-dire en travaillant six à sept heures par jour ; ils y vivaient en communauté, avaient leur chapelle et le Saint-Sacrement, et observaient leur règle tout comme à Rome. C'étaient les Pères rédacteurs de la *Civiltà cattolica*, la première revue du monde, au nombre de quatre seulement en ce moment à Porto d'Anzio. Les trois que nous avions rencontrés la veille s'appelaient le Père Curci, le Père Raphaël Ballerini et le Père Liberatore, qui nous présentèrent à leur Père Supérieur, le Père Tapparelli d'Azeglio, célèbre dans toute l'Europe par ses ouvrages de philosophie et d'économie sociale et politique (Xavier tombait bien), et frère du trop fameux Massimo d'Azeglio, député ou sénateur à la Chambre de Turin. « Mes enfants, nous dit-il, il y a plus de quarante ans que les médecins m'ont condamné, et il plaît à Dieu de me faire vivre encore aujourd'hui. Je suis obligé à prendre certaines précautions : par exemple, je dis ma messe à minuit et dors une partie du jour ; mais chaque matin je vais encore me tremper dans la mer, et le reste du temps je travaille avec mon secrétaire que voici (il nous présenta un jeune homme très comme il faut) et ne lui laisse pas trop de loisirs. »

Nous étions par trop heureux de nous trouver avec de tels hommes, avec des frères de combat en définitive ; car habit de zouaves et habit de Jésuite sont bien faits l'un pour l'autre, et au fond du cœur nous ne pouvions nous empêcher de remercier Dieu de l'insigne faveur qu'il nous accordait de nous mettre ainsi à même de nous retremper avec nos pères, avec nos modèles, avec nos aînés dans la lutte. Notre visite fut longue, et notre conversation roula sur tout. Xavier, sans hésiter, et avec une audace sans pareille, s'escrima de la belle manière avec le Père Liberatore sur la matière et la forme, argumentant en latin, comme un vieux professeur de Sorbonne. Je te laisse à penser le ravissement et aussi l'ébahissement du vénérable Père Liberatore et de ses confrères, et si, au bout de notre visite qui dura presque deux heures, nous étions bons amis. C'était le 30 juillet. Le Père Taparelli nous fit observer que le lendemain c'était la fête de saint Ignace, et que nous ne pouvions nous dispenser de venir nous asseoir en un pareil jour à la table de ses enfants. « *Avremo una macaronata alla Napoletana,* nous aurons du macaroni à la napolitaine », nous dit le Père Liberatore. Nous acceptâmes avec reconnaissance. « Mais vous nous viendrez en uniforme », nous dirent les Pères Ballerini et Curci. Je le promis. Xavier me prit alors par le bras et nous étions si heureux, que nous fîmes les cent mètres qui nous séparaient de notre logis, en sautant et en chantant.

Le lendemain matin 31 juillet, une fois hors de mon portefeuille, je dis à Xavier qui ne se pressait pas de se lever : « Je prends les devants et vais à la messe ; tu viendras quand tu voudras. » Après la messe où Xavier ne parut point, je pris mon bain comme de coutume ; puis, de retour chez moi où il n'y avait plus de Xavier, je me mis à brosser mon uniforme et à en astiquer les boutons. Ma toilette fut longue et minutieuse : je tenais à donner une bonne idée de ma tenue militaire. Sur ces entrefaites, Xavier rentra, morne comme un saule pleureur, et je vis de suite que je perdrais mon temps à lui conter des choses aimables. « Allons, l'ancien, hasardai-je timidement après quelques instants de silence, il faut pourtant te préparer à revêtir l'uniforme que tu portes comme pas un, pour aller chez les Pères, avec lesquels il s'agit de fêter dignement saint Ignace. — Va te promener avec saint Ignace et tous les autres ! me répondit-il avec une certaine animation ; je suis malade, tu m'excuseras auprès du Père Tapparelli. » Cette maladie arrivait bien mal à propos : j'eus beau insister, représenter qu'un verre de vieux Marsala le remettrait, qu'il fallait tâcher de se raidir contre le mal : tout fut inutile. Je tentai un dernier effort en faisant miroiter devant ses yeux la radieuse perspective d'une interminable argumentation avec le Père Liberatore après le café. Pas plus de succès : je n'attrapai que de nouveaux coups de boutoir ; mais cette tentative suprême m'ayant convaincu que mon pauvre Xavier était vraiment malade, je me résignai à me présenter seul chez les Pères. Il était onze heures. L'absence de mon ami troubla la joie commune, et le Père Liberatore eut grand'peine à en prendre son parti.

Ce fut alors que le Père Ballerini me parla de la noble famille qui cédait aux Pères une partie de ce palais. « Je n'en connais pas, me dit-il, de meilleure ni de plus dévouée au Saint-Père. La famille Datti, après avoir joui longtemps d'une immense fortune, s'est ruinée en partie dans ce palais en y donnant pendant douze ans une hospitalité vraiment royale à Dom Miguel de Portugal, qui n'a pas su trouver le moyen d'indemniser ses bienfaiteurs. Si vous le voulez, nous avons le temps de faire une visite à la comtesse Datti avant le dîner ; je sais qu'on a le plus grand désir de vous connaître. » Et aussitôt le Révérend Père me conduisit au salon. C'était une longue galerie décorée de peintures à fresque. Un piano, un billard, des canapés, des sofas, des fauteuils de tous genres se perdaient dans cette salle grandiose éclairée par six fenêtres avec balcons, d'où les yeux découvraient un splendide horizon: les montagnes du royaume de Naples, le promontoire de Circé chanté par Virgile, Gaëte, la noble Gaëte, tout dans le lointain, la mer enfin, dans son immensité.

Pendant que le Père Ballerini me faisait m'extasier sur ces magnificences, une porte s'ouvrit et trois jeunes Romaines s'avancèrent vers nous, saluant le

Père en italien, et me souhaitant à moi la bienvenue d'une façon extrêmement gracieuse, dans un français des plus corrects et des plus élégants. Comme je leur en faisais de mon mieux compliment, ces demoiselles ou plutôt ces dames, car l'une d'elles était la comtesse de Paulsen, me dirent qu'elles avaient été élevées au Sacré-Cœur *della Trinita dei Monti* (de la Trinité du Mont). Tu sais combien la belle et forte éducation du Sacré-Cœur est appréciée en France ; celle de la Trinité du Mont à Rome est, au dire du Père Ballerini, la perfection, autant qu'elle se peut rencontrer sur terre. Je n'eus pas de peine à m'en convaincre : ces dames joignaient à une aimable simplicité la plus admirable distinction. Leur mère ne tarda pas à venir les retrouver. Madame la comtesse Datti peut avoir soixante ans ; elle, par exemple, ne dit pas un mot de français. Comme je ne possède pas encore assez l'italien pour soutenir décemment une conversation, le Père Ballerini voulut bien m'aider.

La bonne comtesse me dit qu'elle était remariée, que son premier mari, le comte Datti, ayant affronté les plus grands périls pour suivre Pie IX dans son exil de Gaëte, y avait contracté une maladie mortelle. Sentant sa fin prochaine et désirant revoir ses enfants avant de mourir, il quitta en pleurant Pie IX qui le bénit, et lui facilita son retour dans la Ville Sainte, où il mourut bientôt pendant les jours sanglants de 1849, l'âme brisée par la douleur que lui inspiraient les souffrances et les infortunes de son auguste et bien-aimé Maître. Son beau-frère, le Commandeur Egidio, camérier de cape et d'épée de Sa Sainteté, homme de cinquante ans, un type accompli de vieux chevalier et son fils Alexandre, le Benjamin de la famille, âgé de vingt ans, élevé par les Pères Jésuites à Rome, au collège des Nobles, firent leur apparition au bout d'un quart d'heure. Le commandeur Egidio — on l'appelait ainsi d'après l'usage romain parce qu'il avait reçu des mains du Czar de Russie (près duquel le Pape l'avait envoyé en mission) la croix de commandeur de son grand Ordre de Sainte-Anne — était un saint. Lui aussi avait suivi Pie IX dans son exil de Gaëte. Ses grandes manières et la bonté que reflétait toute sa physionomie me pénétrèrent pour lui d'un profond sentiment de respect. La famille était au grand complet, sauf l'aînée des filles de Madame Datti, la comtesse Calcagni, retenue près de son mari à Albano. Je ne vis pas ce jour-là M. Fioravanti, le beau-père de ces dames, homme très distingué, avec lequel je ne fis connaissance que le lendemain.

On me combla de mille bonnes attentions. On me fit parler longuement de mon pays, de mes parents, de mes frères, de mes sœurs. Chacun me félicita dans les termes les plus flatteurs de mon dévouement pour le Pape. *Ex abundantia cordis os loquitur !* J'étais singulièrement touché des accents chaleureux et convaincus avec lesquels et le commandeur et ces dames, qui portaient toutes en broche la médaille de Castelfidardo, protestaient de leur amour et de leur fidélité pour le Saint-Père. Depuis mon arrivée sur le sol romain, je n'avais pas encore trouvé de cœurs vibrants si parfaitement à l'unisson du mien. Cette première visite dura une heure, et au bout de ce temps, j'étais si à l'aise avec mes nouveaux amis, que, cédant à leurs sollicitations et à celles du Père Ballerini, je me risquai à chanter au piano le *Départ des zouaves*, paroles et musique de M. le comte de Saint-Pern : *Entendez-vous ces cris d'alarme*? que Mademoiselle Clotilde accompagna avec un admirable entrain. Le Révérend Père Tapparelli nous ayant fait avertir que le dîner était prêt, on me donna congé, mais non sans me faire promettre de revenir; et tu penses bien que je ne dis pas non.

Il était plus de midi. Me voici à la table des bons Pères, simplement mais élégamment servie, à la droite du Révérend Père Tapparelli, ayant en face de moi le Père Ballerini et le Père Curci, et à ma gauche le Père Liberatore, puis le secrétaire du Père Tapparelli et un Frère coadjuteur. Après le *Benedicite*, le Père Supérieur donna *Deo gratias*, et alors vive saint Ignace et aussi l'*allegria*, comme on dit dans ce pays-ci ! Pas besoin de te dire que je fis honneur à la cuisine italienne qui me va du reste fort bien, quand elle est soignée comme était celle-ci. Mais aussi je dois dire que le Père Liberatore avait fait le matin à mon intention une pêche miraculeuse. Saint

Ignace avait envoyé dans ses filets tout ce que la Méditerranée nourrit de plus exquis en fait de poissons: la trille et la murène. Ce dernier nom me rappela, comme le Père Pharou ne va pas manquer de le penser, Lucullus, Vitellius, et tous les autres grands gourmands de l'antiquité. J'avoue, à ma honte, que je compris peu la passion des empereurs romains pour les murènes. Quoi qu'il en soit, je jurai au Père Liberatore que de ma vie je n'avais rien mangé d'aussi délicat. J'appréciai davantage un excellent vin de Bordeaux et une vieille bouteille de Champagne, charmant bouquet envoyé par le commandeur au Père Tapparelli en l'honneur de saint Ignace. Au dessert, on but à la santé de Pie IX et à celle de la famille Datti, et pour terminer je portai un *toast* aux Pères de la *Civiltà cattolica* et à toute la Compagnie de Jésus. Le repas fini, je suivis les Pères dans un salon où régnait une agréable fraîcheur et où nous attendaient le café du *rosolio di cannella* de première qualité et des *zigari scelti*. Tu le vois, rien ne manquait à la fête.

J'ai toujours eu une dévotion et une admiration toute particulières pour saint Ignace. Mais quels titres il s'est acquis depuis le 31 juillet dernier à mon éternelle reconnaissance, et comme je remerciai Dieu, à la fin de cette belle journée, d'avoir mis sur mon chemin d'aussi bons amis !

L'entente la plus parfaite régnait dans notre petit détachement de Porto d'Anzio. Pas de coterie, pas de société à part ; tout le monde se voyait et, je puis le dire, tout le monde s'aimait. Nous avions parmi nous des camarades sans fortune, dignes en tous points de tous nos égards et de toute notre amitié. Gentilshommes et paysans, n'est-ce pas la même pensée de foi qui nous a conduits sous la bannière de Pie IX, et le dévouement de l'enfant qui a abandonné sa chaumière serait-il moins admirable que celui de l'enfant qui a laissé son château ? On s'entr'aidait donc du mieux que l'on pouvait, et tout le monde était content.

Nous allions au bain tous ensemble deux fois le jour. C'était toujours un bon moment que celui où nous étions réunis. C'est si agréable les bains de mer l'été, surtout en Italie ! Aussi s'en donnait-on à cœur-joie. La plage où nous faisions nos évolutions plus ou moins militaires était superbe. Les anciennes caves de la villa de Néron nous servaient de cabanes. D'aucuns étaient fort bons nageurs, chacun déployait ses petits talents. A deux cents mètres du rivage, d'énormes et vieux débris du môle de Néron, séparés l'un de l'autre, formaient comme trois rochers ; c'était le but de la course, et chacun mettait son amour-propre à l'atteindre.

Le palais du Pape à Porto d'Anzio est un vaste bâtiment construit à l'italienne, dans un beau parc planté de chênes verts séculaires, aux ombrages touffus et impénétrables aux rayons du soleil. La brise de mer soufflant à travers des bosquets de genêts odoriférants y répand une délicieuse fraîcheur. J'aimais à respirer souvent cet air embaumé. Non loin de ce parc, il y avait une vigne immense, entourée de murs et traversée dans sa longueur par une superbe allée de chênes verts, à peu près du même âge que ceux de la villa papale. Chaque jour, après déjeuner, je m'y rendais avec Xavier et quelques autres camarades, et là, mollement étendus sur le gazon, à l'ombre des lauriers qui garnissent les vides laissés à dessein entre les vieux chênes, nous causions poésie, littérature, philosophie même et politique. C'était une véritable académie où chacun babillait et pérorait de son mieux, et qui s'appela l'Académie de l'*Allée des Muses*. A l'unanimité des suffrages, Xavier de Régnon en fut nommé président. Je regrette de n'avoir pas copié une chanson en quatre-vingts couplets qu'il nous lut et chanta pour fêter son installation au fauteuil de la Présidence. C'était intitulé: *Les plaisirs de la plage*, sur l'air et à l'imitation de la charmante bluette très connue des *Plaisirs du village*. En veux-tu un couplet comme échantillon ?

> Nous sommes trois nageurs. mon bon.
> Qui pourrions faire le tour du monde,
> De Trall'beau, le Chauff et Régnon;
> Tous trois intrépides sur l'onde,
> Ils sont allés jusqu'au troisième roc.
> M'sieu d'Saisy les taxait de peu sages,
>   Son amour-propre en reçut un choc (bis).
>   Voilà les plaisirs de la plage (bis).

Et M. de Saisy, un de nos capitaines, venu

à son tour pour jouir des agréments de Porto d'Anzio, avait bien raison, car, dans un de ces voyages nautiques, l'un de nous fut pris d'une crampe, et quand les deux autres arrivèrent, en le soutenant, au *troisième roc*, il n'était que temps.

Le soir, à quatre heures, c'étaient les promenades en bateau ; nous filions au large, puis, une fois hors de portée de tout profane regard, nous nous précipitions dans l'onde amère. Les plongeurs se distinguaient en allant chercher des coquillages au fond de l'eau ; la palme revient de droit à Alain de Charette et à ce cher comte de Verthamon. Pour moi, mon bonheur était de jeter dans les flots écumants un énorme chien, compagnon fidèle de toutes nos courses et excursions. Cet animal s'appelait du nom d'un ex-lieutenant du bataillon qui n'avait pas su précisément s'attirer la sympathie de Messieurs les zouaves. La discrétion me commande évidemment de le taire. Le pauvre toutou plongeait et replongeait avec frénésie, bien que ses grognements et ses frétillements de queue témoignassent du très mince plaisir que lui faisait éprouver ce genre d'exercice. Zouaves et chien prenaient leurs ébats.

Quelquefois, après dîner, nous remontions en barque pour aller à Nettuno, petite ville à trois kilomètres de Porto d'Anzio. C'était l'heure du silence : le silence du soir invite à la prière. Alors que les étoiles, innombrables comme les grains de sable du rivage, brillent à la voûte du firmament, et que la lune argente de ses rayons la surface des flots, alors que l'on n'entend plus que le bruit des vagues déferlant sur l grève avec leur monotone et solennel fracas, l'âme croyante, ravie de la grandeur et de la majesté d'un tel spectacle, laisse éclater des transports d'amour et monter vers Dieu le cri de sa reconnaissance et de son admiration. L'un de nous entonnait l'*Avemaris stella*, puis tous continuaient, saluant de leurs pieux accords Marie, étoile de la mer. *O diva, gratum quæ regis Antium*, chantait jadis le poète païen en saluant la *Fortune* qui avait un temple célèbre à Antium. « O Mère vraiment divine, chantions-nous à notre tour, en nous adressant à la très Sainte Vierge avec plus de sens et d'élan qu'Horace à sa *Fortune* ; Marie, Reine de ces délicieux rivages d'Anzio, montrez-vous notre Mère, et faites-nous aborder, après la traversée de cette vie périssable, au port de la bienheureuse et éternelle vie. »

Cependant notre détachement se renforçait tous les jours : chaque soir la diligence d'Albano nous amenait des volées d'éclopés fort joyeuses. Le dimanche, à la messe, nous formions presque une compagnie. Les habitants d'Anzio semblaient jouir de notre présence et riaient de bon cœur de nos fredaines, d'ailleurs fort innocentes. Les cafetiers surtout, et cela se conçoit, professaient pour nous une sorte de vénération. Quelles parties de billard avec de Tinguy, de Régnon, de Lastens aux longs cheveux et le petit Vexiau! Vers la fin, on y mettait de la passion.

Nettuno

Il est clair que je n'ai pas manqué de retourner au palais Datti, et j'y ai passé, avec les Pères et avec la famille Datti réunis, quelques très agréables soirées. Ces dames ne dédaignaient pas de se joindre à nous et de pousser la bille sur le billard de la grande galerie dont je t'ai déjà parlé. Nous faisions des poules superbes. Chacun donnait par avance un *grosso* ou cinq baïoques à mesdemoiselles Clotilde et Charlotte, les trésorières. L'heureux vainqueur gardait pour lui la gloire d'avoir gagné, et était simplement dispensé de fournir sa mise à la partie suivante ; et les pièces de cinq baïoques allaient... devine, je te le donne en cent... eh bien, allaient grossir le Denier de Saint-Pierre. Voilà comme tout ici, dans les vieilles et patriarcales familles, jusqu'au moindre divertissement, est empreint du divin cachet de la religion, et a un but charitable et utile. Quels francs éclats de rire lorsque la bille d'un joueur malheureux tombait pour la troisième fois dans la blouse : alors il était mort, bien mort, et toute l'assistance, pour le convaincre de cette vérité, lui chantait par manière d'oraison funèbre un refrain pas triste du tout. Suppose que je fusse le mort, comme il arrivait souvent ; le chœur disait :

> È morto Enrico,
> Chi lo sepelirà ?
> La Compania del Ghetto
> Farà la Carità !

Ça se comprend tout seul : Henri est mort, qui

l'ensevelira ? La Compagnie du Ghetto aura cette charité. La Compagnie du Ghetto, ce sont les Juifs. Vois-tu la jouissance, pour un zouave mort au billard, à la poule du Denier de Saint-Pierre, d'être enterré par cette estimable Compagnie ? Ce petit trait te prouve qu'ici encore on sait rire comme en France, mais plus innocemment, jamais d'un rire de mauvais aloi provoqué par des mots à double sens ou des plaisanteries d'un goût douteux.

Sur ces entrefaites, mon pauvre Xavier, dont le mal s'aggravait de jour en jour, a dû, à mon grand chagrin et à notre grand regret à tous, reprendre le chemin de la France, où il ne se remet pas vite. Si tu pouvais lire les lettres dans lesquelles il me raconte son voyage et me détaille les phases par lesquelles passe sa maladie, tu rirais aux larmes.

Nous voici quinze, par une belle journée d'août. dans l'embarcation de la corvette pontificale l'*Immaculée-Conception*. Les matelots nous ont fait la gracieuseté de nous proposer une promenade en mer, et, en gens bien élevés que nous sommes, nous n'avons pas refusé. Le but de l'excursion est le mont San Felice (promontoire de Circé), à dix lieues de Porto d'Anzio. Une forte brise enfle nos voiles, la *barchetta* bondit sur les flots, et nous sommes emportés avec une rapidité qui nous effraie d'abord ; mais la mer est calme, pas un nuage ne ternit l'azur du ciel : aussi le vieux quartier-maître qui tient la barre et commande en chef, nous a-t-il bien vite rassurés. En moins de deux heures, nous étions devant le mont San Felice. A son sommet nous découvrons une sorte d'appareil qui ne fonctionne plus. On nous apprend que c'est le télégraphe aérien au moyen duquel le Saint-Père correspondait avec le roi François II pendant le siège de Gaëte, et tous nous saluons ce vieux messager qui naguère, il y a quelques mois seulement, au temps de la lutte héroïque et suprême, avait l'honneur de transmettre de Rome à Gaëte et de Gaëte à Rome tant d'augustes secrets.

Nous avons tourné le mont et apercevons à son flanc la petite ville de San Felice où nous devons faire halte; mais déjà à notre droite Terracine se dessine au fond du golfe dans le lointain, et, en bien moins de temps que je ne mets à l'écrire, nous formons le projet d'aller à Terracine. Le quartier-maître objecte que nous ne pouvons aller plus loin, parce que le vent est devenu tout à fait contraire et que du reste, une fois devant Terracine, notre feuille de route n'étant signée que pour San Felice, nous ne pourrons descendre à terre ; que le commandant de place à Terracine s'opposera certainement à notre débarquement, s'il est de semaine : toutes raisons fort bonnes, sans le moindre doute, mais bonne aussi était notre envie de voir Terracine. Bref, nous fîmes tant, nous promîmes à l'équipage de si bien le régaler, que le vieux loup de mer se laissa toucher et nous permit *d'incumbere remis* dans la direction de

Terracine. A force de coups d'aviron, de chansons et de pipes, nous atteignions vers huit heures du soir les premiers feux du port. *Attenti e silenzio*, cria le quartier-maître ; c'est-à-dire : « Attention, ou soyez attentifs, et pas un mot. » Il s'agissait en effet de ne pas donner l'éveil aux sentinelles. Nous étions tous vêtus en bourgeois, sauf l'ordonnance de notre lieutenant Louis de Villèle ; on crut prudent de le faire laisser son uniforme à fond de cale ; mais comment faire ? Nous l'habillons. Je lui prêtai un pardessus que j'avais prudemment emporté en cas d'eau et de vent ; un matelot lui passa un pantalon en treillis ; d'Artigues lui fit hommage d'un vieux foulard pyrénéen ; enfin une jolie casquette de voyage oubliée jadis par Louis de Villèle dans la poche de son *Raglan*, lors de sa dernière traversée de Bourbon en France, compléta la toilette. Notre zouave avait l'air d'un marquis... évadé de Cayenne.

Cependant nous entrions dans le port ; un formidable « *Qui vive?* » nous accueillit. « Pincés les agneaux, me dis-je à part moi ; c'est une sentinelle française ; nous allons coucher en bateau, et pour tout souper nous sucer les pouces. — « *Amici* », répondit gravement notre vieux, qui sauta lestement sur le quai comme un faon de six mois, en nous recommandant de nouveau le silence et surtout de ne pas laisser échapper un mot de français. Cette précaution n'était pas inutile. Terracine étant la porte du royaume de Naples de ce côté, un bon nombre de royalistes français l'avaient franchie, et sans passeport, bien entendu, dans ces derniers temps, pour aller renforcer les réactionnaires, et le commandant français aurait facilement pu croire, sans faire trop d'efforts d'imagination, que nous abordions, aussi nous, à Terracine avec l'intention d'aller grossir leur nombre.

Un quart d'heure se passa dans l'attente du retour du quartier-maître, attente solennelle, et voici pourquoi : peu d'instants auparavant, un des matelots nous avait prévenus que nous allions accoster l'escalier que Leurs Majestés le Roi et la Reine de Naples avaient gravi, au soir de la prise de Gaëte, lorsqu'ils descendirent du vaisseau qui les amena sur le territoire pontifical. Nous étions précisément au bas de cet escalier, et nous refaisions en nous-mêmes cette scène touchante. Il nous semblait voir François II et la reine Marie-Sophie sur ces mêmes degrés de granit, au milieu des héros fidèles compagnons de leur malheur, jetant un dernier regard plein de larmes à leur pauvre royaume et à la chère Gaëte, avant de prendre le chemin de Rome et d'aller se prosterner aux pieds du Vicaire de Jésus-Christ (1).

Un bruit de pas, toujours légers, vint nous arracher à ces douces rêveries. C'était notre quartier-maître qui revenait muni de la permission de débar-

---

(1) A Terracine, plusieurs voitures envoyées par le Saint-Père attendaient Leurs Majestés, et une escorte de dragons français les accompagna jusqu'à Rome.

quement. Le commandant pontifical qui se trouvait par un heureux hasard être de semaine avait merveilleusement compris la situation, et ne faisait aucune difficulté de nous ouvrir et ses bras et la ville. Dix minutes après, nous étions à table à l'*Osteria del Falcone*, accordant à nos estomacs, que l'air marin avait singulièrement creusés, de légitimes satisfactions. On travailla vigoureusement et avec ensemble de la fourchette, comme on avait, depuis San Felice, travaillé de la rame. Notre lieutenant, qui s'était bien comporté durant la traversée, commença, lui, d'avoir sérieusement le mal de mer, et fut le seul à n'en pas rire. Ce pauvre Louis ne ferma pas l'œil de la nuit, qui fut délicieuse pour nous autres ; je ne sache pas, pour ma part, avoir jamais mieux dormi.

A la pointe du jour, pas à la petite, je veux dire sur les huit heures, *Nos Excellences* étaient debout. Après la prière à l'église, on se dispersa dans la ville, qui fut bientôt visitée et que je ne te décrirai point. Tout ce qu'elle contenait de têtes était aux fenêtres pour nous voir passer. Des zouaves du Pape, dame ! c'était la première fois que cette denrée-là faisait son apparition sur le marché de Terracine. Je suis allé au pied de la fameuse *roche de Terracine* qui se détache du reste de la montagne. Sa forme est circulaire, elle peut avoir de vingt à trente mètres de circonférence e domine d'au moins cent cinquante mètres la mer qui baigne sa base.

La cime de la montagne est couronnée par un temple dont la construction est attribuée au sire Théodoric, roi des Goths. C'est un quadrilatère composé d'arcades qui toutes ont la même forme et sont d'égale dimension. Les murs sont intacts comme au premier jour. Vu de la mer, ce temple, tant à cause de son architecture sévère qu'à cause de la position unique qu'il occupe, est d'un magnifique effet. J'ai admiré, dans un jardin, de beaux palmiers hauts comme les sapins moyens des bois de Kerguenec.

Après le déjeuner, gai comme tous les déjeuners de zouaves, il fallut songer à remettre à la voile pour Porto d'Anzio. Malheureusement pas la moindre brise : un calme désespérant. C'était un samedi. Partis à onze h. du matin de Terracine, nous étions à six heures du soir devant San Felice : nous avions fait cinq lieues. Sur le conseil du quartier-maître et dans la prévision que nous pourrions rester longtemps en mer, nous descendîmes à terre pour faire des provisions. C'était prudent, car il nous fallut et souper et déjeuner le lendemain en bateau. Mais quel souper et quel déjeuner ! Si la mélancolie fut jamais bannie d'une assemblée de mortels voguant sur l'élément liquide, ce fut bien cette nuit-là. Il ne manquait que Xavier de Régnon. Le dimanche, à midi, nous avions tourné seulement l'illustre promontoire de Circé. Enfin, vers une heure il se mit à souffler du nord un petit vent frais qui nous poussa doucement vers Porto d'Anzio, et à six heures du soir, nous faisions solennellement notre entrée dans le port, au chant du *Magnificat*, pour remercier Marie de nous avoir protégés durant le voyage. Quelques jours après, je reprenais le chemin d'Anagni en passant par Rome.

Anagni, ce n'est plus Porto d'Anzio ; mais le repos n'a qu'un temps. Trop prolongés, du reste, les plus doux loisirs finissent par perdre leur charme, selon le proverbe que tu connais déjà : *Assueta vilescunt !* On a revu avec plaisir les murs de la caserne du séminaire et les camarades, et on se délecte à nouveau dans les jouissances du tir à la cible et de l'école de bataillon. *Cura ut valeas*, comme disait et écrivait jadis en ces régions fortunées que nous embellissons de notre présence, le signor Marco Tullio.

Je t'embrasse avec amour, mon cher François, comme j'ai *embrassé* ma carrière de zouave en laquelle je veux plus que jamais persévérer, tant qu'il plaira à Dieu et que le Pape aura besoin de nous.

Ton frère dévoué,
Henri.

DIX-HUITIÈME LETTRE

LA FÊTE DE LA NATIVITÉ A ROME.

Rome, 9 septembre 1861.

Arrivé de Porto d'Anzio à Rome avant-hier, ma chère maman, je repars demain soir pour Anagni, plein de force et de santé, en un mot complètement remis à neuf par les bains de mer. Ce séjour à Anzio m'a fait un bien immense au moral comme au physique. Je commençais à avoir le cœur un peu sec, et, ma foi, je ne suis pas fâché d'avoir si providentiellement rencontré comme une seconde famille qui veut bien me porter un véritable intérêt et dont l'affection pourra m'être très utile à certains moments. A Porto d'Anzio, j'ai assisté à peu près chaque jour à la messe et communié plusieurs fois, ce qui te prouve que je n'ai pas encore la moindre velléité de m'engager les pieds dans la grand'route de la perversion.

Hier a eu lieu une magnifique démonstration en faveur du Saint-Père qui est sorti en grand gala pour aller à Sainte-Marie du Peuple. J'ai pu suivre avec beaucoup d'autres, en courant, en criant et en agitant un mouchoir blanc et jaune, la voiture pontificale pendant une demi-heure. Mes regards ne pouvaient se détacher de Pie IX dont j'observais tous les mouvements. C'est la première fois que je suis témoin d'un pareil enthousiasme. J'étais hors de moi. Ç'a été une ovation admirable.

Les révolutionnaires diront que c'était concerté. En effet, on s'était entendu, parfaitement entendu et depuis plusieurs jours, pour laisser éclater sur le passage du Roi Pie IX toute l'effusion d'amour et de brûlante admiration dont les cœurs sont remplis. On s'était donné rendez-vous sur tout le parcours de Sainte-Marie du Peuple au Vatican, et personne n'y a manqué, la ville entière est accourue ; toutes les maisons étaient pavoisées. Beaucoup de femmes et d'hommes portaient les couleurs pontificales blanches et jaunes. On lisait sur les murs des inscriptions, des sonnets, des vivats, par exemple :

Salve, o Pie,
Pontifex Maxime
Princeps Pacis
Pater Patriæ.

J'ai lu des vers en l'honneur du général de l'armée pontificale, de Lamoricière. L'auteur célébrait les triomphes de Castelfidardo et d'Ancône, « revers militaires, disait-il, gloires éternelles »... « Tu avais assez de couronnes sur le front, il fallait des palmes à tes puissantes mains ». Il achevait sa strophe en disant : « Nous t'attendons, le cœur de Pie t'appelle ! » Sur la place du Peuple, une grande affiche célébrait la valeur du bataillon *héroïque* des zouaves.

Le Pape était très touché et bénissait la foule avec une tendresse singulière.

Voici le 18 septembre qui approche... le premier anniversaire de Castelfidardo. Ne manque pas de faire dire une messe ce jour-là dans la chapelle de Kerguenec. Hier j'ai dîné chez les Datti. Ces dames m'ont donné pour Marie et Anna des broches de Castelfidardo que je leur recommande bien de toujours porter. A bientôt plus longuement, d'Anagni.

Je vous embrasse tous bien tendrement.

Henri.

DIX-NEUVIÈME LETTRE

RETOUR A ANAGNI. — ALERTES. — INCENDIES. — FERDINAND DE CHARETTE. — PREMIER ANNIVERSAIRE POUR LES MORTS DE CASTELFIDARDO.

Anagni, 23 septembre 1861.

C'est d'Anagni que je t'écris, mon cher Papa, selon la promesse que j'en ai faite à maman dans ma dernière lettre datée de Rome, pas aussi vite que je l'aurais voulu. Les occupations multiples des premiers jours en sont la cause. Il a fallu se remettre à l'exercice, aux patrouilles de nuit, à monter la garde, à faire les corvées, la cuisine, etc., etc.

Nous sommes perpétuellement sur le qui-vive. Ce ne sont qu'alertes succédant à d'autres alertes. Le commandant nous ménage toujours ces petits plaisirs-là vers les dix heures du soir ; mais nous commençons à ne plus croire aux Piémontais.

Tous ces branle-bas-là, c'est pour vous remuer le sang. Hier, c'était un incendie qui s'est déclaré à deux heures de l'après-midi, par la grande chaleur, dans une méchante maison, tout à l'extrémité de la ville.

Mais les camarades me disent qu'on n'en finit pas avec les incendies depuis quelque temps ; qu'il y en a presque autant que d'alertes ; il en est même qui prétendent, et le jugement n'est peut être pas absolument téméraire, que notre cher commandant pourrait bien faire flamber exprès toutes ces cases, à seule fin de nous faire voir le feu d'une manière ou d'une autre et de nous exercer à nous promener sur les poutres enflammées comme sur des trottoirs !

Quidquid sit, je ne me suis pas foulé le tempérament au feu d'hier, et en suis quand même revenu noir comme un Cafre, pour tâcher de faire croire au commandant, qui n'a pas voulu me donner une poignée de main, parce que j'étais trop sale, que j'avais travaillé comme *dix* ; mais ça n'a pas pris, et je ne serai pas mis pour ce haut fait à l'ordre du jour.

L'état sanitaire du bataillon est redevenu presque satisfaisant ; la fièvre a disparu, et toutes les figures reprennent des couleurs. Ferdinand de Charette s'est engagé comme simple zouave dans ma compagnie : c'est beau de voir un *lapin* qui a quatre décorations sur la poitrine monter la garde et faire le métier tout comme les autres. Oui, c'est un rude lapin qui en a vu de grises à Gaëte, et en même temps le plus charmant garçon, le plus obligeant camarade que l'on puisse coudoyer de par les sentiers de ce monde.

J'ai appris avec bien de la peine que mon pauvre Xavier de Régnon se mourait sérieusement à Bagnères-de-Bigorre. Je ne veux ni ne puis y croire.

La disparition d'un garçon de cette valeur et de cette trempe d'esprit vous enlève le goût de la vie. Une lettre de Nantes, que Léger de Boussineau attend, va, je l'espère encore, nous apprendre qu'il y a du mieux.

Décidément nous voilà, je crois, relancés par la marche lente des événements jusqu'au printemps prochain et, *chi lo sa?* bien au delà peut-être. C'est ennuyeux ; mais il faut bien en prendre son parti. Si ça continue, il deviendra peut-être utile et opportun de se laisser attacher des galons de caporal et de sergent sur les manches. Jusqu'ici nous avons mis notre amour-propre à ne point rechercher les honneurs, parce qu'en définitive nous ne sommes pas venus ici pour un grade ; mais toujours la corvée de quartier, toujours la faction ; pendant les premiers mois, ces choses-là sont idéales ; à la longue la poésie s'en retire. Cependant, avant de se précipiter dans le galon, on réfléchira encore quelque peu.

Il y a huit jours, on nous a lu au rapport l'ordre du jour suivant, de Mgr de Mérode, adressé aux troupes pontificales :

« La bataille de Castelfidardo rappelle cette lutte inégale dans laquelle l'armée pontificale succombait l'année dernière sous les efforts d'un ennemi qui, pour la réduire, crut nécessaire d'ajouter à la supériorité du nombre les artifices les plus contraires à l'honneur et au droit des gens. Cet anniversaire venant pour la première fois, il convient de le célébrer avec une solennité toute particulière, et on ne peut mieux le faire qu'en se souvenant devant Dieu de ceux qui, *en combattant courageusement, moururent d'une mort glorieuse et se rendirent dignes d'être déclarés avoir bien mérité du Saint-Siège apostolique, de l'Eglise catholique et de la société tout entière*, société qui ne peut subsister *sans le respect du bon droit et de la bonne foi*, suivant l'expression du Bref pontifical d'institution de la médaille *pro Petri sede*. »

En conséquence, nous nous sommes préparés de notre mieux à célébrer ce grand anniversaire. Le 18 septembre, au matin, nous étions tous réunis dans une église où Mgr l'évêque d'Anagni s'était offert à nous donner la sainte communion. Mgr Sacré, l'aumônier des Franco-Belges à Castelfidardo, l'aumônier du bataillon irlandais, et M. l'abbé Daniel, notre aumônier actuel, assistaient Sa Grandeur. Rien de plus simple extérieurement que cette cérémonie : la pauvreté même de l'église lui donnait un caractère sévère et grandiose en parfaite harmonie avec les circonstances ; mais, quel recueillement ! Comme on sentait que la prière s'élançait fervente de toutes ces poitrines de soldat où le Dieu des armées venait de passer ! C'est ainsi que les premiers chrétiens devaient prier sur les tombes de leurs martyrs.

A dix heures tout le bataillon était sous les armes dans la cathédrale, où un beau catafalque avait été élevé par les soins de quelques zouaves, artistes émérites en dessin et en peinture.

Il y avait des trophées d'armes, des couronnes de laurier, des drapeaux jaunes et blancs et des inscriptions d'une fort élégante latinité. La messe a été chantée par Mgr Sacré ; M. Daniel a prononcé l'oraison funèbre, et Monseigneur a fait l'absoute. Ce Service a été magnifique. Nous avons tant prié, j'allais écrire nous avons tant pleuré, qu'il n'est pas possible que nos martyrs, de Pimodan, d'Héliand, de Lanascol, Guérin, mon compagnon de première communion, Rogatien Picou et les autres, ne nous aient pas obtenu de grandes et précieuses grâces.

Le Chapitre de la cathédrale d'Anagni a voulu se charger de tous les frais qu'a pu entraîner la cérémonie : les chanoines ont déclaré qu'ils entendaient offrir par là *un témoignage de leur dévouement à la cause catholique, de profonde admiration aux glorieuses victimes du 18 septembre 1860, et de vive estime aux zouaves et aux Irlandais.*

Serons-nous écrasés dans un second Castelfidardo ? Le Pape perdra-t-il le reste de ses Etats ? C'est le secret de Dieu. Quoi qu'il en soit, le sang des martyrs n'aura pas coulé en vain et criera toujours miséricorde vers Dieu, miséricorde pour le Piémont coupable, miséricorde pour notre pauvre et chère France ; et dussions-nous tomber et le pouvoir temporel des Papes avec nous, l'Eglise demeurera quand même debout, car ses destinées sont immortelles ; et contre elle les portes de l'enfer, comme nous le lisons sans cesse sur notre médaille de Castelfidardo, ne prévaudront jamais. *Portæ inferi non prævalebunt.*

Le bruit se répand que nous pourrions sous peu quitter Anagni ; rien d'officiel encore.

Mes meilleures tendresses à maman et aux sœurs ; j'ai adressé au Vannetais un récit très détaillé de nos faits et gestes à Porto d'Anzio.

Ton fils bien respectueusement affectionné,

HENRI.

VINGTIÈME LETTRE

D'ANAGNI A ROME EN PASSANT PAR MARINO. — CASERNE SAINT-PAUL. — LES CHAÎNES DE SAINT PAUL. — LE FRÈRE VICTOR.

*Rome, Saint-Paul-hors-les-Murs,
19 octobre 1861.*

Quel long silence, mon cher Papa! Voilà un mois, ou peu s'en faut, que je ne t'ai donné signe de vie, tandis que tu m'as écrit plusieurs lettres que j'ai reçues toutes du même coup, durant notre voyage d'Anagni à Rome, à Marino, petite ville entre Albano et Frascati, où les trois premières compagnies de notre bataillon tiennent maintenant garnison depuis quelques jours.

Nous avons enfin démarré d'Anagni, à mon grand étonnement ; et, à l'heure qu'il est, nous sommes logés, à savoir : les 4e, 5e et 6e compagnies, à Saint-Paul-hors-les-Murs, à une lieue de Rome. Les 7e et 8e compagnies, avec la musique et l'état-major, sont encore à Anagni ; mais on les attend d'un jour à l'autre à Marino.

La caserne que nous occupons ici touche la magnifique basilique de Saint-Paul, la plus belle et la plus riche après celle de Saint-Pierre. D'Anagni à Rome, nous avons fait la route en trois étapes. Cette fois, je les ai enjambées lestement et presque sans souffrance, bien qu'horriblement chargé. Le premier jour, mon sac pesait quarante-cinq kilog. : c'est pourtant l'exacte vérité. Le second jour, j'ai trouvé moyen d'introduire mes cartouches dans un sac qui était aux bagages : c'était toujours ça de moins à porter.

Nous sommes donc passés par Marino, le pays de cocagne des environs de Rome. Cette contrée est superbe en effet, et très fertile. Le lac d'Albano, puis Castel-Gandolfo avec son palais papal, Frascati, Albano, Rocca di Papa, Grotta Ferrata, le camp d'Annibal, tout cela se touche : aussi les trois premières compagnies que nous avons vues l'autre jour en passant étaient-elles enchantées de leur nouveau cantonnement. J'y ai rencontré Arthur de la Tocnaye au moment où je venais de recevoir tes lettres, de sorte que nous avons pu savourer ensemble toutes les nouvelles du pays. Ce brave Arthur vient d'être nommé sergent ce matin : j'en suis d'autant plus heureux que sa nomination le fait passer à la 5e compagnie qui est à Saint-Paul, et qu'il va nous arriver de Marino ce soir ou demain matin.

Nous sommes installés à Saint-Paul mieux que

nous ne l'avons jamais été, une véritable et très heureuse chute du purgatoire dans le paradis. Nous ne revenons pas d'un tel changement, et d'un changement si subit, et nous demandons qui a bien pu inspirer à Son Excellence Mgr de Mérode de nous regarder d'un aussi bon œil. Nous sommes ici sous les ordres immédiats du commandant (Athanase de Charette), qui s'est installé à Rome. Son frère Ferdinand s'est accordé une jolie petite fièvre typhoïde qui ne lui a pas enlevé, fort heureusement, *mica un pelo*, pas un poil de son incomparable barbe noire, ni un brin de sa bonne humeur. Le voilà qui bat maintenant comme un enragé le pavé de Rome. A cette occasion, nous avons eu la bonne fortune de posséder durant quelques jours, à Anagni, Madame de Charette, et je te laisse à penser si nous avons fait honneur à la vénérable mère de notre commandant. On me dit qu'elle est sur le point de reprendre le chemin de France; il va peut-être y avoir moyen de lui confier quelques commissions.

Les camarades vont bien; Blévénec et Delabrosse sont à Saint-Paul avec moi, Texier hante Marino.

Ma petite santé à moi est florissante ; je n'ai jamais mieux porté mon sac, et pourtant la route était longue, et le soleil d'août ne l'est guère ici, — pardon pour ce clou, je ne l'ai pas fait exprès ; — et puisqu'il y est, je l'y laisse, c'est encore moins disgracieux pour l'œil qu'une rature.

A mon passage à Marino, après avoir mis sac à terre et soufflé seulement un quart d'heure, je suis parti avec Arthur en excursion pour le lac d'Albano et Castel-Gandolfo : six bons kilomètres. Il faut être zouave pour faire de ces tours-là. En m'allongeant sur la paille après l'appel du soir, j'ai bien senti que les *flûtes* étaient un peu raides ; mais le sommeil de la nuit a été si profondément réparateur que le lendemain matin il me semblait avoir des ailes à mon sac pour voler du côté de Rome.

Nous voici donc à Rome ou, du moins, à une lieue de Rome : c'est une petite promenade pour des gens entraînés à la course tels que nous sommes à cette heure ; puis il y a un *omnibus*. Dès que nous sommes libres, nous prenons, soit à pied, soit en char, le chemin de la Ville éternelle et visitons tout ce que nous pouvons. Il y a de quoi.

Je vois, d'après ta dernière lettre, que vous avez joyeusement passé la fin des vacances et en nombreuse compagnie a Kerguenec. Ce matin, je me suis lié les mains avec les chaînes que portèrent jadis celles de saint Paul, et les ai baisées avec un profond respect et à plusieurs reprises. J'y ai fait toucher mon chapelet ; demain, si je le puis, j'y ferai toucher la poignée et la lame de mon sabre que je n'avais pas avec moi ce matin, étant allé à la messe avant l'appel de onze heures : or, avant ledit appel, le port du sabre est défendu. J'espère me procurer toute une précieuse collection de reliques, par le

Frère Victor, des Marianites de Sainte-Croix-du-Mans, domicilié au couvent de Sainte-Brigitte, nom qui m'a fait penser à ma vénérable tante de Derval.

Ce Frère Victor est grand ami des zouaves et aussi du *Custode* en chef de toutes les Reliques de Rome ; il obtient tout ce qu'il veut. Hier soir j'ai vénéré chez lui des cheveux de la très Sainte Vierge, un morceau des langes de Notre-Seigneur, du sang de saint Maurice, etc. J'ai fait de mon mieux pour m'insinuer dans ses bonnes grâces et ai réussi, car il m'a promis des trésors. Ainsi, que maman se réjouisse.

Le Saint-Père vient nous voir à Saint-Paul, jeudi prochain. Garde à vous ! Ça ne plaisante pas. Va-t-il falloir astiquer ! Mais aussi quelle bénédiction nous recevrons!... M. Datti, qui est en ce moment à Porto d'Anzio, sera de retour ici l'autre semaine, et alors j'aurai une audience particulière qu'il s'est chargé de me demander, et vous expédierai, aussitôt que je le pourrai, toutes les Indulgences que Pie IX aura daigné m'accorder.

J'ai appris avec bien de la joie que Xavier de Régnon allait beaucoup mieux. Dis-moi dans ta prochaine lettre s'il est revenu à Nantes.

Ton fils bien respectueux et tout affectionné,

Henri.

VINGT ET UNIÈME LETTRE

VISITE DU PAPE A SAINT-PAUL. — LA PLUS BELLE OVATION DE ROME A PIE IX DEPUIS GAETE. — UNE LETTRE DE MGR DE SÉGUR.

Saint-Paul-hors-les-Murs,
27 octobre 1861.

La dernière lettre de papa m'est arrivée avant-hier, ma chère maman, bien des fois merci pour les beaux revolvers que M. La Roche Billou m'a apportés. Arthur et moi en sommes enchanté. M. La Roche Billou nous a fait admirer le beau cadeau dont les dames de Nantes l'ont chargé pour la Reine de Naples. C'est d'un goût parfait.

Un mot maintenant de la visite que le Saint-Père nous a faite jeudi dernier. Les deux compagnies de Marino étaient venues se joindre à nous : tout le bataillon, sauf les deux infortunées compagnies restées à Anagni, était donc sous les armes. Au dire de tout le monde, Rome n'avait pas fait à Pie IX, depuis son retour de Gaëte, une aussi chaleureuse ovation. Le Saint-Père est arrivé à Saint-Paul vers midi. Ma compagnie (la 4ᵉ) avait été désignée par le colonel pour former le piquet d'honneur. J'avais le bonheur d'être un des deux factionnaires placés à la porte de la basilique. Lors donc que Pie IX est entré, c'est Ferdinand de Charette et moi qui lui avons les premiers présenté les armes et reçu sa première et très affectueuse bénédiction. Après avoir adoré le Saint-Sacrement et visité la basilique, le Saint-Père s'est rendu dans les appartements qu'on lui avait réservés, puis a paru sur un balcon dominant la cour intérieure de notre caserne. Les zouaves étaient rangés tout autour de la cour; les artilleurs avec leurs canons occupaient le milieu. Alors, après en avoir pris l'ordre de Sa Sainteté, le colonel a commandé : « Genou terre »! et le Pape nous a solennellement bénis.

Le dîner, auquel le Saint-Père a daigné admettre plusieurs de nos officiers, n'a pas duré longtemps. Pie IX avait hâte de venir nous visiter dans nos chambrées. Il a tenu à passer au milieu de nous, souriant, bénissant, nous prenant les mains et adressant à chacun des paroles d'amitié et d'encouragement. Nos cœurs débordaient de joie, d'amour et de reconnaissance.

Cependant, depuis midi jusqu'à quatre heures, toute la société romaine s'était dirigée vers Saint-Paul dans ses équipages; et le peuple, en voyant ce mouvement, s'était mis aussi de la partie. C'était une forêt mouvante de drapeaux jaunes et blancs. A partir de deux heures, les cris de « Vive Pie IX! » et de « Vivent les zouaves! » ont commencé. C'était la première fois que nous entendions crier « Vivent les zouaves ! » Bientôt (car la contagion de l'enthousiasme existe, je l'ai constaté ce jour-là), ce fut de la frénésie, du délire. Rien d'étonnant. Quand on a crié et entendu ainsi crier pendant une heure, on est comme grisé. A quatre heures, la Reine-Mère de Naples, accompagnée des comtes de Trapani et Trani, les frères du roi, et de la sœur de la reine, la comtesse de Trapani, est venue au-devant du Pape, et a pu arriver jusqu'à Saint-Paul ; alors aux cris de « Vive Pie IX ! » et de « Vivent les zouaves ! » se sont joints ceux de « Vive François II ! » et de « Vive Marie-Sophie! » Enfin, cinq à heures, la voiture du Pape est sortie de notre caserne, et a commencé à s'ébranler au bruit des cloches de la basilique, des salves de canon et des fanfares; à ce moment les cris ont redoublé, et avec tant de violence que je me suis demandé si la voûte du ciel n'allait pas tomber.

Nous avons escorté le Pape jusqu'à deux ou trois cents mètres de Saint-Paul. Au retour, la foule nous a comme portés en triomphe, nous acclamant et nous suivant jusqu'à la porte du quartier. C'était complet. Cette visite du Pontife roi et ces applaudissements nous ont dédommagés de toutes nos fatigues. La semaine précédente, j'avais eu le bonheur de communier le matin, et le soir de recevoir une médaille de la main du Saint-Père au Vatican ; impossible à un homme, n'est-ce pas ? d'avoir plus de bonheur en un jour !

Ton fils qui t'aime,

HENRI.

Post-Scriptum. — Monseigneur de Ségur veut bien ne pas m'oublier et m'écrire de temps à autre. Je t'envoie sa dernière lettre, particulièrement belle, en te priant de me la conserver.

Paris, 31 octobre 1861.

« MON BIEN CHER HENRI,

« Votre lettre du 29, que je reçois aujourd'hui même, me cause une grande joie, non seulement à cause des bonnes nouvelles que vous me donnez de vous-même, mais aussi à cause de ce que vous me dites de l'état moral du cher et glorieux bataillon. Il faut en effet, mon cher enfant, que les causes saintes soient défendues saintement, et que les soldats, peut-être les martyrs de la liberté du Saint-Siège apostolique, soient toujours à la hauteur d'un pareil dévouement.

« Il paraît bien difficile que le *statu quo* de Rome et de l'Italie puisse subsister longtemps encore : toutes les ruses de la diplomatie céderont probablement bientôt sous le poids chaque jour plus menaçant de la bête féroce révolutionnaire, et je crois que vous aurez à combattre, peut-être à mourir. Vous êtes bienheureux d'avoir devant vous une pareille perspective, car mourir de la sorte, c'est certainement mourir pour Notre-Seigneur, dont la cause divine est une seule et même cause avec celle de son Vicaire et de son Eglise.

« Je vous remercie, mon cher Henri, de vous souvenir de moi, et surtout de vous souvenir des directions religieuses que je vous ai données de la part de Dieu. Vous restez ainsi, à cinq cents lieues de distance, mon cher fils en Jésus-Christ. Continuez votre confession de chaque quinzaine, communiez le plus souvent possible, afin de garder plus fidèlement vos mœurs de vingt ans et l'ardeur de votre foi.

« On ne communie jamais trop souvent quand on a un cœur dévoué et honnête, et quand on a une véritable bonne volonté d'éviter le péché. Je vous bénis et vous embrasse du fond de mon cœur. Veuillez dire à ceux de vos camarades qui me connaissent, combien je les suis de mes vœux et de mes prières, et combien je leur souhaite la grâce insigne de vivre, de combattre, de souffrir, et, s'il plaît à Dieu, de mourir pour la plus noble et la plus sainte de toutes les causes.

« ✝ L.-G. DE SÉGUR,
« *Chanoine-Evêque de Saint-Denis.*

« Ecrivez-moi le plus souvent que vous pourrez, par le bon abbé Louis ou par quelque autre occasion sûre. »

VINGT-DEUXIÈME LETTRE

PRÈS DU COMMANDANT DE CHARETTE.

Rome, 15 novembre 1861.

on cher Papa, je commence par t'annoncer, que depuis trois jours j'occupe une position infiniment élevée dans le bataillon : je suis planton permanent secrétaire chez le commandant, c'est-à-dire que je passe toute ma journée chez Athanase de Charette à Rome, soit pour écrire des lettres, soit pour les porter ; en un mot, je suis aide-secrétaire. J'ai donc abandonné tout à fait pour un temps la caserne et l'exercice; cette position avait été offerte, ces jours derniers, à plusieurs qui l'ont refusée, sans doute *per vergogna* (par respect humain). Moi, ce voyant, je l'ai acceptée avec empressement.

Je m'entends parfaitement avec le commandant, de sorte que tout est pour le mieux. Je n'ai qu'un désir, c'est que cela dure le plus longtemps possible. Je n'ai pas grand'chose à faire, cinq ou six courses dans la journée, avantage éminemment précieux pour qui désire connaître Rome; le reste du temps, je puis lire, écrire, dans les appartements du commandant, qui sont situés *via Borgognona*. 44.

Tu n'aurais pas su par hasard si Mlle de Courson, qui vient de mourir à Guérande, laissant une belle fortune, ne m'aurait pas légué quelques billets de cinq ou de six cents francs? Ce serait le moment de me les envoyer, ceux-là ou d'autres !!!

Ton fils bien respectueusement affectionné,

HENRI.

VINGT-TROISIÈME LETTRE

MALADIE ET MORT DE PAUL SAUCET, SERGENT AUX ZOUAVES ET CHEVALIER DE PIE IX. — LA MESSE AU TOMBEAU DE SAINTE CÉCILE ET MADAME LA VICOMTESSE DE CURZAY.

Rome, 23 novembre 1861.

Voici que je trouve quelques instants pour te communiquer les impressions que m'a laissées ce matin une triste mais aussi bien consolante cérémonie. Hier matin, à onze heures et demie, nous avons perdu un de nos camarades, Paul Saucet, de Nantes, sergent à la 3ᵉ compagnie, glorieux débris de Castelfidardo et chevalier de Pie IX.

Paul Saucet, comme tu le sais sans doute, appartenait à une excellente famille de Nantes, modeste de condition, mais noble de sentiments ; son père est concierge à la mairie. Le cher zouave que nous regrettons était le modèle du soldat comme le modèle du chrétien, doué du plus aimable caractère et même d'une intelligence peu commune, mais surtout d'une énergie et d'une force d'âme incroyables, qui expliquent comment, à dix-neuf ans, il put supporter toutes les fatigues les plus rudes et les plus dures privations. A Castelfidardo, il déploya un rare courage, et au péril de sa propre vie, sauva la vie à Charette, son capitaine.

Lorsque le bataillon se reforma au mois de décembre 1860, il était encore un des premiers. Au mois de septembre dernier, après un exercice très fatigant, il fut frappé comme d'un coup de foudre. La violence du mal lui fit sentir dès la première crise qu'il était mortel. Il était pris de rhumatismes aigus dans tout le corps. Le mal fit en peu de temps des progrès rapides, et Saucet, ne conservant aucune illusion, offrit à Dieu le sacrifice de sa vie avec un calme parfait et une résignation sublime. Peu de jours avant de tomber malade, ce fidèle enfant de la très Sainte Vierge, je le sais pertinemment, avait donné à sa Mère du ciel une admirable preuve d'amour et de dévouement, petite en apparence aux yeux des hommes, connue de moi seul peut-être et l'aumônier, mais que Dieu sans doute a jugée digne de la récompense éternelle dont il jouit maintenant.

Durant le cours de sa longue maladie, il fut l'édification de tout le bataillon, recevant souvent la sainte communion qui était toute sa force. Quand nous eûmes quitté Anagni, le pauvre Paul resta seul dans ce maudit trou, abandonné, privé de ses amis. Heureusement les Sœurs de Saint-Vincent-de-Paul, notre seconde providence, le soignèrent avec tout le dévouement qu'on leur connaît.

Le docteur ayant perdu tout espoir de le sauver, le commandant se chargea, avec sa générosité habituelle, de faire venir sa mère ; la pauvre femme ne tarda pas à arriver. Ce fut une grande consolation pour Paul dans son isolement. Il y a quinze jours environ, il fit écrire d'Anagni, au docteur Chauvin, qu'il avait un grand désir de venir mourir à Rome. Le voyage s'effectua sans trop de souffrances. Arrivé à Rome, il nous proposa de faire avec lui une neuvaine à son ami Guérin, et y mit tout son cœur. Le neuvième jour il reçut le saint Viatique dans la matinée, renouvela à Dieu le sacrifice de sa vie, puis, vers les trois heures de l'après-midi, le Révérend Père de Villefort lui administra l'Extrême-Onction. Ce fut une scène bien touchante.

Ce jour-là même, j'étais près de lui avec le commandant qui s'intéressait beaucoup à lui, et trouvait moyen de ne presque pas le quitter. « Voulez-vous le veiller cette nuit ? » me dit-il. J'acceptai de grand cœur. Paul me parla à différentes reprises, me remerciant toujours avec une grâce charmante et ne cessant de prier, en dépit de ses cruelles souffrances. Il dormit un peu, respirant toutefois à grand'peine. Pauvre Paul ! c'était son avant-dernière nuit. Le lendemain, même état. La nuit suivante, l'oppression augmenta. Paul, sentant que la mort approchait, appela sa mère, lui dit qu'il allait la quitter et l'exhorta à faire courageusement son sacrifice.

Ce fut un magnifique spectacle ; le courage de la

mère et l'héroïsme du fils étaient à la hauteur l'un de l'autre. A dix heures du matin, le commandant, l'abbé Daniel notre aumônier, le docteur Chauvin, les Sœurs de Saint-Vincent-de-Paul et plusieurs zouaves étaient à son chevet. La mort approchait ; alors le visage du cher agonisant prit une expression toute divine, puis d'une voix solennelle en regardant sa mère et ceux qui l'entouraient: « Allons, dit-il, à genoux, et priez pour les défenseurs de l'Église. » A ce commandement inattendu, tout le monde d'obéir. La pauvre mère ne put retenir ses larmes. « Pourquoi pleurer ? ajouta-t-il, moi je ne pleure pas... Mon Dieu, je vous offre toutes mes fatigues et toutes mes souffrances pour la rémission de mes péchés ; j'espère que vous m'en tiendrez compte. » Admirables paroles, dignes d'être les dernières d'un prédestiné.

A partir de ce moment il ferma les yeux et s'assoupit ; mais peu d'instants après, comme s'il avait une vision du bonheur qui l'attendait, ses yeux se rouvrirent et brillèrent d'un éclat vraiment céleste, que tous les assistants remarquèrent. Le mourant semblait tressaillir en fixant quelqu'un qui venait à lui. Pourquoi Dieu ne lui aurait-il pas envoyé en effet sa très sainte Mère, ou l'un de ses anges, ou son ami Guérin, pour recevoir son âme et l'introduire au ciel ?

Sa mère alors, l'entourant de ses bras, recueillit son dernier soupir, et tous les heureux témoins de ce grand spectacle sentirent en leur cœur que Dieu avait donné aux zouaves un nouveau protecteur là-haut. « Non, disait Charette, non, je n'aurais jamais cru qu'on pût mourir avec tant de courage, de calme et de bonheur. Ce jour est un des plus douloureux, mais aussi des plus beaux de ma vie : j'ai vu mourir un saint. »

Je ne crois pas t'avoir dit encore que le commandant avait sous-loué une partie de son immense appartement du palais Pamfili à l'excellente Mme de Curzay, un nom bien connu à Bordeaux. Mme la vicomtesse de Curzay a donné au bataillon son fils Henri, le meilleur des camarades et un crâne soldat, avec de belles moustaches noires comme du jais, qui me font envie. C'est une seconde mère pour nous. Nous vénérons ses cheveux déjà presque blancs et nous la voyons souvent, jamais trop, car elle nous donne des nouvelles de France, puis sa conversation es des plus distinguées et fort intéressante.

Grande dame dans la force du terme, Mme de Curzay est très simple et très bonne en même temps, austère quelque peu cependant pour ce qui est du jeûne ; mais c'est son affaire. Sur ce point-là elle est inexorable pour elle-même. Nous autres qui sommes dispensés du jeûne et de l'abstinence, nous lui accordons de faire *magro stretto* tant qu'elle veut, et elle se l'impose avec le scrupule de la plus rigoureuse des Romaines. C'est à dessein que je fais cette assimilation, car elle est dévouée au Pape et à Rome à la vie et à la mort ; mais vraiment elle se complaît dans le jeûne, et n'est jamais plus gaie que lorsqu'elle mange des *broccoli* ou des orties à l'huile. Tout ceci pour te faire comprendre comment je me trouvais, le 22 septembre au matin, au tombeau de sainte Cécile, dans les catacombes de Saint-Calixte, en compagnie de Mme de Curzay qui y faisait dire une messe pour Saucet, auquel elle ne pouvait manquer, c'est bien clair, de s'intéresser. C'est son grand domestique — il est immense — qui a servi la messe, revêtu, du reste, d'une superbe livrée. De peur de le froisser, je n'ai pas osé lui demander de me céder sa place, mais j'enrageais. Quoi qu'il en soit, j'ai bien prié à cette messe.

Le sol des catacombes était jonché de lis et de roses ; l'encens fumait de toutes parts ; des cierges à profusion jetaient leur lumière dans les galeries qui aboutissent au carrefour où se trouve le tombeau de sainte Cécile devant lequel nous étions à genoux. Absorbés dans une fervente et silencieuse prière, nous demandions à Notre-Seigneur, le Roi des vierges et des martyrs, et à sainte Cécile que j'appellerais volontiers la reine des vierges-martyres après la très Sainte Vierge, leurs meilleures grâces et bénédictions pour notre cher agonisant.

Mais comment nous arracher à un pareil lieu et à de telles émotions ? Nous ne l'aurions pas pu de nous-mêmes, si force ne nous eût été d'abandonner la place à d'autres pèlerins, car ce n'est pas chose facile que d'aborder le tombeau de sainte Cécile aux catacombes, et d'y entendre la messe au jour de sa fête. Je dois cette faveur à Mme de Curzay et lui en demeurerai à jamais reconnaissant.

En sortant des catacombes, nous avons regagné Rome en voiture, sans perdre de temps, et nous nous sommes dirigés vers la maison de Saucet. Le commandant, les Sœurs de Saint-Vincent-de-Paul, M. Daniel n'avaient pas encore quitté la chambre où il avait expiré, sans doute au moment même où nous faisions la sainte communion pour lui aux catacombes, et c'est de leur bouche que j'ai recueilli, séance tenante, les détails que je t'ai donnés plus haut.

Tous les camarades sont bien. Xavier de Kerampuil va probablement passer aux artilleurs ; on demande des zouaves pour remonter la batterie Daudier qui est à court d'hommes. Le temps me fait défaut pour te raconter les funérailles de Paul Saucet ; ce sera pour la prochaine lettre. Rien qu'un mot pour clore celle-ci : Monseigneur de Mérode a voulu composer lui-même l'épitaphe qui sera gravée sur la tombe de notre cher défunt : « *Die 22 novembris 1861 — Avolavit ad coronam* ». Elle est courte comme tu vois, mais éloquente dans sa concision.

Ton fils bien respectueusement affectionné,

HENRI.

VINGT-QUATRIÈME LETTRE

REMISE A M. LA ROCHE BILLOU DE LA PHOTOGRAPHIE
DE LA REINE DE NAPLES.

Rome, 29 novembre 1861.

Monsieur La Roche Billou devant partir demain, je t'écris quelques lignes à la hâte, mon cher Papa, car le vendredi et le samedi le commandant est généralement fort occupé, et moi aussi par contre. Je suis toujours enchanté de ma nouvelle position, je cours Rome à peu près toute la journée, de sorte qu'avant peu je connaîtrai à fond la capitale du monde catholique et chrétien. Je remets bien peu de chose à M. La Roche Billou, quelques photographies, notamment celle de la reine de Naples signée de sa main, puis cinq clous ayant touché à ceux de Notre-Seigneur et leur étant en tout parfaitement semblables. Il y en a quatre pour la famille de la Tocnaye et un pour vous.

Je dois communier ces jours-ci de la main du Saint-Père: au milieu de notre vie d'exil, ce sera encore un beau jour pour moi. Je veux vous obtenir une masse de faveurs, des Indulgences plénières *in articulo mortis*, puis un Chemin de Croix pour la chapelle et encore d'autres choses : tout cela très prochainement ; je vais m'en occuper cette semaine. M. La Roche Billou te donnera de mes nouvelles *de visu*. Le commandant me charge de te dire un million de choses aimables. Rien de nouveau en politique : je crois que nous en avons pour bien longtemps, et qu'il nous faudra une bonne dose de patience. Enfin à la grâce de Dieu ! Nous sommes aussi pleins de courage et d'ardeur qu'au premier jour. Espérons toujours et prions, prions surtout : la prière seule donne des forces, et il nous en faut beaucoup. Excuse mon laconisme, je suis encore obligé de remettre à la prochaine lettre le récit des funérailles de Paul Saucet.

Ton fils respectueux et affectionné,

HENRI.

VINGT-CINQUIÈME LETTRE

LA MESSE DU SAINT-PÈRE DANS SA CHAPELLE PRIVÉE.
— INDULGENCES. — FUNÉRAILLES DE PAUL SAUCET.

Rome, le 3 décembre 1861.
Fête de saint François-Xavier.

Dans ma dernière lettre, je t'annonçais mon cher Papa, que je devais avoir sous peu de jours le bonheur de communier de la main du Saint-Père. Je veux te faire part aujourd'hui des émotions que j'ai éprouvées durant les heureux moments où j'ai pu contempler, à genoux devant Dieu, la vénérable figure de Pie IX. C'est dimanche dernier 1er décembre que j'ai entendu la messe du Saint-Père. A sept heures du matin nous étions huit zouaves au Vatican. Dès la veille je ne me sentais plus de joie, je chantais dans les rues, dans ma chambre, chez le commandant, partout.

Aussitôt notre arrivée au Vatican, Mgr de Mérode, qu'on avait averti de notre présence, eut l'amabilité de venir nous chercher et de nous conduire à la chapelle privée du Saint-Père. Là nous nous mîmes à genoux, et alors de graves, de saintes pensées que nous inspirait le lieu où nous nous trouvions vinrent une à une se présenter à nous. Tu te figures peut-être que tous les lieux que Pie IX consacre par sa présence doivent être ornés des pierres les plus précieuses, de tout ce qu'il y a de plus riche : il n'en est rien. La chapelle privée du Saint-Père est ce qu'on peut voir de plus simple ; je n'y ai remarqué qu'un tableau de grand maître, de Raphaël, je crois, représentant la Nativité de Notre-Seigneur. Cette peinture est magnifique ; la Vierge a dans tous les traits une expression divine qui vous saisit et vous remue toutes les fibres les plus sensibles du cœur. Ce tableau est le seul ornement de cette chapelle, qui n'est du reste qu'une modeste chambre. De quels ornements aurait en effet besoin le lieu où le Vicaire de Jésus-Christ offre chaque jour à Dieu Jésus-Christ lui-même, en sacrifice ?

Il y avait à peine dix minutes que nous priions, quand le Saint-Père arriva seul, fit la génuflexion devant l'autel et se mit à genoux, attendant qu'on le revêtît des ornements pontificaux. Sa démarche facile, son pas ferme et assuré, la vivacité de son regard et toute la majesté en même temps que la simplicité de sa personne produisirent sur moi une grande impression. Non, ce n'est pas là le vieillard que les feuilles révolutionnaires semblent toujours vouloir nous montrer en France à l'agonie. Pie IX est un beau, un magnifique vieillard. Sa santé est excellente ; il a bien, à la vérité, une petite infirmité se rapprochant, je crois, de l'hydropisie, qui provoque une expectoration assez fréquente ; mais c'est là bien peu de chose, une simple misère, et Dieu conservera longtemps encore Pie IX à son Eglise.

Je suivais avec une religieuse attention tous les mouvements du Saint-Père durant le Saint Sacrifice; je ne pouvais me lasser d'entendre prononcer par cette voix si belle, si forte et si pure ; je ne pouvais, dis-je, me lasser d'entendre prononcer par le Pape ces paroles de la messe que je n'avais entendu prononcer jusqu'ici que par des prêtres, évêques ou cardinaux. C'étaient bien les mêmes paroles, les mêmes cérémonies. O beauté du culte catholique ! ici dans la célébration des saints Mystères, le Roi n'est pas davantage que le moindre de ses sujets; il n'est que prêtre, il s'accuse devant le Dieu qu'il représente, comme tous les prêtres ; mais c'est le premier des prêtres, le prêtre par excellence, et si l'on ne se savait pas devant Pie IX, si l'on ne se sentait au dedans de soi-même quelque chose de surnaturel, il semblerait qu'il est le plus humble de tous. Oh ! quelle expression divine dans tous ses traits et dans son regard ! quel reflet de la grandeur et de la majesté de Dieu, alors que le Pontife des pontifes lève les yeux au ciel et redit cette admirable prière du *Pater !*

Enfin le moment solennel approchait pour nous. *Domine, non sum dignus.* L'accent avec lequel Pie IX prononça ces paroles me fit tressaillir. Qui donc, me disais-je, qui donc est digne de s'approcher de Dieu, si vous-même, très Saint-Père, n'en êtes pas digne ? Comme on se sent alors peu de chose devant Dieu! C'est mille vies qu'on voudrait avoir à offrir pour la cause de son Vicaire. Certes, c'était le moment, ou jamais, de renouveler à Dieu le sacrifice complet de sa vie, et je suis sûr aussi que chacun de nous l'a fait du plus grand cœur et avec toute la générosité dont il était capable.

Nous étions tous à genoux devant l'autel, et le très Saint-Père, les larmes dans les yeux (j'en sentis une brûlante me mouiller la main), nous distribuait le Pain des Anges. Moments sacrés qui seront toujours mon plus beau et mon plus doux souvenir ! Dans cette petite chapelle du Vatican, nous étions seuls avec Pie IX et les évêques qui lui servaient la messe. Ceci me semblait une scène du temps des premiers chrétiens : pas de témoins nombreux de la terre, mais le ciel tout entier ; Dieu et les anges bénissaient Pie IX et ses très indignes mais dévoués soldats. Tous vous étiez alors dans ma pensée, et je priai pour vous avec ferveur.

Après la messe, le Saint-Père quitta les ornements pontificaux et revint à son prie-Dieu où il fit son action de grâces et entendit une messe célébrée par un évêque ; puis, se levant, il jeta les yeux sur moi qui avais le bonheur d'être le plus près de lui, et m'appelant avec une grande douceur, il me dit : « Attendez un petit moment. » Quelques secondes après, un camérier nous fit signe d'avancer et nous conduisit dans la chambre la plus voisine de celle du Pape. Pie IX ne tarda pas à arriver ; nous nous mîmes à genoux. « Mes chers zouaves ! *figlioli miei !* » s'écria-t-il, et il se mit en souriant à nous distribuer des chapelets. « Mon enfant, me dit-il, ce sera pour votre mère. » Et dans quelques jours maman aura le bonheur de posséder le petit chapelet donné par Pie IX. La distribution finie, le Saint-Père nous présenta encore à chacun sa main à baiser, puis il ajouta : « Si vous avez quelque chose à faire signer au Pape, laissez-le sur cette table, parce que le Pape n'a pas le temps en ce moment-ci, il a besoin de faire son petit déjeuner ; revenez ce soir, et le tout vous sera remis. » Inutile de te dire que nous tenions à la main des demandes d'Indulgences, etc., que nous voulions faire signer au Souverain Pontife. En terminant, Pie IX nous donna sa bénédiction et nous sortimes du Vatican, le cœur débordant de bonheur et d'allégresse.

Le soir, un de nous revint chercher les suppliques ; le Pape avait tout signé, et tu recevras avec le chapelet du Saint-Père un précieux parchemin ainsi conçu :

« Très Saint-Père, Henry-Marie Le Chauff de Kerguenec, prosterné aux pieds de Votre Sainteté, la supplie humblement de vouloir bien lui accorder à lui et à tous ses parents de consanguinité et d'affinité, jusqu'au troisième degré inclusivement, l'Indulgence plénière *in articulo mortis*, et les Indulgences plénières, les jours anniversaires de leur baptême et de leur première communion, et le *trois janvier*, jour de son engagement aux Zouaves Pontificaux. »

Le Pape a écrit de sa main ce qui suit :

Die 1 Dec. 1861.

Fiat ut petitur, servatis conditionibus.
PIUS PP. IX.

J'obtiendrai bientôt également, je l'espère, la permission de l'érection d'un Chemin de Croix dans la chapelle de Kerguenec. J'espère me procurer aussi des reliques de saint Henri et de sainte Thérèse.

Tu vois qu'avec tout cela, nous serons riches.

Je me porte toujours admirablement, et suis de plus en plus content de ma nouvelle position. Je ne m'ennuierai pas tant que je l'occuperai, c'est du temps de gagné. Quand les épreuves sérieuses recommenceront, je serai plus fort.

C'est aujourd'hui la fête de saint François Xavier. Je me reporte à Vannes par la pensée. J'ai entendu, ce matin, la messe au *Jésus*, et j'ai bien prié le grand saint François Xavier pour mes vieux camarades de Vannes et pour mes très chers frères en particulier : j'aime à croire qu'eux aussi ne m'auront pas oublié en ce grand jour.

Un mot maintenant sur l'enterrement du cher Saucet. Comme je te l'ai déjà dit dans une lettre précédente, j'avais eu la consolation de le veiller, l'avant-dernière nuit qui a précédé sa mort ; il causa plusieurs fois avec moi, me remerciant de la peine que je prenais pour lui, pensant à tout, me disant de m'asseoir, de m'appuyer la tête sur son lit pour me reposer, si bien que je dormis une grande partie de la nuit à côté de lui, sur le même oreiller. Aussi la nouvelle de sa mort me fit-elle grand mal, et, après avoir expédié les affaires les plus urgentes, je me hâtai de revenir prier près de ses restes.

Le commandant ne pouvait quitter ce chevet, auquel il avait veillé si souvent, auquel s'étaient tenues souvent aussi d'illustres Romaines, qui s'échappaient chaque jour, à pied, de leur palais, portant au bras un petit sac noir chargé de provisions et de médicaments, vêtues presque pauvrement pour n'être pas reconnues, et regardaient comme un honneur de prodiguer leurs soins au cher malade qui ignorait leur rang et leurs noms.

Deux Services funèbres ont été célébrés pour le repos de l'âme de Saucet : le premier au lendemain de sa mort, à la paroisse du quartier où se trouvait sa modeste chambre. Cette cérémonie fut bien simple, mais très imposante. Le matin, j'arrivai à la maison mortuaire une demi-heure environ avant la levée du corps. J'aidai le commandant à rendre les derniers devoirs au cher défunt. Personne autre n'eut la permission d'y toucher. Charette était en grande tenue. Si tu avais vu avec quel religieux respect il a pris le corps de Saucet dans ses bras pour le coucher dans sa bière ! Il avait conscience de porter un saint et précieux fardeau. Lui-même voulut ajuster le couvercle du cercueil : pendant qu'à genoux, il enfonçait les vis une à une, gravement et sans se presser, de grosses larmes tombaient de ses yeux sur la chère dépouille. Il était superbe à voir, ne se doutant guère de la sublimité du rôle qu'il remplissait si simplement, ni du grand spectacle qu'il donnait, mais auquel les anges du ciel ont dû certainement applaudir.

Frédéric La Roche Billou se trouvant près de la porte de la chambre, je l'appelai, et nous eûmes l'honneur de descendre tous deux la bière et de la remettre aux zouaves désignés pour la porter. Un piquet de quinze zouaves, commandé par un sergent, accompagna le corps, et rendit les honneurs militaires, auxquels les chevaliers de Pie IX ont droit. Un grand nombre de zouaves, et aussi de personnages de la noblesse romaine, formaient le cortège. M. Daniel, notre aumônier, célébra la messe de *Requiem*, puis le corps, suivant l'usage italien, resta toute la journée dans l'église ; c'était un samedi. Le lendemain, il fut transporté au cimetière Saint-Laurent, qui n'est pas autre chose qu'une partie des anciennes catacombes de Rome. Depuis quelque temps, Mgr de Mérode y avait fait préparer un terrain spécial pour les soldats de l'armée pontificale. Nous l'avons inauguré en y inhumant Saucet, et certes nous ne pouvions l'inaugurer plus dignement.

La cérémonie qui eut lieu le lundi, fut on ne peut plus modeste ! Elle s'est accomplie dans la magnifique chapelle qu'on a élevée au milieu du cimetière. M. Daniel dit encore la messe ; tout le détachement de Saint-Paul était présent. Un peloton commandé par un sergent rendait les honneurs. Après la messe, Mgr de Mérode fit l'absoute. Son Excellence nous adressa quelques paroles pour nous faire part de sa douleur, et des consolations dont son cœur était rempli, et aussi pour nous faire connaître la sainteté du lieu où notre camarade allait reposer ; c'était à quelques pas du tombeau de saint Laurent, dans une terre déjà consacrée par les ossements des martyrs. Martyr lui-même, nous le proclamions tous, Saucet n'était-il pas digne de cet honneur ? Puis le corps fut descendu dans la fosse ouverte devant nous, et les dernières décharges se firent entendre. C'étaient les adieux des camarades à celui qui toujours avait été leur modèle. Qu'ils sont solennels ces adieux ! Et nous quittâmes, avec l'espérance plus vive de la glorieuse immortalité dans le cœur, ce *Campo Santo* de Saint-Laurent où je me promis, pour ma part, de revenir souvent prier.

A toi bien affectueusement, mon cher papa.

HENRI.

VINGT-SIXIÈME LETTRE

MALADIE ET GUÉRISON DU LIEUTENANT GARRONI. — BREF DE PIE IX CONCERNANT JOSEPH GUÉRIN.

Rome, 21 décembre 1861.

MA CHÈRE MAMAN,

Un an que j'ai quitté la France ! Combien de temps serai-je encore sans la revoir ? Dois-je même la revoir jamais ? C'est le secret de Dieu. En attendant qu'il décide de nous, prions tous les uns pour les autres, au commencement de cette nouvelle année. Je souhaite qu'elle soit heureuse pour chacun de vous. De toute façon, si je ne suis pas infidèle à la grâce, elle ne pourra manquer d'être précieuse pour moi devant Dieu, quoi qu'il arrive.

J'ai encore oublié tous ces jours-ci de porter à l'*Ara Cœli* ma demande de Chemin de Croix ; mais vous l'aurez très prochainement, car cette faveur ne se refuse jamais, surtout lorsqu'elle est demandée par un zouave.

A propos de faveur, je veux t'en raconter une signalée que vient d'obtenir un jeune lieutenant italien, par l'intercession de notre ami Guérin. Le jeune officier dont il s'agit se nomme Stanislas Garroni ; il a vingt-deux ans. A Castelfidardo, il se battit bien et montra qu'il n'y a pas de nationalité pour la vaillance, quand elle est inspirée par l'amour du Pape et du droit. Blessé très grièvement à la hanche, il se trouva couché à Macerata, sur une mauvaise paillasse, près du capitaine de Charette. Depuis cette époque il fut toujours souffrant. Il y a trois semaines environ, il fut pris d'une fièvre très violente qui ne tarda pas à se porter au cerveau, et le mit à toute extrémité. Déjà il avait reçu le saint Viatique, et fait à Dieu le sacrifice de sa vie ; les médecins l'avaient condamné ; bref, il allait mourir : *Era ben spedito*, comme disent les Italiens.

Un de ses frères qui est prêtre vint le voir au moment où il était le plus bas ; le malade toutefois n'avait pas encore perdu toute connaissance. « Pourquoi, lui dit-il, ne te recommanderais-tu pas à Guérin, ton ancien compagnon d'armes, mort saintement à Osimo des suites de ses blessures de Castelfidardo, qui a déjà fait des miracles dans son pays et même à Rome ? Invoque-le de tout ton cœur : peut-être t'obtiendra-t-il ta guérison. » Le mourant fit signe qu'il se recommandait de grand cœur à Guérin, puis, levant les yeux au ciel, il murmura une prière et s'assoupit. C'était un doux sommeil qui commençait pour lui et dura plus de trois quarts d'heure. Sa sœur, restée près de lui pour le garder, s'étonnait du calme et de la tranquillité de cet heureux sommeil qui contrastait étrangement avec l'agitation du malade, peu d'instants auparavant. « Je craignais, me disait-ell quand je l'interrogeai, qu'il ne fût mort, et j'allai prévenir ma mère, qui fut saisie comme moi d'une grande frayeur en le voyant si paisible; cependant il respirait encore, mais nous pensions vraiment que c'était la fin; j'étais occupé avec ma mère à lui faire sur la poitrine une friction qu'avait ordonnée le médecin, quand il ouvrit les yeux et me dit tout à coup d'un ton calme : « Ne me donnez aucun remède, « c'est inutile, je suis guéri. — Pourquoi? lui deman- « dai-je. — Joseph Guérin le zouave est venu me « voir tout à l'heure, s'est assis là sur mon lit et m'a « dit que je guérirais, mais que ma convalescence « serait longue ».

Ceci se passait le onze décembre, vers les trois heures de l'après-midi. Le zouave, — son ami le zouave, comme il disait, — lui était donc apparu, avait réellement causé avec lui et lui avait promis sa guérison. Aussi, à partir de ce moment ne cessa-t-il de parler de Guérin, de l'invoquer, de le remercier, ne doutant plus de guérir. Instruit de ce fait, son frère se procura aussitôt une relique de Guérin : un morceau de la cravate qu'il portait étant zouave, et vint la lui présenter ; il la baisa avec effusion, la mit sur son cœur et ne voulut plus s'en séparer.

Quelques jours après, dans la nuit du quinze au

seize décembre, Guérin revint encore voir son ami et lui dit que la fièvre le quitterait le dix-huit au matin, lorsque les vésicatoires qu'il avait aux jambes seraient secs. Le seize au matin, le malade en se réveillant appela sa sœur : « Quel jour est-ce aujourd'hui ? lui demanda-t-il. — Pourquoi ? reprit sa sœur. — Parce que, ajouta-t-il, Guérin m'a dit cette nuit que je guérirais le 18. »

Rien ne semblait annoncer un si heureux résultat, l'état du malade ne s'était pas amélioré depuis la première apparition de Guérin ; la fièvre au contraire était devenue plus forte, et, malgré tout, le malade ne cessait de répéter : « Ne me donnez aucun remède, c'est inutile, je guérirai ». Son frère ayant été assez heureux pour trouver, après quelques jours de recherche, le portrait de Guérin, vint en toute hâte le lui porter. En voyant l'image de son ami, Garroni s'écria : « C'est lui, c'est Joseph le zouave, qui m'a dit que je guérirais. Seulement on lui a fait les joues trop grosses, et il est trop grand ». Ces défauts existent en effet dans le portrait lithographié de Guérin ; bien d'autres avant Garroni, tous les anciens camarades de Guérin les avaient remarqués. Il ne pouvait détacher les yeux de cette chère image ; il eût voulu l'avoir constamment à la portée de ses regards, et quand il fut lassé de la fixer, il la mit sous son oreiller.

A voir la joie qui rayonnait sur son front et la vivacité de son regard, on eût dit qu'il tenait un trésor. C'était en effet pour lui le plus précieux des trésors de ce monde : la santé. Enfin le 18 arriva ; je courus, ce jour-là même, chez Garroni ; sa mère m'ouvrit la porte, et me dit d'un air joyeux que la fièvre avait disparu dès le matin même comme par enchantement. Les vésicatoires s'étaient desséchés. « Mais je vous l'avais bien dit ! ne cessait de répéter le malade ; je savais bien que la guérison ne se ferait pas attendre. » Depuis ce jour, je l'ai vu plusieurs fois, il va bien, mais est toujours faible et au lit. Ce qui le vexe un peu, c'est que Guérin lui a dit que sa convalescence serait longue. Tout ceci est merveilleux, et le docteur militaire a déclaré qu'humainement parlant, Garroni ne pouvait revenir à la santé. Gloire à Dieu, qui veut récompenser nos faibles efforts en nous envoyant cette nouvelle consolation, et gloire à Guérin notre protecteur (1).

Je vous embrasse tous bien fort.

HENRI.

(1) Le correspondant du *Monde* raconte, dans le numéro du 22 décembre 1861, la guérison de Garroni. Voici son récit et à la suite, pour que le lecteur puisse mieux apprécier le fait, le texte d'un Bref adressé plus tard par Pie IX à M. l'abbé Allard, auteur de la *Vie de Joseph Guérin*.

Rome, 17 décembre 1861.

« Un officier pontifical, nommé Garroni, avait eu l'honneur d'être blessé grièvement à Castelfidardo. Reconduit à Rome, ses maux s'étaient accrus, compliqués. L'art avait épuisé ses ressources : la mort était là. Pieux, épuré par la douleur, Garroni se sentait condamné, mais il n'ignorait pas qu'il y a au ciel une Faculté autrement puissante que celle des médecins. Il avait déjà invoqué bien des patrons anciens dans le calen-

VINGT-SEPTIÈME LETTRE

DISCOURS DU PAPE AUX OFFICIERS PONTIFICAUX. — SAINTE-CROIX DE JÉRUSALEM. — LA PRINCESSE D'ARSOLI.

Rome, 10 janvier 1862.

Mon cher Papa, un de nos clairons italiens, nommé *Bevini*, a été assassiné à Marino, dans un café, vers sept heures du soir, le 1ᵉʳ janvier, par un Italien. Les journaux te donneront les détails. La main de la secte est encore là.

drier, lorsque, sur ce qu'il a entendu, il y a cinq ou six jours, du zouave Guérin, l'une des saintes victimes de Castelfidardo, il s'est adressé à lui humblement, sincèrement, avec cet esprit de foi qui distingue les bons chrétiens.

« Guérin ne s'est pas fait attendre. La nuit même, il est apparu, le visage radieux, pour annoncer à Garroni que le 18, c'est-à-dire le lendemain, il serait complètement rétabli. Dès ce moment l'officier pontifical s'est senti renaître. A peine le jour venu, il a fait part de son bonheur à sa famille, à ses amis. On l'a vu avec une surprise extrême se lever, manger et agir comme un convalescent. Les médecins ont renoncé à leur latin et disent avec le peuple : C'est un miracle!

« Guérin fut un véritable zouave, craignant le Seigneur et point les Piémontais. C'est à lui que se peuvent appliquer véritablement les traits qu'a peints l'éloquent évêque de Poitiers.

« Le Saint-Père a adressé un magnifique discours à nos officiers, à l'occasion des fêtes de Noël, le 26 décembre. Le voici tel qu'on vient de nous le communiquer :

« En vous voyant autour de moi, je songe au roi David, qui, lui aussi, fut dépouillé par son fils, fut lâchement trahi, et eut à souffrir l'hypocrisie, l'*ipocrisia*; le mensonge, la *menzogna*; la déloyauté, la *slealtà*, de ses ennemis. Mais, comme moi, il vit auprès de lui des hommes de cœur qui avaient résisté aux séductions et qui lui demandaient : Où voulez-vous que nous allions ? Je vous dirai comme

« Quoi qu'en aient dit les mauvais journaux, ce portrait du zouave pontifical est complètement ressemblant. De cette lutte sublime des chrétiens contre les infidèles de notre âge surgiront de merveilleux exemples. Les zouaves auront peut-être un protecteur vénéré sur nos autels.

« On sait que les fidèles de la Bretagne, et particulièrement du diocèse de Nantes, ont déjà plus d'une fois éprouvé sa puissance. »

A NOTRE CHER FILS J.-S. ALLARD, CHANOINE DE L'ÉGLISE CATHÉDRALE DE NANTES.

PIE IX, PAPE.

Cher fils, salut et bénédiction apostolique.
En écrivant une notice sur Joseph-Louis Guérin, ce jeune homme si courageux, qui a succombé vaillamment pour les droits de l'Église romaine, et en Nous offrant l'hommage de votre travail, vous avez fait une chose qui Nous a été très agréable et Nous a causé le plus grand plaisir.

Nous sommes heureux de voir honorés de justes éloges et transmis à la postérité les noms de ceux qui ont sacrifié leur vie dans une si noble lutte. Quoique Nous n'ayons pu donner à la lecture de votre petit livre autant de temps que Nous aurions désiré, empêché que Nous sommes par la multiplicité

David : le moment n'est pas encore venu ; mais de même qu'Absalon périt suspendu par sa tête orgueilleuse aux branches d'un arbre, de même aussi les tentatives de l'impiété et de l'hypocrisie actuelles finiront par échouer, et nous reviendrons ensemble, dans les provinces usurpées et tyrannisées par nos ennemis.

« Ces provinces appartiennent au Saint-Siège dans leur intégrité, et je n'en céderai rien, parce qu'il ne m'est pas permis d'abandonner le domaine de l'Église qui est le gage de la liberté et de l'indépendance du Vicaire de Jésus-Christ. Je dis avec confiance :

des affaires et des sollicitudes de tout genre, cependant par ce que vous avez raconté, Nous avons appris, non sans admiration et avec un sentiment de pieuse joie, que Joseph-Louis avait brillé par de nombreuses et d'éminentes vertus avant même qu'il s'enrôlât dans Notre armée.

Quant aux faits merveilleux que l'on rapporte, bien que Nous ne puissions encore porter aucun jugement, Nous comprenons que ces faits doivent accroître la réputation du très pieux jeune homme, et Nous ne serions pas étonné si, en ce nombre d'hommes d'élite qui sont tombés dans ce combat, il s'en rencontrait un que Dieu eût favorisé de grâces particulières.

Au reste, ce que vous demandez instamment par vos pieuses prières, le triomphe si désiré de l'Eglise, Nous avons la confiance que le Dieu très clément Nous l'accordera, et que le sang si généreusement répandu par des hommes pleins de dévouement, ne contribuera pas peu à le fléchir et à ramener, pour les fidèles affligés par tant de malheurs, des jours de sérénité et de paix. Soutenu par cette espérance, Nous vous donnons affectueusement, cher fils, comme gage de Notre particulière bienveillance, Notre bénédiction apostolique.

Donné à Rome, près de Saint-Pierre, le 18 janvier 1862, de Notre Pontificat la seizième année.

PIE IX, PAPE.

Nous reviendrons dans ces provinces. Si je ne suis pas alors moi-même avec vous, ce sera celui qui s'assiéra après moi sur ce Siège, car Simon meurt, mais Pierre est impérissable. »

La santé du Pape est excellente. Nos dragons sont toujours à Castel-Gandolfo; il y a longtemps que je n'ai serré la main à Antoine. — Urvoy travaille, sans désemparer, au camp Prétorien.

Le jeune protégé de Guérin se porte à merveille ; Charette, un de mes collègues et plusieurs Sœurs de Saint-Vincent-de-Paul sont allés le voir ce matin ; le lieutenant Garroni les a reçus dans son salon, de la façon la plus gracieuse, gai, alerte, et parlant toujours avec émotion de son cher zouave. Prie bien Guérin pour nous à Nantes, si tu as le bonheur de visiter encore son tombeau d'ici quelque temps.

Rien de nouveau en politique : espérons que 1862 sera plus gros en événements que 1861.

Je suis allé, il y a quelques jours, en compagnie du commandant, de la princesse Arsoli, de la duchesse Salviati, et du duc de Sabran (Elzéar), lieutenant aux zouaves, vénérer les reliques de Sainte-Croix de Jérusalem, les plus insignes qui soient au monde, et ai fait toucher mon chapelet à toutes.

La princesse d'Arsoli est une des filles du second mariage de la duchesse de Berri. Il se trouve qu'elle a été, en même temps que *Mademoiselle*, plus tard la duchesse de Parme, marraine de ma chère tante

Henrika. C'est l'usage autrichien, qu'on ait deux marraines au baptême. Ma tante Clémentine, elle, a eu pour marraine la sœur aînée de la princesse d'Arsoli, aujourd'hui la comtesse Zileri d'Alverne.

Voilà ce que c'est que de s'accorder le luxe de naître chez les princes. Après ma première visite à la princesse d'Arsoli, tout ce que tu m'as raconté, bien souvent, du séjour de mon grand-père près de la duchesse de Berri, pendant l'émigration, m'est revenu en mémoire. C'est le commandant qui m'a présenté à la princesse d'Arsoli. Ce qu'elle est bonne et simple, ne se peut exprimer. Décidément, je ne suis plus en pays perdu à Rome.

Sur ce, bonne année à tous, et à toi, bien affectueusement.

HENRI.

VINGT-HUITIÈME LETTRE

POURQUOI FRANÇOIS NE VIENDRAIT-IL PAS A ROME ?

Rome, 31 janvier 1862.

MON CHER PAPA,

J'AVAIS un peu caressé, il y a quelque temps, l'idée d'un petit voyage en France. L'horizon politique se rembrunit. Adieu mes projets : il ne s'agit plus de songer à voyager, mais bien de rester ferme à son poste.

Une autre idée, par contre, m'est passée par la tête, et je te la soumets. Si François réussit à son examen de Pâques, comme je l'espère, il serait très convenable que le nouveau bachelier vînt me faire une petite visite à Rome, ou dans la ville ou bourgade où je pourrai me trouver à cette époque. Un voyage d'un mois, pas davantage, un voyage qui laisse des impressions pour toute la vie, et qui couronnera magnifiquement son éducation. Quelle plus belle et quelle meilleure distraction pour lui que de venir faire, tout comme un Evêque, son voyage *ad limina apostolorum !* Ce sera justement le moment où une grande partie des Evêques du monde chrétien viendront se presser autour du Vicaire de Jésus-Christ. Cette solennité sera unique. En outre, il sera bon pour lui de venir s'instruire un peu à notre école, et de voir de près quel genre de vie mènent ceux qui ont tout quitté pour Dieu.

Tous les camarades sont bien. J'ai vu Antoine avant-hier à Rome, où il était venu de Castel-Gandolfo, à franc étrier, pour porter des ordres. Il est sur le point de passer maréchal des logis, et sera bientôt sous-lieutenant, ce qui lui rendra la vie beaucoup plus douce.

Arthur de la Tocnaye est sergent vaguemestre à Marino.

Pas de nouvelles d'Auguste de Langlais; mais je crois que, d'ici dimanche, il me sera facile d'en avoir. Les bandes royalistes n'existent plus pour ainsi dire; toutes ont été licenciées à cause des neiges des montagnes. Il y a à Rome une masse de ces pauvres soldats qui ont faim et que le roi aide de son mieux. Au mois de mars, la réaction reprendra, j'espère, avec plus d'élan que jamais.

Ah ! pauvre royaume de Naples ! Enfin espérons toujours et prions.

VINGT-NEUVIÈME LETTRE

SOUHAITS DE BONNE ANNÉE AUX PÈRES ET AUX ÉCOLIERS
DU COLLÈGE SAINT-FRANÇOIS-XAVIER A VANNES.

Rome, 1er février 1862.

MILLE et mille excuses, mes très aimables et bien-aimés frères, si je n'ai pas répondu plus tôt à vos charmantes lettres du 1er de l'an. Je ne puis plus différer : voilà le 1er février, il est de toute convenance que je vous souhaite, aussi moi, la bonne année. Voici les vœux que je forme pour vous : que François soit reçu bachelier le plus tôt et le plus brillamment possible ; que Joseph se conduise très bien, travaille *item*, et suive, en un mot, le noble exemple que n'ont jamais cessé de lui donner Messieurs ses frères.

Quant à moi, je suis toujours à Rome, chez mon commandant, que j'aime bien, et qui ne me tue pas de besogne. Depuis que je ne goûte plus de la gamelle, je me sens fort comme Goliath, et capable d'assommer, d'un coup de mâchoire, plusieurs douzaines de « chemises rouges ». M. de Persigny nous a enlevé notre qualité de *Français* : nous en sommes fiers, ne tenant pas du tout à être Français à sa façon. Pour le quart d'heure, je suis donc Romain, et sujet du Pape ; il sera toujours temps de redevenir Français, lorsque le gouvernement de France redeviendra vraiment français lui-même.

J'ai écrit ce matin à papa, mon cher François, pour lui communiquer une idée à ton sujet. Si tu es reçu bachelier à Pâques, et ce n'est pas douteux, tu viendras me rendre visite à Rome. Tu n'es pas seigneur de Troverais et autres lieux pour des prunes, et tu trouveras bien un bon millier de francs d'économie dans tes tiroirs. Je te ferai voir Rome, les zouaves ; je t'apprendrai l'italien, tout cela vaut plus de mille francs. En attendant, fais-toi photographier avec Joseph à Vannes et envoie-moi le groupe.

Mille choses aux anciens camarades et respectueux souvenirs à tous les excellents et Révérends Pères par les mains desquels j'ai eu l'honneur d'être pétri. N'oubliez jamais de me recommander aux prières de l'Archiconfrérie. Je vous embrasse de tout mon cœur.

HENRI.

TRENTIÈME LETTRE

VINGT MINUTES DANS LE CABINET DE PIE IX.

Rome, 15 février 1862.

J'ai eu hier une grande faveur, mon cher papa : j'ai causé avec le Saint-Père pendant plus de vingt minutes. J'étais avec trois autres de mes camarades, mon ami d'Artigues, qui part demain en congé pour la France, et mes deux collègues de chez le commandant. Pie IX nous a reçus avec une angélique bonté et a été d'une gaieté incroyable. « Allons, mes zouaves, nous a-t-il dit quand nous sommes entrés dans son cabinet : venez, que nous causions un peu ; d'abord mettez-vous sur une file à genoux, je vais vous bénir. » Puis : « Mes chers enfants, relevez-vous et approchez de moi comme de votre père ; je vois que vous avez dans les mains beaucoup de choses à me faire signer ; nous allons faire tout cela : que ne ferais-je pas pour les zouaves ? Ils ont tant fait pour moi ! » Et alors le Saint-Père nous donna à tous une poignée de main, causant avec nous sur un ton familier, nous parlant de nos familles, de nos Evêques nous encourageant à nous serrer de plus en plus autour de la personne du Vicaire de Jésus-Christ.

Après nous avoir ainsi entretenus pendant dix minutes, il nous dit tout d'un coup : « Mes enfants, à l'ouvrage et commençons ». Alors nous voilà tous, l'un d'offrir de l'encre au Saint-Père, l'autre de lui tenir son papier, un troisième de lui présenter de la poudre. Moi, j'étais à genoux, soutenant Pie IX qui est demeuré appuyé sur mon épaule pendant tout le temps qu'il a écrit. Il y avait un méchant parchemin sur lequel la plume du Saint-Père ne pouvait mordre. « Regardez, nous dit-il : un zouave est venu me voir il y a quelque temps et m'a donné une leçon d'écriture ; quand la plume ne peut pas prendre sur le parchemin, mouillez-le avec un peu de salive et vous écrirez aussitôt. » Et le pauvre Saint-Père, dans sa grande bonté, d'ajouter : « Mes enfants, pardonnez-moi, ce n'est peut-être pas bien propre, mais à la guerre comme à la guerre. » Alors le Saint-Père mouilla son doigt, en frotta le parchemin et écrivit parfaitement bien. « Saint-Père, lui dis-je, je garderai la recette pour moi, mais je serai tenté une autre fois de vous apporter le plus mauvais parchemin que je pourrai trouver, car il me sera cent fois plus précieux, étant imprégné de votre salive. — Je comprends, reprit le Saint-Père ; mais, en somme, ce ne serait pas trop charitable. » Ensuite je lui fis signer une Indulgence pour ma grand'mère, puis une grande photographie de Lui pour Charette. « Voyons, dit-il, qu'allons-nous mettre pour ce cher commandant ?» Il réfléchit un instant et écrivit : « *Dominus exercituum dirigat mentem, cor et brachium tuum !* » Sur une supplique de d'Artigues qui part pour la France il mit : « *Angelus Raphael comitetur in via* ».

Le Saint-Père nous signa beaucoup d'autres choses, puis : « Vous voudriez bien marcher en avant, aller jusqu'à Bologne. Ce n'est pas le moment : ayons confiance en Dieu, prions et attendons. » Pie IX nous retint encore un peu, plaisantant avec nous, nous disant même de bons mots ; bref, se montrant d'une grâce et d'une affabilité sans exemple. Nous étions là, dans son petit cabinet, plus à l'aise qu'avec qui que ce soit, nous sentant chez nous, riant et parlant presque tous ensemble, et nos cœurs battaient d'amour. Enfin Pie IX nous dit de nous mettre à genoux et nous donna sa bénédiction en prononçant la formule latine, puis il ajouta en français : « Je vous bénis, mes enfants, vous et tous ceux que vous aimez, toutes les personnes auxquelles vous vous intéressez, vos familles et tout votre cher bataillon. » Après avoir baisé la main du Pape, nous nous retirâmes ivres de joie. Cette lettre vous portera donc à tous la Bénédiction apostolique.

HENRI.

TRENTE ET UNIÈME LETTRE

FIÈVRE ET CARNAVAL. — LE COMITÉ RÉVOLUTIONNAIRE. — LE CORSO. — YEUX ENFARINÉS. — *Confetti*. — L'ANTIPÉTASISME. — MORT DE JOSEPH DE LA VILLEBRUNNE.

Rome, 14 mars 1862.

MON CHER PAPA,

Le carnaval de Rome a été très beau et très animé cette année, malgré que le Comité révolutionnaire, qui s'intitule *national romain*, ait fait l'impossible pour paralyser l'entrain ordinaire des habitants de la Ville éternelle.

Le 20 février dernier, ledit Comité national faisait afficher sur les murs une proclamation *mirobolante*. Par le petit extrait que je t'envoie comme échantillon, tu pourras juger du reste de la pièce :

« ROMAINS !

« .... Le Corso et les festins seront fréquentés par les Bourbonniens qui attendent la saison nouvelle pour retourner au brigandage, par les zouaves et les sbires à qui M. de Mérode permet autant de costumes différents qu'ils ont de rôles à remplir, par les serviteurs des prélats, par les affiliés des Jésuites qui, grâce au pouvoir temporel, ont converti aujourd'hui en indulgence ce qu'ils défendaient autrefois comme péché. »

Ayant eu la maladresse de me laisser envahir par la fièvre, je n'ai pu prendre ma part de ces divertissements, très innocents du reste, aussi large que je l'aurais voulu. Toutefois j'ai paru au Corso, autant que la chose m'a été possible ; la proclamation de Messieurs les révolutionnaires nous en faisait un devoir.

Ce fameux carnaval dure huit jours. Chacun de ces jours, à deux heures de l'après-midi, un coup de canon annonce qu'on peut commencer à se promener à pied ou en voiture, et à se battre dans le *Corso* seulement, pas dans les autres rues. Je dis se battre, c'est-à-dire qu'on s'accable, qu'on s'inonde de *confetti*, espèces de dragées rondes en plâtre qui coûtent un baïoque la livre.

Le mardi gras, j'ai pu tenir debout seulement une heure, la fièvre me mangeait.

Voulant quand même batailler un brin, j'ai forcé un domino très émoustillé ayant sur la face ce qu'on appelle un loup pour ne pas être reconnu, plus un masque d'escrime pour se garantir des meurtrissures des *confetti*, lequel me poursuivait avec un acharnement que je ne pouvais comprendre, à baisser pavillon et à se découvrir un instant la figure. Voyant que je ne réussissais pas à le démasquer par devant, je l'ai attaqué un peu traîtreusement par le dos et n'ai rien trouvé de plus joli que de lui verser un bon sac de plâtre dans le cou. Ça a coulé tout seul, et mon homme s'est trouvé si gêné, en ayant non seulement plein le cou, mais aussi pleins les yeux, que force lui a été, tout en vociférant comme un blaireau, de lever un instant son attirail pour secouer la blanche poussière.

C'était Paul de X... que j'avais rencontré, peu de jours auparavant, dans cette même rue du Corso, vêtu en pénitent gris, masqué, et faisant, une tirelire à la main, la quête pour les défunts.

Le garçon m'ayant pincé en passant (il a cette détestable habitude), je m'étais cru autorisé par là à lui lever immédiatement son masque et l'avais reconnu. Hier en pénitent, aujourd'hui en *Domino*, le contraste avait son charme. En somme, rien de mieux, car chaque chose a son temps.

Tout chapeau à haute forme qui se montre dans le Corso, a droit immédiatement d'être abattu, poussé, piétiné. J'ai remarqué qu'à l'endroit du Corso qui se trouve entre la Via *dei Condotti* et la Via de la *Fontanella Borghese*, il y a toujours de malheureux Anglais ignorants de la loi ou croyant réussir à l'éluder, qui se hasardent à traverser le Corso avec de majestueux tuyaux de poêle. A peine le mylord a-t-il mis le pied sur le pavé carnavalesque, que le chapeau aux luisantes soies dégringole en un revers de main du chef britannique. Imprécations, *goddam* mille fois répétés : *c'était stioupide! moâ vôloir boxer vó! moâ faire procès à vó! Vó pas avoir pénombre de édioucation civilisée*, etc. Rien n'y fait, l'infortuné *chépeau* va son train et en moins de cinq minutes est devenu plus plat qu'une galette de sarrazin bretonne. J'en ai au moins une bonne douzaine (de chapeaux), non pas sur l'estomac, mais sur la conscience. C'est de la passion chez moi. J'en mets au moins autant que les toréadors espagnols à astiquer leurs bêtes à cornes, et prends à cet honnête divertissement un plaisir de roi. *Trahit sua quemque voluptas.* Eh ! oui ! c'est mon bonheur, en carnaval seulement, et en plein Corso, d'être *antipétasiste*, car, en dehors de ce temps, je suis absolument *philopétase* ; pardonne ce néologisme tout carnavalesque. La preuve, c'est que je viens de me faire cadeau d'un chapeau très haute forme, dans le dernier et meilleur goût romain, si beau et si majestueux, que mon commandant l'a pris hier ni plus ni moins pour le sien, et en a eu son front glorieux ceint presque toute la journée.

Maintenant, une douloureuse nouvelle ; nous venons de perdre, à Marino, Joseph de la Villebrunne, que tu connaissais bien. Tu l'entends encore, je n'en doute pas, racontant le *Combat des Trente*, sur le théâtre du collège Saint-François-Xavier de Vannes. Une sorte de charbon, maladie mortelle en Italie, l'a emporté en quelques jours. Il est mort saintement, en invoquant son tout-puissant patron, saint Joseph, qui lui aura certainement ménagé un bon accueil là-haut. Prie pour lui, mon cher papa, et aussi pour moi qui t'embrasse avec toute ma respectueuse et filiale affection.

HENRI.

TRENTE-DEUXIÈME LETTRE

ARRIVÉE A MARINO. — UN CONTRE QUARANTE.

Marino, 5 avril 1862.

Nous avons quitté Rome et sommes à Marino depuis hier ; c'est un pays charmant. Je me dispose à aller à Castel-Gandolfo tout à l'heure dîner avec Antoine de la Rochette, que je vais revoir avec grand plaisir. — Pour la fièvre, je suivrai ton conseil, mon cher papa, et prendrai du sulfate de quinine de temps en temps.

M. Chauvin, notre docteur, part pour la France mercredi prochain ; je le chargerai probablement du fameux reliquaire pour maman. Le Saint-Père est toujours très bien. On disait à Rome, ces jours-ci, que M. de la Guéronnière allait nous venir pour remplacer M. de Lavalette : *Chi lo sa ?*

Tu as déjà lu, sans doute, ou tu ne tarderas pas à lire dans l'*Espérance* quelques détails très intéressants sur l'agression brutale dont Athanase Evellin, de Nantes, fils de l'excellent M. Evellin, et sergent fourrier de la deuxième compagnie, a été la glorieuse

Marino, un jour de marché.

victime, il y a eu dimanche trois semaines. En deux mots, voici ce qui s'est passé :

Ce jour-là, Evellin s'est accordé une promenade sentimentale et solitaire du côté de Tusculum, au-dessus de Frascati. Après avoir poussé une pointe jusqu'au couvent des Camaldules, il s'en revenait du côté de Frascati, toujours seul et sifflant comme un merle que le beau soleil printanier met en liesse, lorsque tout à coup, en passant devant la Ruffinella, villa jadis propriété des Pères Jésuites, appartenant aujourd'hui à Victor Emmanuel, il s'entend saluer par les cris de : « Vive Victor-Emmanuel ! Vive Garibaldi ! Vive l'Italie ! » C'étaient des hommes du Comité garibaldien de Frascati, pour mieux dire tout le Comité, car ils étaient environ quarante — (pas Immortels).

Il n'y avait qu'à laisser ces gosiers valeureux s'exercer, et continuer sa route ; c'est ce qu'a fait notre fourrier qui est arrivé sans encombre à Frascati, où il s'est reposé quelques instants.

Ayant demandé s'il n'y avait pas quelque chose de curieux à visiter, il apprit, des gens qu'il interrogeait, que le *casino*, jardin des plantes de l'endroit, en dehors des portes de la ville, valait la peine d'être vu. Il s'y rendit immédiatement. Les aboyeurs de la Ruffinella, qui l'avaient suivi de loin et de l'œil, l'y eurent bientôt rejoint, et aussitôt, avec la bravoure de gens qui se sentent quarante contre un, se ruèrent sur lui, lui portant dans les reins, dans le dos, dans les épaules et au-dessous de la nuque; ni plus ni moins neuf coups de couteau qui ont fait neuf blessures, dont fort heureusement pas une n'est mortelle. Oui, neuf blessures, toutes par derrière, comme tu vois, ce qui prouve que le bonhomme, qui avait dégainé et tapait comme un sourd sur cette canaille, n'était pas facile à aborder par devant.

La vue de quelques soldats français a fait prendre prestement, tout comme à une volée de moineaux, la fuite, à cette hideuse nuée de sicaires, sauf à deux grièvement blessés, qui sont demeurés là, bavant sur la poussière. Ce n'est pas de trop.

Evellin, libre et tenant en main son arme que ces misérables n'ont pas été de force à lui arracher, a pu regagner Frascati, malgré une perte énorme de sang.

Les officiers français ont été admirables de dévouement et de bonté, et l'ont reçu à leur pension, où il ne manque de rien. Sa vaillante conduite mérite bien une croix, et nous espérons que le Saint-Père la lui mettra quelque jour sur la poitrine.

Il a donc fallu s'éloigner de Rome. Ceci ne laisse pas que de m'ennuyer légèrement, car je ne faisais que de commencer à connaître la Ville éternelle et à admirer ses merveilles. Mais un soldat ne doit pas tenir compte de ses goûts ; il n'y a qu'à obéir. Adieu les soirées du palais Datti; je m'y trouvais presque chaque soir, en effet, en compagnie de MM. Eugène et François de Maistre, le premier capitaine, le second lieutenant d'état-major, de MM. Cencelli et Cella, gardes nobles de Sa Sainteté, du comte de Paulsen, camérier de cape et d'épée et gendre de la comtesse Datti. Tous ces Messieurs ont été charmants pour le petit zouave. La conversation, que dirigeait ordinairement le commandeur Datti, était fort intéressante; on la tenait tantôt en français, tantôt en italien.

Cura ut valeas et embrasse toute la maison pour moi.

Ton fils bien affectionné,

HENRI.

TRENTE-TROISIÈME LETTRE

DÉTAILS D'INSTALLATION. — LOULOU. — CLÔTURE DE LA RETRAITE PASCALE. — MGR DE DREUX-BREZÉ.

Marino, 14 avril 1862.

Nous voici tout à fait installés et non sans peine, car tous les logements étaient déjà pris par les autres officiers : le commandant a logé chez un capitaine les premiers jours. Enfin, depuis avant-hier nous sommes casés ; j'habite toujours chez lui avec mon camarade de Chambure. Nous occupons tous deux une petite chambre où nous avons trouvé moyen de loger nos lits de caserne ; nos sacs et nos fusils sont pendus au mur avec tout notre fourniment, et font un effet superbe. Je vais m'occuper tout à l'heure de compléter notre mobilier. Il ne nous manque plus qu'une cuvette ; j'espère pouvoir me procurer cet ustensile à Marino ; pas facile peut-être, Messieurs les habitants ne connaissant guère ces superfluités luxueuses.

Je ne me fais pas de mauvais sang à Marino ; l'air y est excellent, le vin *item*, et l'on fait de délicieuses promenades, dont je me réserve de te parler dans une longue lettre. Arthur et moi nous ne nous quittons pas. En somme, notre métier à tous deux n'est pas trop fatigant, quoique ayant une certaine analogie : Arthur distribue des lettres, c'est vite fait ; moi j'en écris, et ça va vite aussi. *Deus nobis hæc otia fecit.* Ne nous en plaignons pas. C'est toujours autant de pris sur l'ennemi.

Castel-Gandolfo est à trois kilomètres de Marino, de sorte que je vois Antoine tous les jours. Ce très cher et très excellent ami vient de passer maréchal des logis il y a trois jours : tu penses s'il est content, et moi aussi. Nous n'avons pas encore fait ensemble les libations d'usage en pareille circonstance, ça ne tardera pas ; mais rassure-toi, nous serons modérés. Arthur est très bien, Blévénec, Delabrosse *item*, Warem aussi, montant toujours la garde avec acharnement, sans soucis comme sans le sou ; en somme, excellent garçon.

Bon! voilà le chien d'Arthur, un horrible roquet que son maître a rasé jusqu'au milieu du dos et nommé Kerguenille, ou Loulou ; du reste, très fidèle à son maître et au bataillon, venant d'Anagni, faisant l'exercice et fumant la pipe comme un vieux troupier, mais aboyant parfois d'une façon très désagréable, comme en ce moment, qui me casse la tête et ne veut pas se taire.

L'animal a de l'esprit, mais a quand même fait attraper de la salle de police à son doux maître. M. de Troussures, qui ne plaisante pas, vient parfois faire le contre-appel dans les casernes, le soir vers dix heures, accompagné d'un homme qui porte un falot, et passe devant chaque lit, examinant si le propriétaire s'y trouve. Mon Arthur ayant envie de demeurer au café à faire une partie de dominos après dix heures, ne s'était-il pas déjà avisé une ou deux fois de mettre à sa place dans son lit Loulou coiffé d'un bonnet de coton ! Loulou avait joué on ne peut mieux son rôle, ronflant comme un vieux sapeur, si bien que M. de Troussures s'était écrié en passant devant lui : « Est-il permis de ronfler comme ce la Tocnaye ? »

Mais voici que l'autre jour ledit capitaine de Troussures, qui d'ailleurs ne soupçonnait rien du tout, a eu la malencontreuse idée de se rappeler en passant devant le ronfleur, qu'il avait un mot pressé à dire à de la Tocnaye pour le lendemain ; tu vois d'ici le coup. « De la Tocnaye » ! fait M. de Troussures, parlant du reste à mi-voix pour ne réveiller personne, et essayant de lui tirer l'oreille par-dessous son bonnet pour le faire sortir de son profond sommeil ; « de la Tocnaye, il faudra demain »... Il n'en dit pas davantage : Loulou, se sentant ainsi appréhendé à cette heure par une main indiscrète, lui avait déjà sauté à la gorge, en aboyant comme un vieux singe et faisant sauter, du même coup, des bras de Morphée dans leur culotte, tous les hommes, qui crurent au premier instant qu'on criait *aux armes!*

On a ri !... M. de Troussures, lui-même, s'en est

tenu les côtes ; mais Loulou, ne pouvant remplacer son maître au clou (du moins au jugement de M. de Troussures), le pauvre Arthur a été obligé de l'emmener avec lui.

Paulo majora canamus. Nous avons eu vendredi dernier une belle et touchante cérémonie : c'était la clôture de notre retraite, présidée par Mgr de Dreux-Brezé, évêque de Moulins. Le matin, tout le monde a communié à la Messe de Monseigneur. Le vénérable prélat paraissait ému jusqu'aux larmes. C'était en effet un beau, un solennel spectacle : un bataillon tout entier s'approchant de la Table sainte ! car il n'y a pas à dire, il ne manquait absolument que les hommes de garde.

Après la Messe, Mgr de Dreux-Brezé, montant en chaire, nous adressa quelques mots partant tous du cœur ; il nous dit que pour le moment, ne voulant pas nous retenir davantage, il nous donnait rendez-vous à trois heures à l'église. Tout le monde s'y trouva : chacun de nous était désireux d'entendre encore la parole d'un évêque si dévoué au Saint-Père, si dévoué aux zouaves, si dévoué aux vrais principes.

Nous célébrions ce jour-là les Sept Douleurs de la très Sainte Vierge, en quelque sorte le Vendredi Saint de Marie. *Stabat Maria juxta crucem Jesu* : « Marie se tenait debout près de la croix de Jésus », tel fut le texte que choisit le saint évêque. « Mes amis, nous dit-il, votre attitude, à l'heure présente, doit être celle de Marie. Vous aussi, les vrais serviteurs de Jésus-Christ, qui ne l'avez pas abandonné comme Pierre ; qui, sans pousser de gémissements et sans verser de pleurs, lui êtes demeurés fidèles comme saint Jean, vous devez rester debout près de la croix de Jésus. Cette croix, quelle est-elle pour vous maintenant ? C'est la croix de saint Pierre, cette croix que beaucoup d'entre vous portent sur la poitrine, cette croix renversée par les traîtres et par les révolutions. » Mgr de Dreux-Brezé a développé admirablement cette pensée. « Mes amis, ajouta-t-il, d'aucuns disent peut-être que vous êtes désormais inutiles ; moi je vous dis, de la part de Pie IX, que vous êtes indispensables, de la part de l'Eglise que vous êtes indispensables. Souffrir en silence loin de son pays, obéir sans murmurer à la volonté du divin Maître, comme vous faites à l'heure qu'il est, au milieu des labeurs monotones d'une vie que, seuls, des hommes dépourvus de sens chrétien et peu clairvoyants peuvent appeler inutile, c'est plus beau, c'est plus méritoire aux yeux de Dieu que d'affronter la mort et de voler au-devant de la mitraille de l'ennemi. »

Cette belle journée nous a fait grand bien à tous, et rempli le cœur de force et de consolation.

La santé du bataillon est excellente en ce moment-ci ; pas un seul malade, c'est à la lettre, et le docteur assure qu'à Marino nous aurons peu de fièvres cet été.

A toi bien affectueusement. HENRI.

La Fontaine de Marino.

TRENTE-QUATRIÈME LETTRE

MARINO ET SA FONTAINE. — CORI ET LE TEMPLE D'HER-
CULE. — GROTTA FERRATA. — ADOLPHE DE KER-
MOAL, SES BLESSURES ET SA GUITARE. — UN RÊVE.

Marino, 17 avril 1862.

MON CHER PAPA,

Je tiens la promesse que je t'ai faite dans ma dernière lettre, de te donner quelques détails sur Marino et sur ses environs.
Les curiosités de Marino ne sont pas, si j'en juge

d'après ce que j'ai vu jusqu'ici, très considérables. Hier toutefois, je me suis arrêté devant une très jolie et célèbre fontaine que M. le capitaine de Lambilly était en train de dessiner *con amore*.

Les Colonna, seigneurs de Marino et autres lieux, la firent construire après la victoire de Lépante, remportée en 1571 par Marc-Antoine Colonna, pour en perpétuer le souvenir. Le blason des Colonna, *lo stemma*, comme on dit ici, se compose d'une colonne avec cette devise : *Mole suâ stat* ; aussi voit-on émerger du sein de la fontaine cette héraldique colonne à laquelle sont enchaînés solidement quatre Turcs qui se tournent le dos et ne semblent pas avoir envie de s'en aller.

Les jours de marché, notre petite ville est très remuante : c'est tout un escadron d'ânes chargés de légumes, de petits barils d'huile, de sacs de blé ou de maïs, et conduits par des *contadini* majestueusement drapés dans leurs larges manteaux, qui s'abat sur les places et sillonne les rues. Je ne me lasse pas de les regarder : bêtes et gens sont à peindre.

Les environs et alentours de Marino sont charmants, et toutes les villes voisines : Albano, Castel-Gandolfo, Grotta-Ferrata, Frascati, et plus loin, à sept et huit lieues, Velletri et Cori, abondent en monuments remarquables. Je me suis déjà accordé la plupart de ces excursions, à âne, voire même à cheval.

La petite ville de Cori, l'ancienne Cora des Volsques, indépendamment de ses antiques murs qui résistèrent longtemps aux Romains, possède deux temples : l'un d'Hercule, l'autre de Castor et Pollux. Celui d'Hercule, élevé sous le règne de Claude, est regardé comme le plus parfait monument de l'ordre dorique grec. Il est merveilleusement posé sur un soubassement de rocher tout à fait isolé. Les huit colonnes du vestibule sont intactes. Du temple de Castor et Pollux il ne reste que deux colonnes corinthiennes et l'inscription.

Deux kilomètres environ nous séparent de Grotta Ferrata qui se trouve à moitié chemin de Marino et de Frascati. Au Moyen-Age il y avait là une grotte fermée par une grille de fer, d'où le nom de *grotta ferrata*, et dans cette grotte, selon une tradition très respectable, une statue miraculeuse de la très Sainte Vierge qui attirait de nombreux pèlerins. Autour de la grotte s'éleva, vers l'an mille, un monastère dont la fondation est attribuée à deux moines grecs qui, venus de l'Italie méridionale d'où ils fuyaient les persécutions des infidèles, s'établirent aux environs de Tusculum. Ils s'appelaient Nil et Barthélemy. Tous deux ont été inscrits par la sainte Eglise au catalogue des Saints.

Saint Nil mourut le 26 septembre de l'an 1002, et son corps repose sous le grand autel de l'église abbatiale. Après sa mort, la communauté basilienne de Grotta Ferrata prit un développement considérable, et on y compta bientôt deux cents moines gouvernés par un abbé archimandrite.

Beaucoup d'illustres personnages ont honoré de leur présence le monastère de Grotta Ferrata : c'est ici, par exemple, pour n'en citer qu'un ayant vécu dans l'heureux siècle où nous végétons, que le cardinal Consalvi, forcé de quitter ses hautes fonctions de ministre secrétaire d'Etat par la mort de Pie VII, vint se retirer ; c'est ici qu'il a écrit, au dire des moines, des Mémoires extrêmement curieux, dont on n'a eu révélation qu'il y a deux ans, par des fragments qu'en a publiés monseigneur Fioramonti, un des exécuteurs fiduciaires du testament du cardinal ; mais cette publication fragmentaire fait souhaiter vivement, paraît-il, que ces intéressants Mémoires soient publiés et surtout traduits en français, dans leur intégrité.

L'église abbatiale est enrichie de fresques du Dominiquin d'une merveilleuse beauté, et les moines célèbrent toujours l'office suivant la liturgie grecque. La bibliothèque possède de nombreux manuscrits grecs très précieux, dans lesquels je mettrais volontiers le nez, tout plein que je suis encore de ma passion de Vannes pour l'idiome d'Homère et de saint Basile ; mais il faudrait des heures ou plutôt des journées de recueillement pour cela, et impossible, pour le moment, de les dérober à mon service.

Grotta Ferrata est entouré de bois délicieux où nous aimons à venir cueillir des fraises et prendre nos ébats. Au premier abord le monastère semble bien plus une vaste forteresse du Moyen-Age qu'un couvent. L'enceinte des murailles présente en effet une forme quadrangulaire avec des tours et des remparts bastionnés aux angles Elle a été élevée par le cardinal Julien de la Rovère, neveu de Sixte IV, qui fut ensuite le fameux Pape Jules II, et porte bien l'empreinte des goûts belliqueux du Pontife qui endossa l'armure pour assiéger et prendre la Mirandole, au duché de Modène, en 1511. Des fontaines d'eau vive jaillissant à l'intérieur et à l'extérieur de l'abbaye arrosent également les jardins qui produisent tout ce qui est nécessaire aux besoins de la Communauté.

Les moines de Grotta Ferrata veulent absolument que leur monastère occupe le lieu où était située la villa de Cicéron, tandis que d'autres soutiennent que c'est la Ruffinella, un peu au-dessus de Frascati, qui est le véritable emplacement de la villa de monsieur Tullius. Pour moi, ça m'est égal ; je comprends toutefois que la chose ne soit pas indifférente aux bons Pères ; car, en définitive, pour être moine, on n'a pas perdu le droit de s'intéresser et de tenir aux glorieux souvenirs du passé.

De nombreuses fouilles ont été faites à toutes les époques aux alentours du monastère : rien de plus riche que la collection d'objets qui en est sortie. Tout cela, pour les Pères, est signé : *Cicéron*. Ils ont du reste pour eux l'opinion du fameux Père Jésuite Kircher, mort à Rome en 1680, et une Bulle où Benoît XIV, mort en 1754, dit que l'abbaye de Grotta Ferrata, selon l'opinion la plus accréditée parmi les antiquaires, occupe le lieu où était la villa de Cicéron. Telles sont les explications que m'a données là-dessus un moine charmant et fort érudit, et je me suis bien gardé d'y contredire.

L'effectif du bataillon est toujours à peu près le même. Quelques-uns s'en vont en permission, d'autres reviennent : ainsi nous *repossédons*, depuis quelque temps déjà, le brave sergent Adolphe de Kermoal. Ses blessures de Castelfidardo, qui sont tout juste fermées, lui ont fait accorder la dispense de porter le sac. A la place, il se colle dans le dos, pendant les marches, une guitare qui ne laisse pas que d'attirer les regards des *contadini* et *contadine*, et en pince aux haltes pour charmer nos oreilles. Cette passion pour la *Chitarra battente*, nous promet, dans un avenir pas trop éloigné, j'espère, un virtuose de premier mérite.

A ce sujet, j'ai fait, l'autre nuit, un rêve qui n'a guère de chance de jamais tourner à la réalité. Je me voyais, âgé de cinquante ans, considérablement démoli par la fièvre et par les fatigues du métier, dans un salon d'une bonne vieille maison du Légué, à une portée de fusil de Saint-Brieuc, en Bretagne, assis près du vieux Kermoal, légèrement passé de fleur lui aussi, et toujours armé de sa guitare.

L'un et l'autre, moi en tapotant sur le piano, lui en tirant de ses cordes frissonnantes, sous ses doigts de *maestro* depuis longtemps consommé dans son art, d'inexprimables et incomparables sons, nous cherchions à égayer les quatre-vingts ans et plus de la vénérable madame de Kermoal, toujours droite et vigoureuse comme un chêne séculaire du pays d'Ar-

Le Temple d'Hercule à Cori.

mor. Un essaim de jeunes garçons nous entourait attentifs et la bouche béante. Comme je priais l'un d'eux de tourner une des feuilles du grand morceau de musique (la *Zoccolara*, je crois) que nous exécutions, je me suis réveillé et retrouvé en face de mon ami Hugues de Chambure, dans ma petite couchette de Marino. En définitive, j'aime mieux rêver au vieux Kermoal et à sa guitare qu'aux vipères, comme rêvait jadis et rêve toujours sans doute mon cher frère François.

En voilà pour jusqu'après la Semaine Sainte. Je vous embrasse tous tendrement.

Henri.

TRENTE-CINQUIÈME LETTRE

LAMENTATIONS ET *Miserere* A LA SIXTINE. — CHEMIN DE CROIX AU COLYSÉE. — IRA-T-ON CAMPER A PORTO D'ANZIO ?

Rome, Samedi Saint, 19 avril 1862.

DEPUIS mercredi matin, je suis à Rome, ma chère maman. Monseigneur de Mérode a permis à tous les zouaves qui le voudraient d'aller voir les fêtes, et tu dois bien penser que je n'ai pas refusé la permission. Je cours toute la journée ; je vais à Saint-Pierre, à la chapelle Sixtine, au Vatican, etc.

Les cérémonies de la Semaine Sainte ont une grande réputation ; je ne te les décrirai pas, car il y a des livres interminables là-dessus et je t'y renvoie, à moins que tu n'aimes mieux te contenter de ces quelques détails. Il y a un monde fou cette année : plus de cinquante mille étrangers, des masses d'Anglais.

Avant-hier soir, j'ai entendu à la chapelle Sixtine les Lamentations et le *Miserere*. Ça c'est vraiment divin. Pas d'accompagnement d'orgue, rien que des voix, et encore pas plus de douze ou quinze ; mais quelles voix et quel art ! « Moâ voudrais mourir (m'a dit un mien voisin, fils de la blonde Albion), en entendant cette miousique !! — Et moi, mylord, lui ai-je répondu, moi je voudrais toujours vivre pour l'entendre !! — Aoh !! Vô être plus fin que môa je souis, a-t-il repris. » Oui ; mais le fou rire a failli me prendre, moi, et un peu de plus je faisais du scandale.

Hier Vendredi Saint, j'ai assisté à une cérémonie bien simple, si l'on considère la pompe extérieure, mais bien touchante, au Chemin de la Croix au Colysée. Les zouaves abondaient. Que de souvenirs en effet ! Comment fouler sans tressaillir cette terre sacrée, teinte du sang de tant de martyrs de la foi, surtout le Vendredi Saint ! Quel lieu pouvions-nous mieux choisir que celui-là, dans la Rome chrétienne, pour nous rappeler à pareil jour, à pareille heure (il était quatre heures du soir), les souffrances de notre divin Sauveur et son sang répandu pour nous au Golgotha de Jérusalem ! C'était bien la vraie place des zouaves. C'était aussi le moment de renouveler à Dieu le sacrifice de sa vie, et tous tant que nous étions hier au Colysée, nous l'avons certes fait avec toute la générosité de notre cœur.

Grande nouvelle ! Le Saint-Père part mercredi prochain pour Porto d'Anzio. Tout le bataillon des zouaves, nos artilleurs, nos dragons, la ligne, les carabiniers suisses, les *cacciatori* (chasseurs) l'y accompagnent et feront le service près de Sa Sainteté tout le temps qu'Elle restera à son palais de Porto d'Anzio. Nous partons lundi matin de Marino. A Porto d'Anzio nous camperons ; le camp sera juste sous les fenêtres du Saint-Père. Ce sera charmant. Juge de notre bonheur. Que nous sommes fiers de

Le couvent de Grotta Ferrata, p. 240.

pouvoir enfin approcher Pie IX pendant quelque temps ! Nous allons donc le voir ; il nous parlera, nous bénira à tout instant. Ce sera, j'en suis sûr, le plus heureux des Pères au milieu des plus heureux enfants. Le Saint-Père doit séjourner vingt jours à Porto d'Anzio.

Nous abandonnons donc Marino pour quelque temps ; pour moi, outre la consolation et l'honneur d'être auprès de la personne auguste du Vicaire de Jésus-Christ, j'éprouve encore une grande joie de revoir ce cher Porto d'Anzio où j'ai laissé de si chers souvenirs. Je vais m'y retrouver tout à fait en famille. Les Datti partent mardi matin de Rome pour Porto d'Anzio ; depuis plusieurs jours déjà, le nettoyage du palais est commencé, car nous aurons probablement l'honneur d'y recevoir Sa Majesté le Roi de Naples, ou, sinon le Roi, qui logera peut-être au palais du Saint-Père, du moins la Reine et les princes, frères du Roi. Tu vois que le Saint-Père veut s'en donner durant quelques jours. Il n'y aura pas de soldats français avec nous. Le Pape a refusé net cet honneur au général de Goyon, qui n'en est pas très satisfait.

Comme les journaux de Paris vont gloser ! Le Pape et la famille royale de Naples à Porto d'Anzio avec les zouaves ? Quelle conspiration va se tramer ! Hélas ! les conspirateurs, humainement parlant, ne sont pas bien terribles. Quoi qu'il en soit, nous allons toujours pouvoir crier à notre aise : Vive Pie IX ! et Vive le Roi, et Vive la Reine ! Le Roi de Naples ne restera sans doute que deux ou trois jours. C'est papa qui donnerait bien quelque chose en ce moment pour être à ma place. Dis-lui toujours de ne pas oublier mes mois de mai et juin, et d'être fidèle à me les envoyer ; car tous ces déplacements coûtent. Puis il faudra porter des santés : j'en porterai au Pape et au Roi pour vous tous ; c'est pourquoi un petit supplément de solde ne serait pas de trop en pareil cas.

Tous les Guérandais se portent à ravir, W... surtout, qui, lui, ne sait pas ce que c'est que d'être malade. Quel bon garçon ! mais, en revanche, quel original ! En voilà un type de troupier ! Bien qu'on ne lui envoie pas un sou, il fait néanmoins ses petites affaires ; il gagne de l'argent en brossant les souliers et en astiquant les fusils des autres ; tous les quatre ou cinq jours il se donne un tout petit plumet, puis il recommence à astiquer, et il astique rudement, à l'encaustique s'il vous plaît, ah ! mais oui ! Ça luit comme du cuir verni et ça brille comme de l'or.

Adieu, ma chère maman ; embrasse tout le monde pour moi.

Henri.

TRENTE-SIXIÈME LETTRE

PORTO D'ANZIO. — LA *locanda* DU GÉNÉRAL. — CES SCÉLÉRATS DE BOUTONS DE GUÊTRE. — NOS TENTES. — L'ARRIVÉE DU PAPE. — LE PALAIS DATTI. — DRAPEAUX AU VENT.

Rome, 25 avril 1862.

MON CHER PAPA,

ARRIVÉ à Rome hier soir du camp de Porto d'Anzio, je repars demain pour rejoindre les camarades. Je suis venu ici, envoyé par le commandant pour affaires de service. Nous sommes donc partis lundi dernier de Marino pour Porto d'Anzio. Quelle chaleur et quelle trotte ! Le premier jour, le bataillon a fait halte à quatre heures seulement de Marino, pour bivouaquer à l'entrée de la forêt de Porto d'Anzio. Arrivés à la halte, Arthur et moi avons déposé notre sac, ou plutôt moi j'ai mis à terre celui d'Elie de Kersangny qui, s'étant senti pris d'une vive douleur dans l'épaule, m'avait prié de lui rendre ce petit service, car mon sac à moi était mollement étendu dans la petite voiture du commandant, traînée par son petit *gris* et portant la caisse et les papiers du bataillon. J'aurais bien pu me mettre avec mon sac dans la voiture ; mais les camarades m'auraient traité de *flemmard*, et j'ai préféré marcher avec eux ; puis nous nous sommes tâté le pouls, Arthur et moi. Nous avions encore neuf lieues devant nous pour arriver à Porto d'Anzio. « Te sens-tu de force ? » demandai-je à Arthur. — « En avant », me dit-il. Et nous voilà partis, la carabine sur l'épaule. A sept heures et demie du soir, nous étions à Porto d'Anzio.

Tu sais que je marche assez vite. Le pauvre Arthur, lui, contre son habitude et se trouvant sans doute en mauvaise disposition ce jour-là, s'est abîmé les pieds, ce qui lui a occasionné une petite fièvre, heureusement de peu de durée. Comme je connaissais le pays à fond, je conduisis Arthur à la meilleure *Osteria*, celle où nous avions pris notre pension, de Régnon, de Tinguy, de Trallebeau, Vexiau et les autres et *moi*, l'année précédente. Les salles où l'on mangeait se trouvaient au premier. Nous montons l'escalier en tirant la jambe, et entrons dans la première salle comme chez nous, ignorant qu'elle était occupée ; et devine par qui ? par le général Kanzler et plusieurs officiers de son état-major. Aussitôt : portez armes ! Et nous attendons dans cette position qu'un officier vienne nous donner la permission d'aller plus loin. Le général, consulté, nous permit très gracieusement de nous attabler dans une petite pièce voisine de celle où il se trouvait.

Nous étions très fatigués : on nous a apporté du vin blanc des Calabres, aussi jaune que du cognac de France, dont nous ne soupçonnions pas la force. Nous en avons peut-être bu chacun une foliette, c'est-à-dire un demi-litre, pas davantage. L'estomac s'en est fort bien trouvé, la tête aussi, car, à la fin de notre petit repas, nous nous sentions réconfortés et étions du reste calmes comme du bronze ; mais, singulier phénomène, effet de notre grande fatigue, lorsque nous avons voulu nous lever, les jambes nous ont refusé le service : pas mèche de faire deux pas. Et il fallait repasser devant le général et les officiers, toujours en portant l'arme. Pas drôle du tout ! Un moment j'ai eu la chair de poule. Enfin, après quelques essais satisfaisants mais assez répétés dans notre petite salle, nous nous sommes risqués à franchir le pas. Comment ça s'est-il passé ? je n'en sais trop rien, je n'y ai vu que du feu, celui des cigares de messieurs les officiers. Toujours est-il qu'une fois dans l'escalier, Arthur et moi avons éprouvé quelque chose du sentiment de jubilation que durent ressentir les trois jeunes gens dont parle l'Ecriture, au sortir de la fournaise de Babylone.

Dix minutes après, nous étions dans une sorte d'auberge où l'on a eu assez de peine à nous concéder deux lits se touchant, ou, pour mieux dire, n'en faisant qu'un, à la mode italienne. Mais figure-toi que le sommeil m'a pris pendant que j'étais en train de déboutonner mes guêtres, et que vers trois heures du matin je me suis trouvé dans cette position tout habillé. Arthur du moins avait eu le temps de dépouiller la livrée militaire avant que Morphée l'appréhendât, et il ronflait encore plus fort que Loulou, qui nous avait suivis et devait quasi me sauver la vie, peu de jours après. Enfin à la guerre comme à la guerre! On aura du plaisir à se rappeler un jour ces petits incidents; mais, je te le répète, nous n'étions pas plus gris que des tomates en pleine maturité; seulement nous avions douze lieues dans nos pauvres jambes que ce diable de vin de Calabre nous a rudement cassées. Le lendemain au déjeuner nous en avons rebu, et, loin de nous alourdir, il nous a rendus très alertes.

Parti à quatre heures du matin de la halte où nous l'avions laissé la veille, le bataillon est arrivé à une heure et demie de l'après-midi à Porto d'Anzio. Tout le monde a marché admirablement, en dépit d'un soleil ardent qui tapait ferme sur la *coloquinte*. A peine arrivées, nos compagnies se sont empressées de dresser les tentes, juste devant le palais Datti, en pleine falaise, sur le sable, à deux minutes de la mer. L'artillerie et les dragons, arrivés avant nous, étaient déjà campés; le reste des troupes arrive demain. Dimanche à la messe, nous serons bien trois mille hommes. Ce sera déjà joli. Les tentes des généraux, des colonels, des commandants et des officiers d'état-major sont superbes. Le coup d'œil est féerique.

Le Saint-Père est arrivé mercredi soir à sept heures. Quel moment! Tout notre bataillon était rangé dans la grande allée qui mène au palais papal; deux batteries d'artillerie et les dragons nous précédaient. Dès que la voiture du Saint-Père a été signalée, tous les canons, ceux de terre et ceux de mer (car la corvette l'*Immaculée-Conception* se trouvait dans le port), ont tonné à la fois, les musiques ont retenti, et Pie IX est passé au milieu de nous, souriant, le visage rayonnant de bonheur et nous bénissant avec cette majesté qui lui est propre. A peine avait-il mis pied à terre pour secouer la poussière du voyage, qu'il est remonté en voiture pour se rendre à l'église. Nous avons tous alors défilé devant Sa Sainteté au pas gymnastique. Il paraît que nous étions superbes. A l'église, le Saint-Père a donné le Salut, puis nous a adressé quelques paroles que les salves d'artillerie et tout le tremblement nous ont empêché d'entendre.

Combien nous sommes heureux d'être auprès de Pie IX! Outre cela, moi j'ai encore la chance d'être tout à fait en famille. Comme je te l'ai dit, le palais Datti se trouve au milieu du camp; je n'ai qu'à ouvrir la grille que touche ma tente, c'est-à-dire celle du commandant, et me voici dans ma chambre où j'ai la permission de coucher. De ma fenêtre je plonge dans la tente et j'entends la moindre parole de Charette.

La famille Datti est arrivée le même jour que nous; le lendemain, tout le monde, maîtres et serviteurs, s'est mis à l'ouvrage pour illuminer et pavoiser le palais. Nous l'avons littéralement couvert de drapeaux. Ah! me disais-je en les mettant au vent, quand donc viendra le jour où nous pourrons en faire autant à Kerguenec ? Le soir, le palais était tout en feu. Nous avions réussi au delà de nos désirs et avions d'emblée le pompon : aussi le Saint-Père nous a félicités.

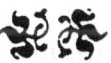

TRENTE-SEPTIÈME LETTRE

PIE IX AU CAMP. — LE PAIN DU PAPE. — C'EST TROP CHER; JE N'EN BOIS PAS. — LA CORVETTE « *L'Immaculée-Conception* ». — EN MER. — UNE PÊCHE NON MIRACULEUSE. — VICTOR-EMMANUEL AU LARGE. — LEURS MAJESTÉS LE ROI ET LA REINE DE NAPLES VISITANT LE CAMP. — VIEUX DÉBRIS DE GAETE. — MANŒUVRES ET DÉFILÉ DEVANT LE ROI. — LE GÉNÉRAL DE GOYON EN BOURGEOIS. — DÉPART DU ROI DE NAPLES. — BÉNÉDICTION DES DRAPEAUX EN LA FÊTE DE L'INVENTION DE LA SAINTE CROIX. — DISCOURS DE PIE IX. — SON DÉPART.

Camp de Porto d'Anzio, 5 mai 1862, de la tente du commandant de Charette.

J'ai été bien heureux d'apprendre que François était reçu bachelier, mon cher papa; j'en ai tressailli de bonheur. La conclusion naturelle, c'est que mon cher frère sera à Rome à la fin du mois de mai. Ce voyage sera le plus beau, le plus consolant souvenir de sa vie, sa couronne de bachelier, et ce sera son frère le zouave qui lui en ceindra la tête. S'il pouvait arriver à temps pour voir notre camp de Porto d'Anzio!

Dès le lendemain de son arrivée, Pie IX a voulu nous visiter. Avec la grâce et la bonté qu'on lui connaît, le Saint-Père parlait à chacun, entrait dans les tentes, faisait ses observations, encourageait et bénissait ses chers soldats. Toutes les troupes ont défilé devant lui, les zouaves au pas gymnastique. On voyait que le Pontife suprême était heureux de respirer enfin librement au milieu des siens. Tous les jours le Pape est venu nous faire sa petite visite. Avec quel amour nous nous pressions sur ses pas! Chacun pouvait l'approcher. Quatre gardes nobles et quelques cardinaux formaient toute l'escorte du Saint-Père, puis tous les zouaves suivaient. Quels cris! quel enthousiasme! C'était bien là le Père au milieu de ses enfants. On dit que Pie IX est malade! Si tu l'avais vu se promener au milieu de nous, coiffé de son large chapeau rouge, un gros bâton à la main dont il se servait pour s'appuyer, pour écarter les gamins qui venaient parfois se jeter dans ses jambes et aussi pour taper sur les chiens (Loulou s'est fait pincer une fois); oui, si tu avais vu sa démarche libre, son pas assuré; si tu l'avais vu faire plus d'une lieue presque chaque jour, dans ces petites promenades de famille, tu aurais été parfaitement rassuré sur sa santé.

Pie IX a fait sa visite à la tente du commandant et s'est assis à l'endroit même où je t'écris en ce moment. Sur la table du gourbis où mangent les officiers, il a pris un gros pain, en a mangé un petit morceau, puis l'a laissé, disant qu'il était de trop belle taille pour son *petit appétit*. Pas n'est besoin d'ajouter que les officiers se sont immédiatement partagé ce précieux pain. Le Saint-Père a demandé alors du vin, on lui a présenté une foliette. « Combien ? a-t-il dit. — Six baïoques, très Saint-Père. — Alors, c'est trop cher : je n'en bois pas. » Pie IX a toujours la répartie charmante.

Dans la rade de Porto d'Anzio était mouillée, je l'ai dit déjà, la corvette l'*Immaculée-Conception* C'est, hélas ! toute la flotte du Saint-Père. L'*Immaculée-Conception* a été construite en 1859, sur les meilleurs modèles, et par des ouvriers très habiles. Elle n'est pas très grande, mais c'est tout ce qu'on peut voir de plus soigné. A Gaëte, elle a eu l'honneur d'essuyer le feu des batteries piémontaises, sans en recevoir aucun mal. Ses matelots, choisis entre mille, sont tous excellents marins, et je te laisse à penser la distinction des officiers. Pie IX a une affection toute particulière pour sa corvette ; trois fois il est monté à bord et s'est promené en mer pendant une demi-journée. A peine apercevions-nous la corvette appareiller que vite nous sautions tous à qui mieux mieux dans toutes les barques, petites et grandes, du port, très bien garni du reste en ce moment. Vite les musiques des zouaves et des chasseurs se réunissaient et montaient un des deux bateaux à vapeur qui faisaient d'ordinaire escorte à l'*Immaculée-Conception*. Le bon Saint-Père, qui ne voulait pas laisser soupçonner ses projets d'excursion maritime, avait beau faire, quand il arrivait au port et mettait le pied dans une charmante nacelle toute dorée qui s'ébranlait et glissait comme une flèche sur les flots, sous l'impulsion d'une dizaine de vigoureux rameurs, il se trouvait entouré des trois quarts de son armée de terre convertie subitement en armée de mer. « C'est incroyable, disait-il, ils ne veulent pas me quitter un instant. »

Au moment où le Saint-Père abordait à l'*Immaculée-Conception*, les canons saluaient, l'équipage monté dans les vergues criait Hurrah; des centaines de drapeaux jaunes et blancs étaient déployés, et toute cette flotte improvisée se mettait en mouvement à la suite de la corvette pontificale, au chant de l'*Ave Maris Stella* bien rythmé et accompagné par les deux musiques, et on suivait comme on pouvait, mais pas de trop loin, car Pie IX donnait l'ordre de marcher aussi lentement que possible. Ces spectacles-là ne sont pas de la terre, et ma plume est impuissante à les décrire.

Souvent encore le Saint-Père s'est promené à pied au bord de la Méditerranée, toujours suivi de son monde militaire. Rien de plus gai et pittoresque en même temps que cette mouvante mosaïque de zouaves, chasseurs, fantassins, artilleurs, dragons, gendarmes, encadrant le Souverain Pontife. Tout le monde était mêlé, un cardinal coudoyait un caporal, un général un simple soldat. Mais le Pape était surtout entouré de zouaves qui trouvaient moyen de passer devant les cardinaux, camériers, gardes nobles, etc. A sa première promenade au bord de la mer, Pie IX bénit les pêcheurs qui s'étaient tous rassemblés, les laissa baiser sa mule, puis leur ordonna de jeter leurs filets devant Lui. Nos bonnes gens, qui avaient prévu le coup, avaient probablement mis au fond de l'eau d'autres filets remplis de magnifiques poissons qui ne furent pas difficiles à pêcher. Aussi le Saint-Père, qui daigna tirer lui-même sur les filets, vit-il bientôt à ses pieds toutes les variétés de poissons que renferme la Méditerranée. Les pêcheurs reçurent pas mal de pièces d'or pour leur pêche qu'ils nous vendirent ensuite à un prix très honnête; le contentement fut général, et la journée du lendemain se passa à dévorer du poisson.

Un soir, il y a eu fête sur l'eau à la lueur des torches. Ce même soir, Victor-Emmanuel passait au large, se rendant à Naples, escorté de vaisseaux français et anglais. C'était à son intention, pour l'aider à faire son examen de conscience et lui rappeler ses exploits de Castelfidardo et de Gaëte.

Toute la famille royale de Naples est arrivée, comme il était convenu. J'avais peur qu'on ne nous empêchât de crier autant que nous en avions besoin. Pas du tout: le Pape a dit qu'en famille on avait bien le droit de se donner des preuves d'affection, et qu'il entendait bien que ses chers exilés fussent accueillis, fêtés et acclamés comme ils le méritaient.

C'était le mercredi 30 avril 1862. A dix heures du matin, nos canons annonçaient l'arrivée de Leurs Majestés le Roi François II et la Reine Marie-Sophie. Le général Kanzler, l'état-major, la cavalerie et l'artillerie étaient allés à leur rencontre à une demi-lieue de Porto d'Anzio ; le reste des troupes était massé dans la villa du Saint-Père.

François II a enfin paru avec la Reine dans une simple voiture découverte à deux chevaux, suivi du comte de Trapani et du comte de Trani, de la Reine-Mère, de la comtesse de Trapani, etc., dans d'autres voitures. « Présentez armes ! » Charette aurait presque commandé : *genou terre*, comme pour le Pape ; à ce moment, toutes les batteries ont parlé à la fois, les fanfares ont joué la marche royale de Naples, et François II et la Reine ont traversé nos rangs, nous saluant avec autant de respect qu'ils avaient pour nous d'affection dans le cœur. les larmes aux yeux, mais la joie sur le visage.

Une heure après, toute la famille royale était au camp. « En avant ! » s'est écrié Charette dès que Leurs Majestés ont paru ; tous alors nous nous sommes mis à sa suite en criant : « Vive le Roi ! Vive la Reine ! Vivent les héros de Gaëte ! Vivent les Bourbons ! » A mesure que nous avancions, les soldats et officiers des autres corps se joignaient au royal cortège. La famille royale a voulu faire à pied le tour du camp : c'était une bonne promenade, et pendant près de deux heures, nous avons acclamé nos augustes visiteurs, en agitant des drapeaux blancs ; les musiques n'ont pas cessé un instant de jouer l'hymne à François II, quelque chose de superbe ; nous étions fous, ivres de bonheur. Quels cris, mais quel amour et quel respect dans ces cris s'échappant de ces poitrines catholiques et royalistes de vingt ans ! On s'embrassait, on échangeait des poignées de main, on pleurait à chaudes larmes.

Avant de sortir du camp et de remonter en voiture pour rentrer au palais du Pape, à cinquante mètres de là, François II et la Reine ont fait appeler tous ceux d'entre nous, Napolitains, Français et autres, ayant précédemment servi dans leur armée, et combattu à Gaëte. Gaëte, la noble Gaëte ! Les yeux du Roi pouvaient presque en découvrir dans le lointain, par-dessus le promontoire de Circé, en face de Porto d'Anzio, les remparts pour ainsi dire encore fumants. Quel spectacle ! Gaëte à l'horizon, et devant nous à genoux, sur une ligne, aux pieds de leurs souverains dépossédés et leur baisant les mains, tous ces braves qu'avait noircis mais épargnés le feu des batteries sardes. Le Roi et la Reine ne purent contenir leur émotion. Ce fut alors que Pie IX, qui, du haut du balcon de sa villa, contemplait avec attendrissement cette indicible scène, se découvrit, agitant de la main son chapeau, poussa à son tour un cri majestueux de *Viva il Re* ! auquel toute l'armée répondit d'une voix, dans le dernier élan du plus chaleureux et solennel enthousiasme. Quelques instants après, les grilles du Palais pontifical se refermaient sur les voitures royales. La visite du Roi et de sa famille à notre camp était terminée. Mais quelles impressions, quels souvenirs pour toute notre vie ! Ne crois-tu pas que tout ce qui reste d'honneur et de justice en ce monde était réuni ce jour-là en ce petit coin de terre qui s'appelle Porto d'Anzio ?

Le même jour, à trois heures, Pie IX a voulu se faire photographier avec toute la famille royale et ceux qui se trouvaient autour de lui. Deux épreuves ont été tirées par le meilleur photographe de Rome, bien entendu : ma frimousse a l'honneur de figurer dans ce groupe, à moins que les larges épaules de l'abbé Gassiat, qui se trouvait devant moi, ne m'aient quelque peu éclipsé. Ensuite, courte promenade du Saint-Père en mer avec ses hôtes royaux sur l'*Immaculée-Conception*, puis, à notre grand regret, départ de la Reine, des princesses et des princes pour Rome. Le Roi seul est resté et a été retenu au Palais pontifical par le Pape, de sorte qu'au palais Datti nous en avons été pour nos frais !

Le lendemain matin, à l'heure de la manœuvre, François II entrait au camp. Le colonel lui ayant offert son cheval, le Roi a refusé, disant qu'il préférait suivre les mouvements à pied et les corriger quand il faudrait ! L'école de bataillon a donc commencé : le Roi était devant le front de bandière. Jamais les zouaves n'avaient encore manœuvré et ne manœuvreront comme ce matin-là ! Presque à chaque mouvement le Roi criait : *Bravo !* Mille millions de tonnerres, juge si nous étions fiers ! Nous avons pivoté pendant deux heures qui nous ont semblé dix minutes. Le Roi n'a pas perdu un seul mouvement, en a rectifié quelques-uns en général qui connaît son métier, ne craignant pas de faire ses observations aux chefs ; enfin, comme couronnement de la manœuvre, nous avons défilé devant Sa Majesté, puis on a photographié le bataillon, le Roi en tête. C'était l'heure de la soupe. François II a exigé qu'on lui donnât une gamelle : en un tour de main, un de nos cuisiniers en a lavé une et l'a astiquée de son mieux, et le Roi y a fait honneur comme le dernier zouave de deuxième classe, déclarant que le bouillon était excellent. Cette fortunée gamelle n'a pas été perdue de vue : quand le Roi l'a eu vidée presque tout entière, on l'a mise soigneusement de côté, et voici qu'à l'heure qu'il est, on la couvre de belles fleurs de lis d'or, à seule fin de l'offrir en présent à la Reine, si je ne me trompe.

Comme François II se sentait à l'aise au milieu de nous ! Avec quelle simplicité et quelle grâce il nous adressait à tous la parole, indistinctement ! Comme il a été éloquent, lorsqu'il nous a encouragés à demeurer fermes, tant qu'il faudrait, à notre poste, parce que telle était la volonté de Dieu ! Oh ! oui ! vivent les Bourbons ! Pie IX a dit qu'eux seuls sauveraient le monde, si le monde pouvait encore être sauvé !

Une petite aventure arrivée au général de Goyon ; mais *dame !* nos factionnaires n'ont fait que leur devoir. Deux jours avant l'arrivée du Roi de Naples, le général de Goyon avait cru devoir venir à Porto d'Anzio présenter ses hommages au Saint-Père. Vers dix heures et demie du matin, il arrivait aux avenues conduisant au camp et au palais du Pape (il y en a cinq ou six), dans une voiture à deux chevaux, en compagnie d'un officier d'état-major ; tous deux, ayant voulu garder l'*incognito* durant le voyage, étaient en bourgeois. L'entrée de chacune des avenues est gardée par des factionnaires ayant la consigne de laisser passer les voitures de luxe par une avenue, celles de place par une autre, les charrettes par celle-ci, les piétons par celle-là. Seuls les officiers en tenue ont le droit de s'engager dans lesdites allées.

Abordant le premier factionnaire qu'il rencontre, M. de Goyon lui a dit : « Je suis le général en chef, commandant le corps expéditionnaire d'occupation. — *Monsieur* », a répondu le factionnaire, un malin que je connais, « on ne passe pas. » Le cocher, sur l'ordre de son maître, gagne l'entrée d'une autre avenue. Même demande, même réponse. Le général se décide alors à prendre un chemin circulaire par lequel on arrivait assez près du palais du Saint-Père ; mais au bout, près de la première grille, il y avait une sentinelle qui crie : *On ne passe pas !* « Alors, dit le général, faites prévenir votre général pour qu'il m'introduise. — Mon général, je suis seul et ne puis m'absenter. » Mgr de Mérode vient à passer par bonheur, et les grilles s'ouvrent devant le général de Goyon, qui félicite le ministre des armes en lui disant que ses soldats ne mangent pas la consigne. Aussitôt le général revêt son grand uniforme pour se présenter devant le Saint-Père qui l'invite à dîner, mais ne lui propose pas de visiter le camp. Quand le général et son aide de camp remontèrent en voiture pour reprendre la route d'Albano, ils étaient en grande tenue, et cette fois toutes les barrières sont tombées comme d'elles-mêmes devant eux ; plus que des clairons sonnant aux champs et des factionnaires présentant les armes.

Le Roi de Naples est parti le 2 mai au soir, et a essayé de s'échapper *incognito* ; mais Charette, ayant flairé la chose, n'a pas entendu de cette oreille-là. Pendant qu'on attelait la voiture du Roi, il est arrivé au camp comme un ouragan et a fait sonner la marche du bataillon par les clairons de grand'garde. En trois minutes nous étions sous les armes, sac au dos ; puis en avant, pas gymnastique, marche ! et nous sommes assez heureux pour arriver à temps et présenter encore une fois les armes à François II.

Le lendemain matin, samedi 3 mai, en la fête de l'Invention de la sainte Croix, nous avons été les heureux témoins d'une magnifique cérémonie ; mes yeux ne jouiront plus jamais sur la terre d'un pareil spectacle : Dieu n'accorde de ces faveurs-là qu'une fois dans une vie. Pie IX, avant son départ, qui devait, hélas ! avoir lieu le soir de ce jour, a voulu faire lui-même la remise de nouveaux drapeaux aux différents corps de la petite armée. Dès le matin, nous étions prévenus que le Saint-Père bénirait ces drapeaux à dix heures, et chacun a fait de son mieux pour être aussi soigné et aussi brillant que possible. A dix heures toutes les troupes étaient massées devant le palais. Pas un nuage au ciel ; un soleil resplendissant, mais pas trop chaud, pour animer cette scène grandiose. Une estrade gigantesque et ornée de guirlandes de verdure, de festons, de faisceaux d'armes et de drapeaux jaunes et blancs, avait été dressée en avant de la façade principale du palais. Un autel garni de sa croix, des chandeliers avec cierges allumés, du Missel et de tout ce qui était nécessaire pour la bénédiction, la surmontait.

A l'heure indiquée, Pie IX, entouré d'une brillante couronne de cardinaux, évêques, gardes nobles et autres officiers de la cour, y fait son apparition. Aussitôt, toute l'armée met genou en terre au commandement du général Kanzler et présente les armes, et le bruit des canons se mêle aux éclats bruyants des fanfares pour saluer le Vicaire de Jésus-Christ. Comme le Saint-Père avait dit qu'il se proposait de parler, les troupes avaient été rangées en rangs serrés devant Lui, de façon à couvrir le moins d'espace possible, pour que la voix du Pape pût arriver jusqu'aux dernières files.

Alors, commencèrent le chant et la récitation des prières liturgiques. Jamais la voix de Pie IX n'avait été plus sonore, plus belle, plus harmonieuse. Ce n'est pas une exagération de dire que c'est sans doute la voix la plus pleine et la plus puissante de ce siècle ; je l'ai entendue plusieurs fois déjà à Rome, sur la place Saint-Pierre, dominant, pendant la bénédiction *Urbi et orbi*, le bruit des cloches, des musiques et des salves d'artillerie. A Porto d'Anzio, elle m'a semblé plus merveilleuse encore.

Les drapeaux ont été présentés à Pie IX par les aumôniers. Les chefs de corps, l'épée nue, ayant à leur droite l'adjudant-major, à leur gauche le porte-drapeau, se sont avancés jusqu'au pied du trône, en ont franchi les degrés et se sont prosternés aux pieds du Souverain Pontife qu'ils ont baisés. Le Saint-Père en les relevant leur a donné l'accolade et remis le drapeau en prononçant ces paroles du rituel : « *Accipe vexillum cœlesti benedictione sanctificatum, sitque inimicis populi christiani terribile, et det tibi Dominus gratiam ut ad ipsius nomen et honorem cum illo hostium cuneos potenter penetres incolumis et securus.* » Je te laisse à penser si le drapeau était bien accueilli et si l'émotion des soldats était grande, quand l'adjudant-major, après l'avoir reçu des mains du Pape, venait le présenter à son corps.

Villa du Pape à Porto d'Anzio, et cabane de pêcheur.

Quand le dernier salut au dernier drapeau eut été sonné, et que les plis de ces étendards sacrés, chargés des bénédictions du Pontife suprême, eurent commencé à s'agiter au milieu de nos rangs, sous le souffle de la brise marine, le Saint-Père entonna le *Te Deum* ; les troupes alternèrent avec le Souverain Pontife : c'est-à-dire que Pie IX chantait seul un verset et que nous chantions le suivant. De ma vie je n'ai ressenti une pareille impression. Pie IX modulait si bien, il y avait dans son chant tant d'ampleur, d'aisance, de piété et de majesté, que nous étions tous sous le charme, électrisés, ravis. Aussi avec quelle âme et quel élan nous lui répondions ! C'était superbe, une harmonie non de la terre, mais du ciel, que nous aurions voulu entendre toujours. Elle finit pourtant, mais pour être remplacée par une autre qui allait nous captiver et remuer bien davantage.

Sans prendre le temps de s'asseoir, Pie IX commença en italien un magnifique discours qui dura bien quarante minutes. Quelle prédication ! Le Saint-Père est un orateur de premier ordre. Oui, toutes les qualités qui font le grand orateur se trouvent réunies en lui dans un degré suréminent. La variété dans le ton et dans les mouvements, la vie, la conviction, la clarté, la richesse des pensées, la manière originale de les présenter, un merveilleux à propos, et au service de tout cela cet organe incomparable dont je viens de parler : c'était plus qu'il n'en fallait pour nous suspendre à ses lèvres.

Pas une parole ne nous échappait. Quel heureux et touchant parallèle le Saint-Père a su établir entre la croix qui est le drapeau de Jésus-Christ et les drapeaux qu'il venait de nous confier! Mais j'ai reproduit ce discours de mon mieux, et tu le liras dans les journaux. Quand Pie IX mettait la main sur son cœur, on eût dit qu'il allait l'arracher pour nous le donner. Oh! bienheureuses vraiment les oreilles qui ont entendu une telle parole! A la fin surtout, quand il a appelé sur nous les bénédictions de Dieu, le Pape semblait inspiré, et lorsqu'il a eu fini de parler, le saisissement était si grand que nous devions tous ressembler, plus ou moins, aux Apôtres de la Transfiguration, nous demandant si ce n'était pas un rêve, et si Jésus-Christ ne nous avait pas parlé en personne par la bouche de son Vicaire.

Au soir de ce beau jour, le bien-aimé Pontife nous a quittés. Toutes les troupes étaient encore sous les armes devant le palais; mais il y avait aussi des larmes dans tous les yeux. Nous venions de passer de si beaux jours près de Pie IX! J'ai eu le bonheur d'approcher plusieurs fois le Saint-Père. A bientôt d'autres détails, le temps me manque aujourd'hui.

Ton fils qui t'aime,

Henri.

TRENTE-HUITIÈME LETTRE

LE PAPE ET LE ROI AU PALAIS DATTI. — LA *serenata*. — FAUTEUILS ET FILLES D'ÈVE. — MESSES MILITAIRES AU CAMP. — PIE IX SUR LA *loggia* ET LE DRAPEAU DE LA CROIX. — PETITE GUERRE.

Camp de Porto d'Anzio, 10 mai 1862.

MON CHER PAPA,

Nous sommes toujours au camp et y resterons probablement jusqu'au 20 mai. Ce n'est pas moi qui m'en plaindrai, car je m'y trouve fort bien, et les petites gâteries du palais Datti ne sont pas à dédaigner. A propos des Datti, le Saint-Père et le Roi de Naples leur ont fait un grand honneur, celui d'une visite en règle, qui a bien duré une demi-heure. C'était une après-midi, vers deux heures. Le temps était un peu couvert et la chaleur lourde. Tout le monde, sauf moi, faisait la sieste en notre palais. N'en ayant nulle envie, je m'étais campé, en une chaise, sur le grand balcon qui se trouve juste en face du palais papal, à une distance d'environ trois cents mètres, et *fumaillais*, pour rendre service au commandeur Egidio qui me les avait prêtées, des cigarettes de je ne sais quel tabac, bonnes, ma foi, mais ne remplaçant pas du tout pour moi ma pipe que le *decorum* m'empêchait de griller en ces hauts lieux. Tout à coup je vis les portes de la villa pontificale s'ouvrir, et le Saint-Père lui-même, accompagné de François II, de Mgr de Mérode et de quelques prélats et gardes nobles, se diriger du côté du camp, puis une fois engagé au milieu de la rue principale, car il y avait des rues dans notre camp, et tirées au cordeau, je te prie de croire, mettre le cap droit sur le palais Datti. Nom d'un petit bonhomme! je devinai tout de suite l'intention du bon Pie IX qui s'y connaît en convenances et en étiquette, et me sentis froid dans le dos, comme il arrive toujours quand une soudaine et violente impression vous empoigne. Me hâtant de remettre ma veste de zouave que j'avais quittée pour moins sentir le poids de la chaleur, je me répandis comme une trombe dans le grand escalier en vociférant à tue-tête :

« *Tutti quanti e tutte quante*
Che per adesso dormite
Sù in piede, che Il santo Padre
Ai fianchi tenendosi il Re
Ci viene ora a visitare. »
Vous tous, vous toutes qui dormez,
Sur pied, vite, sans hésiter;
Avec le Roi que vous aimez
Le Pape vient nous visiter.

Mes cris n'avaient évidemment pas une tournure

aussi poétique ni aussi sérénade à ce moment-là, et je ne sais pourquoi ils me reviennent ainsi à l'oreille et sous la plume pendant que je t'écris : c'est pis que feu Ovide :

> *Quidquid tentabam*
> *Scribere, versus erat.*

J'avais à peine fini de sonner mon tocsin, que toutes les portes des chambres s'ouvraient à la fois, et qu'une dégringolade générale et simultanée s'opérait sans que personne même s'avisât de prendre le temps de se dire un traître mot, jusque dans la cour où je me trouvais déjà, le premier, bien entendu, aux pieds du Saint-Père. C'est donc moi en définitive qui ai eu l'honneur de recevoir et le Pape et le Roi. Quand tout le monde eut baisé à genoux la main du Saint-Père, Madame Datti, avec une grâce parfaite et sans avoir l'air plus gênée que maman lorsqu'elle reçoit le curé de Saint-Molf ou celui de Guérande, introduisit ses augustes visiteurs et leur suite dans le grand salon.

« Je me suis permis de vous amener mon François, dit le bon Pie IX en présentant le Roi, qui tenait à venir vous remercier avec moi des préparatifs que vous aviez faits pour recevoir la Reine ; mais la Reine n'a pas voulu rester. » Alors le Saint-Père et le Roi, ces dames et les autres membres de la famille Datti s'assirent. Comme j'étais de la maison, que j'y mangeais et y logeais à l'occasion, Madame Datti signifia à Monseigneur de Mérode qu'elle entendait que moi aussi je prisse un siège, tandis que les prélats et les gardes nobles et Son Excellence Monseigneur de Mérode lui-même demeurèrent debout. Au premier moment ça me parut drôle ; mais au bout de deux ou trois minutes, donnant congé à ma grande timidité, je me dis à part moi, qu'en définitive j'étais tout aussi bien à ma place qu'un autre, en cette illustre compagnie, et me hasardai à échanger quelques paroles (pas beaucoup tout de même) avec le Pape et avec Sa Majesté François II.

Quand on eut bien causé, admiré la mer qui s'étendait immense devant nous, évoqué encore le souvenir de la chère Gaëte, le Saint-Père et le Roi se levèrent, de nouveau nous tombâmes à genoux pour recevoir la Bénédiction Apostolique, et, le Pape une fois parti, nous fûmes quelque temps à nous remettre de nos émotions. Ces dames se reprochaient quelque peu le désordre et le négligé de leurs toilettes et s'en voulaient d'avoir été ainsi prises à l'improviste — les filles d'Eve, tu le vois, sont les mêmes partout ; — puis ce furent des éloges sans fin de l'amabilité, de la gaieté du Saint-Père et de l'excessive bonté et simplicité de François II. Bientôt tout le monde parlait à la fois, c'était la détente des nerfs, on pleurait, on riait ; bref, nous étions, à ce moment-là, les plus heureux mortels de toute la catholicité.

Après cet échange d'impressions, notre premier soin à Alexandre Datti et à moi fut de mettre de côté les fauteuils qui avaient servi au Pape et au Roi de Naples ; séance tenante, on décida qu'ils seraient recouverts au plus vite de housses de soie blanche et jaune, sur lesquelles ces Dames se chargeaient de broder de belles inscriptions, à l'effet de perpétuer le souvenir de cette mémorable et deux fois royale visite, et l'on statua pareillement que personne, sous peine d'excommunication mineure, ne devrait plus s'asseoir dans lesdits fauteuils.

Je ne t'ai rien dit, dans ma dernière lettre, de nos messes militaires du dimanche au camp. L'autel avait été dressé à l'extrémité du camp, juste en face du palais papal, mais à une distance de six ou sept cents mètres, sur la partie la plus élevée de la falaise, tout au-dessus de la mer. La corvette l'*Immaculée-Conception* venait mouiller, pour la messe, derrière l'autel. Ses mâts qui le dépassent de beaucoup faisaient de loin l'effet de grands cierges. Ce fond vivant et animé était d'un aspect tout à fait pittoresque, surtout au moment de l'élévation, lorsque la corvette, soulevée par les décharges de ses canons, semblait bondir sur les flots.

De la *loggia* supérieure de la villa le Pape embrassait d'un coup d'œil cet imposant spectacle, et pouvait suivre, même à l'œil nu, les différentes parties du Saint Sacrifice. Nous distinguions parfaitement, de la place que nous occupions en avant de l'autel, sa soutane blanche. Il se tenait debout, et au-dessus de lui flottait un immense drapeau blanc sur lequel se détachait l'image du Crucifix. Ce drapeau, tant qu'il demeure arboré sur une demeure pontificale, signifie que le Vicaire de Jésus-Christ est présent. A l'autel, Jésus-Christ s'incarnant sous les espèces sacramentelles; devant l'autel, quelques milliers de soldats vraiment chrétiens, adorant dans le plus grand recueillement le Dieu des armées dont la descente du ciel était saluée par les éclats retentissants des trompettes et des fanfares et par la voix majestueuse des canons; et dans le lointain, dominant toute cette scène, le Vicaire de Jésus-Christ lui-même abrité par l'étendard de la Croix. Quel ensemble solennel et grandiose !

Le général Kanzler, commandant en chef, donnait en italien le commandement, que chaque colonel répétait à son régiment dans sa langue nationale. Tout cet appareil était d'une inénarrable beauté; j'aurais voulu voir là, en grand nombre, les contempteurs de notre sainte religion, qu'ils blasphèment parce qu'ils l'ignorent. Il me semble que pas un n'aurait résisté au souffle tout-puissant de la grâce, et que tous seraient tombés à genoux en disant *Credo*.

Monseigneur de Mérode a voulu aussi offrir au Saint-Père, durant son trop court séjour au milieu de nous, le spectacle d'une petite guerre; mais toutes les petites guerres se ressemblant, je ne te ferai pas le récit des péripéties de celle-ci qui ne t'intéresserait guère.

Le général de Goyon est rappelé en France ; je ne sais s'il en est très content. Pour le consoler, l'Empereur le nomme sénateur.

Le commandant a oublié de demander l'autre jour au Roi de Naples s'il savait quelque chose d'Auguste de Langlais.

Ne tarde pas à m'envoyer François.

Je t'embrasse bien affectueusement.

Henri.

TRENTE-NEUVIÈME LETTRE

CHARLES DE RAIMOND ET GUILLAUME GUILLERM SE NOIENT. — CHARETTE SUR LE ROCHER. — OBSÈQUES DE CHARLES DE RAIMOND. — SA TOMBE.

Camp de Porto d'Anzio, 13 mai 1862 (mardi).

Un affreux malheur vient de frapper notre cher bataillon et c'est sous cette impression que je t'écris mon cher Papa. Quatre de nos camarades, Blévénec, Poullain, de Raimond, Guillerm, étaient allés se baigner dimanche dernier, à onze heures et demie du matin, par un temps épouvantable. La mer était déchaînée. Voulant se donner le plaisir de se laisser battre par les vagues, et de lutter contre elles, ils s'avancèrent dans l'eau jusqu'à la ceinture. Bientôt l'un d'eux, Guillerm, un charmant jeune homme de vingt-deux ans, d'une piété exemplaire, qui avait laissé sa vieille mère veuve et sans ressources, fut emporté par une lame de fond ; le sable se déroba sous ses pieds et il coula.

Blévénec et Poullain, qui sont bons nageurs, s'élancent pour le sauver et le saisissent ; mais après des efforts désespérés, ils sont de nouveau séparés par une autre lame, et Guillerm disparaît pour toujours. Blévénec, harassé, essaie de regagner le rivage et aperçoit alors Poullain soutenant de Raimond. Ce pauvre petit de Raimond qui, lui, ne savait pas nager, s'était accroché à Poullain ! Mais Poullain, sentant les forces lui manquer, dit à de Raimond: « Nous nous noyons, lâche-moi, n'attendons plus de secours que du ciel. De Raimond eut le courage de se déprendre de son ami, ce qui est héroïque de la part de quelqu'un qui se noie, leva les yeux au ciel, murmura une prière (Poullain l'a parfaitement remarqué), et coula à pic. Cependant Blévénec arrivait au rivage où il tombait sans connaissance ; deux zouaves et un chasseur purent heureusement atteindre Poullain, en faisant la chaîne avec leurs ceintures, et le sauvèrent.

En peu d'instants, Blévénec eut repris ses sens. Au cri d'alarme poussé par les deux zouaves sauveurs de Poullain, et par le chasseur, on arriva de tous côtés, et en un clin d'œil toutes les troupes du camp, officiers et soldats, étaient sur le rivage. Mais, hélas ! Blévénec et Poullain ne pouvaient plus montrer que l'endroit où les deux pauvres enfants avaient disparu. La mer était si mauvaise, la tempête si violente, que pas un bateau à vapeur ne put sortir du port ! Un habitant de Porto d'Anzio dit alors qu'il y avait au bagne de cette ville deux forçats, nageurs de première force, qui ne craindraient pas de se jeter à l'eau et de risquer leur vie, si on leur promettait une diminution de peine. Hélas ! le Saint-Père n'était plus là;

un mot de sa bouche souveraine eût suffi. Monseigneur de Mérode promit au nom du Pape et se chargea de faire ratifier sa promesse.

Nos hommes arrivèrent, et après avoir observé quelques instants la mer, se jetèrent résolument à l'eau entre deux rochers vers lesquels ils croyaient que le courant avait dû porter de Raimond et Guillerm. Leurs prévisions étaient parfaitement justes. Ils rencontrèrent aussitôt, cramponné à un des rochers et ayant à peine un pied d'eau au-dessus de la tête, le pauvre petit Charles de Raimond et le hissèrent sur le rocher. Guillerm, lui, avait été entraîné plus loin. Aussitôt, Charette d'accourir du rivage à ce rocher, ayant de l'eau jusqu'à mi-jambe, mais ne s'en apercevant guère, et suivi de l'aumônier des zouaves, de tous les chirurgiens et docteurs de l'armée et d'une foule d'officiers. Vite, des couvertures de laine et tous les instruments nécessaires pour donner secours aux noyés furent apportés. Les docteurs constatèrent que le cœur battait toujours.

Charette tenait son pauvre petit zouave sur les genoux, le frictionnait avec autant de soin et d'attention qu'une Sœur de Saint-Vincent-de-Paul. L'un de nous eut la bonne pensée d'aller chercher parmi ses vêtements demeurés sur la grève, le scapulaire et les médailles de Charles de Raimond. Charette les lui passa au cou, et l'abbé Daniel, voyant qu'aucun signe de vie ne se manifestait, lui donna l'absolution et l'extrême-onction. C'était un spectacle émouvant ; la mer roulait ses vagues sur le rivage avec un épouvantable fracas, le vent soufflait avec violence, et nous étions là, toute la population de Porto d'Anzio et toutes les troupes du camp, entassés devant ce rocher, beaucoup priant, tous attendant avec anxiété l'issue de cette lutte désespérée contre la mort.

Enfin Charette se leva du rocher, portant dans ses bras le cher mourant ; mais à peine l'eut-il déposé sur le sable, que les docteurs constatèrent tous d'un commun accord que le cœur avait cessé de battre. Il était quatre heures du soir. Chacun regagna tristement le chemin de sa tente, et moi je fus chargé de faire transporter le corps à l'hôpital ; je le revêtis de son uniforme, et quand je l'eus couché sur un lit de camp, je me mis à dire mon chapelet, en considérant mon petit camarade et me demandant parfois s'il n'était qu'endormi.

Charles de Raimond n'avait que dix-huit ans. Sa mère, veuve elle aussi, habite, je crois, Montaigu en Vendée ; c'est une demoiselle de la Rochefoucauld. Arthur et moi avions adopté de Raimond quasi comme un frère, et le protégions de notre mieux contre les dangers de plus d'une sorte auxquels son jeune âge l'exposait. Il était charmant à tous égards et très reconnaissant de ce que nous faisions pour lui ; aussi sommes-nous l'un et l'autre bien affligés. Nous avons tenu à lui rendre tous deux, et tous deux seuls, les derniers devoirs. J'ai fait clouer sa bière devant moi, y ai inscrit son nom de mon mieux, et gravé au-dessous la croix de saint Pierre. Au *Campo santo*, j'ai fait creuser la fosse aussi devant moi, et aidé à la creuser dans un terrain réservé que j'ai choisi.

Enfin, il a fallu se quitter. Une fois le cercueil fermé, j'ai étendu sur le couvercle une veste de zouave, et un sabre passé dans une ceinture rouge ; puis six hommes de la compagnie de Charles l'ont chargé sur leurs épaules.

Toutes les troupes ont assisté aux obsèques. Les musiques des zouaves et des carabiniers suisses ont joué des marches funèbres. Partout des roses étaient effeuillées sur le passage du cercueil, par les habitants de la ville, qui se sont admirablement montrés, en cette circonstance ; je n'ai jamais vu si bel enterrement. Au cimetière, les décharges accoutumées ont été faites par le peloton de service. Le soleil est superbe aujourd'hui et la mer d'un calme parfait.

J'ai annoncé par dépêche télégraphique adressée à M. l'abbé Peigné, à Nantes, ce cruel accident, et la pauvre madame de Raimond doit savoir maintenant son malheur. A ton prochain voyage à Nantes, va, si tu le veux, lui porter quelques consolations de ma part.

Je vous embrasse tous bien affectueusement.

Henri.

P.-S. — On vient de retrouver à l'instant le corps du petit Guillerm.

QUARANTIÈME LETTRE

ON LÈVE LE CAMP. — LES TROUS DU PÈRE FIORAVANTI. — ENCORE LOULOU. — OBSÈQUES DE GUILLAUME GUILLERM. — ADIEUX AU CAMPO SANTO. — PERRET D'ESCOUBLAC.

Marino, 12 mai 1862.

C'EST vendredi dernier, mon cher Papa, que nous avons reçu l'ordre de lever le camp. Samedi matin, tout le monde a plié tentes et bagages. J'ai admiré la prestesse avec laquelle tout cela s'est fait. Cette coquette petite ville si élégamment pavoisée s'est évanouie en moins de deux heures. Seulement, après le départ des troupes, le père Fioravanti, auquel appartient tout ce terrain sablonneux, n'a pas ri du tout, ou du moins a fait contre mauvaise fortune bon cœur en riant avec moi, car moi je me tordais. Figure-toi que la plupart des soldats, surtout les zouaves, avaient fait d'énormes excavations sous les tentes. Certains trous avaient plus de la hauteur d'un homme. Tu devines pourquoi ; sous une tente ordinaire, il n'y a pas moyen de se tenir debout, ce qui est fort incommode. Le soldat avait trouvé moyen de se rattraper par-dessous, et les chefs, qui étaient parfaitement au courant, avaient laissé faire, se disant, non sans raison, qu'avec le temps, le vent se chargerait bien de combler toutes ces fosses sablonneuses. On eût dit de vraies catacombes.

« Eh bien ! il est propre, il est bien arrangé mon terrain maintenant ! s'exclamait le bon monsieur Fioravanti ; ils m'ont fait, *tutti quanti*, de jolie besogne ! *È un bel capo d'opera.* Allez donc vous promener à cheval là-dedans ! *Per Bacco ! mi dovreble compensare il danno il governo del Santo Padre.* (Le gouvernement du Saint-Père devrait m'indemniser.) — Au fait, lui dis-je sérieusement, vous avez le droit de réclamer des dommages-intérêts. — *Ma che*, reprit-il, *lo dico per scherzo* (c'est en plaisantant que je vous dis cela) *è una sciochezza ; non ci penso più* (c'est une bagatelle, je n'y pense déjà plus), et en définitive ce n'est pas payer trop cher l'honneur d'avoir reçu la visite d'un Pape tel que Pie IX. » Voilà qui s'appelle prendre les choses par le bon côté et son parti en brave.

Toutefois, voyant que, malgré tout, un léger nuage de tristesse continuait à lui voiler le front, pour faire diversion à sa douleur, je le conduisis sur l'emplacement de la tente d'Arthur de la Tocnaye et lui montrai, à l'un des quatre coins, un trou, modeste celui-là, dans lequel l'intéressant Loulou prenait son repos les nuits précédentes, sur une bonne couche de paille. « Eh bien ! ce trou, lui dis-je, me rappelle un fait étonnant dont j'ai été témoin il y a quelques jours. Une après-midi, ayant reconduit Arthur à sa tente, j'y étais entré, puis, sur son invitation, y étais demeuré pour faire la sieste. Nous dormions tous les deux d'un sommeil de plomb, quand Loulou se permit de nous réveiller par des jappements plaintifs qui n'en finissaient pas. Plus son maître lui disait de se taire, plus fort le chien aboyait, et enfin, voyant que nous ne tenions pas compte de ses avertissements, il nous sauta à la tête, nous mordant et nous tirant par nos vêtements. Du coup il fallut se lever, et nous vîmes un énorme serpent, long d'un mètre et demi et gros comme la moitié du bras, en train de se faufiler entre nos jambes, et très disposé sans doute à nous prendre à la gorge ou au nez, si Loulou n'y eût mis le *hola*. »

Ce trait d'esprit de Loulou (car, il n'y a pas à dire, ce roquet-là ne s'est pas montré une bête dans la conjoncture) a fait sortir M. Fioravanti de ses trous et l'a lancé dans une interminable discussion sur l'âme des bêtes. Au fond, nous sommes absolument d'accord sur ce qu'il faut penser là-dessus. Mais comme il arrive toujours en cas semblable, il nous a fallu argumenter près d'une heure avant d'en convenir.

Nous avons donc quitté Porto d'Anzio, en emportant de bien chers et douloureux souvenirs. Il faut que nous semions nos morts partout où nous passons.

Comme je te le disais en fermant ma dernière lettre, le corps de Guillerm a été retrouvé le jour de l'enterrement de notre pauvre Charles de Raimond. Les mêmes honneurs lui ont été rendus. La cérémonie funèbre du lendemain a été l'exacte reproduction de celle de la veille. Les habitants nous ont témoigné la même sympathie. C'était encore une pluie de fleurs qui tombait de tous les balcons. Pauvres enfants! ils ont été bien pleurés, pleurés par toute une ville, par tout un corps d'armée, pleurés par le Pape, qui prend sa large part de ce deuil. Ils méritaient bien de l'être. Je ne connaissais pas particulièrement Guillerm, qu'on appelait surtout Guillaume, parce que tel était son nom de baptême, reproduction française, du reste, de son nom de famille breton; mais ce que je sais, ce que toutes les bouches répètent, c'est qu'il était le modèle de sa compagnie; il communiait au moins chaque semaine, et travaillait sans relâche pour gagner un peu d'argent, qu'il envoyait à sa mère, dénuée de toutes ressources.

Il me semble que c'est là le sublime de l'abnégation et du dévouement : s'imposer tous les sacrifices, endurer toutes les fatigues et se refuser tout soulagement pour Dieu et pour sa mère, je ne vois pas ce que l'on peut rêver de plus beau. Et Dieu, dans les mystérieux desseins de sa justice, avait décidé que cet enfant si admirable et si pur serait enlevé par la mort la plus affreuse, pour servir d'exemple à ses camarades. Ah! il était prêt, et il prie maintenant au ciel, j'en suis sûr, pour nous tous qui prions pour lui.

Charles de Raimond était très pieux aussi ; ses manières enfantines, son heureux naturel le faisaient aimer de tous. Jamais une plainte n'est sortie de sa bouche dans les marches les plus pénibles, et Dieu sait ce qu'il a souffert, car s'il avait dix-huit ans, il n'en portait pas plus de seize, et alors quelle énergie il faut pour ne pas tomber sous le poids d'un sac de zouave ! Mais il était intrépide, et je n'aurais jamais cru qu'il pût se rencontrer tant de courage et de force d'âme dans un enfant.

Vendredi soir (la veille de notre départ), j'allai avec Arthur et quelques camarades faire mes adieux au *Campo santo*. Nous portions de ux croix où étaient écrits les noms de nos deux chères victimes. Après les avoir plantées sur leurs tombes, nous récitâmes le *De profundis* et d'autres prières. Il y avait derrière nous deux Italiens, gardiens du cimetière, qui paraissaient bien étonnés, et se disaient : « Comme les Français aiment et respectent leurs morts ! »

Le lendemain, étant resté par ordre du commandant quelques heures de plus que les autres à Porto d'Anzio pour démonter sa tente et emporter son bagage, je pus encore aller m'agenouiller sur ces tombes arrosées des larmes de tout un bataillon, et je m'éloignai d'Anzio avec cette consolation qu'elles seraient du moins visitées par de bons et fidèles amis, vraiment zouaves de cœur, qui les garderaient et soigneraient comme des tombes de famille.

Je passe maintenant à la politique. Comme vous y allez en France ! A vous entendre, nous n'en avons plus pour quinze jours ; déjà nous mettons le pied sur la corvette pontificale pour accompagner Pie IX dans son exil ; enfin il n'est pas possible que l'orage n'éclate pas d'ici un mois ! Je t'avoue franchement que je fais des efforts inouïs pour vaincre mon incrédulité et que malheureusement je ne vois pas encore la fin.

Oh ! elle viendra, mais dans quelques années seulement, tu peux en être sûr. Rome est toujours parfaitement calme ; beaucoup d'évêques sont déjà arrivés pour la canonisation ; on décore magnifiquement Saint-Pierre, et on ne pense guère à une invasion piémontaise pour le moment ; et franchement il serait bien malheureux que cette appréhension t'empêchât de m'envoyer François, et lui fît manquer un si beau voyage. Tu peux me l'envoyer en toute sécurité ; je te promets qu'à Rome il sera tranquille comme Baptiste, et qu'aucun Piémontais ne viendra l'y assasiner.

Nous avons laissé le pauvre Perret d'Escoublac bien malade à Porto d'Anzio. Comme il est dur à cuire, j'espère qu'il s'en tirera ; mais le jour où je suis parti, il était bien mal, de la fièvre typhoïde, je crois.

Blévénec, Delabrosse, Poullain, Dugast et tous

les autres *gars* de Guérande ou des environs sont bien. Antoine se porte toujours comme un charme ; je l'ai vu hier à Castel-Gandolfo. Tes craintes politiques l'ont trouvé aussi incrédule que moi.

Embrasse mille fois maman, Marie et Anna pour moi ; dis à François que je l'attends, et mille choses à Joseph quand vous lui écrirez.

Je t'embrasse comme t'aime, mon cher papa, ton fils tout dévoué,

Henri.

QUARANTE-UNIÈME LETTRE

LE MOIS DE MARIE. — SI LA MÉDITERRANÉE VENAIT A PRENDRE FEU ! — LOUIS VEUILLOT AU PALAIS PAMFILI.

Marino, 24 mai 1862.

Mon cher papa,

Ma santé est toujours excellente. En somme, je crois que l'air de Marino m'est très sain. Arthur et moi faisons toujours de charmantes promenades ; il ne manque plus que François, qui va nous arriver au premier jour, j'espère.

Hier matin, j'ai fait une heureuse rencontre, celle de M. l'abbé Gahier, de l'Immaculée-Conception de Nantes, accompagné de son frère, de M. l'abbé Petit, de M. l'abbé Bourouette, et de M. l'abbé Daniel, frère de notre aumônier ; je ne saurais t'exprimer la joie que j'ai éprouvée en revoyant tous ces chers compatriotes. Nous avons passé ensemble une journée délicieuse. Je les ai tous accompagnés hier soir, jusqu'au chemin de fer d'Albano, sauf M. Daniel qui est demeuré à Marino avec son frère. M. Daniel m'a appris que François devait faire route avec lui, à partir de Tours, où il était convenu qu'ils se rencontreraient, mais qu'il n'avait rien vu, ni à Tours, ni sur le paquebot, qui ressemblât à François ; j'en ai conclu que mon cher frère avait manqué le train ou qu'il n'était pas parti. Cette dernière supposition m'a paru plus vraisemblable. Quoi qu'il en soit, le jeune homme ne peut pas tarder ; si je savais au juste le jour de son arrivée, j'irais le chercher moi-même à Civita Vecchia.

J'aime à croire que tu es parfaitement rassuré, à l'heure qu'il est, sur la politique. Les cardinaux, archevêques, évêques, prêtres et laïques de toutes conditions arrivent en foule à Rome de toutes les parties du monde catholique ; cette cérémonie du 8 juin sera sans doute unique dans l'histoire. On nous annonce pour demain la visite de Mgr Dupanloup, qui nous prêchera à la messe.

M. de La Valette n'est pas encore arrivé à Rome ; d'aucuns même prétendent que le général de Goyon n'est pas rappelé définitivement à Paris.

Nous sommes toujours à Marino ; tous les jours du troupier en garnison se ressemblent. Chaque soir nous avons maintenant notre Mois de Marie qui rompt un peu la monotonie de l'existence. C'est toujours un beau moment pour nous que celui-là. On prie pour l'Eglise, pour Pie IX, pour ses parents, pour ses amis, pour les vivants, pour les morts, pour les deux pauvres chères victimes de Porto d'Anzio, puis l'on va se coucher content et l'on dort comme des sabots. Malheureusement voilà certaines petites bêtes qui commencent à nous envahir. Quel vilain gibier, si elles n'étaient des créatures du bon Dieu tout comme les autres ! Celles de ce pays-ci sont bien trois fois plus grosses que les plus belles de France.

Le brave Perret nous est arrivé il y a trois jours en voiture, de Porto d'Anzio. On se demande comment il a pu faire le voyage. Sa guérison, désormais certaine, est attribuée à Guérin.

Ton petit Lebas, de Valette, va à merveille ; c'est un rude soldat et très brave garçon. J'aime à croire qu'à Kerguenec tout le monde est bien ; ma petite maman va être joliment inquiète de voir partir son pauvre petit François. Cher enfant, il est dans le cas d'avoir le mal de mer ; puis le poignard italien, puis le chemin de fer qui peut dérailler, puis la Méditerranée qui n'a qu'à prendre feu, et puis, et puis.....
Quoi qu'il en soit, j'attends avec impatience le moment de son arrivée, et je pense qu'il est à cette heure plus près de Rome que de Kerguenec.

Monseigneur de Mérode va nous mander à Rome pour les fêtes ; du moins ça se dit.

Depuis le retour de Porto d'Anzio, j'ai fait un petit voyage à Rome, et ai repris un peu l'air de notre palais Pamfili qui se peuple, de plus en plus, d'hôtes illustres. Madame de Curzay a offert l'hospitalité à Monseigneur de Dreux-Brezé et à Louis

Veuillot. J'ai été fort heureux de passer la soirée en aussi noble et savante compagnie. M. Veuillot, que je n'avais pas aperçu depuis Paris, est toujours le même : même barbe, même redingote bleu de roi, mêmes lunettes à branches d'or et même amabilité. Toujours aussi mêmes dispositions vaillantes et même admirable talent à l'effet de pourfendre, avec sa plume qui vaut plusieurs sabres, les ennemis du Pape et de l'Eglise.

J'ai été frappé de sa modestie, je devrais dire de son humilité ; jamais il ne s'est permis une seule fois, durant toute la soirée, de parler le premier ; toujours il a attendu d'être interrogé soit par Madame de Curzay, soit par Monseigneur l'évêque de Moulins. C'est le chrétien convaincu qui ne fait pas d'embarras et n'est nullement provocateur, quoi qu'on en dise, attendant tranquillement l'ennemi comme le lion qui a conscience de sa force. Mais dame ! quand on l'attaque, il se défend, c'est bien le moins.

Une cloison pas trop épaisse sépare sa chambre de la mienne que je compte réoccuper ces jours-ci. Il est convenu qu'une de nos ordonnances fera le petit ménage de M. Veuillot, qui se trouve logé à bonne enseigne et tout à fait à sa place dans notre casernement Pamfilien. Un travail littéraire sur les martyrs japonais va, m'a-t-il dit, l'absorber durant quelques jours. De fait, j'ai vu ce matin sur sa table, avant mon départ, pas mal de notes qu'il a déjà recueillies. Nous tâcherons de ne pas lui faire trop de tapage.

Comme j'étais déjà couché, fumant tranquillement ma pipe, en faisant mon examen de conscience (chacun a sa manière), Mgr de Dreux-Brezé est venu paternellement s'asseoir sur le pied de mon humble lit de fer et continuer la causette avec moi. C'est en vain que j'ai voulu mettre ma pipe de côté. Sa Grandeur m'a juré que cette odoriférante et soporifique fumée ne lui était en rien désagréable, et m'a même obligé de bourrer une autre pipe. Voilà ce qui s'appelle pratiquer gracieusement l'*omnia omnibus* de saint Paul !

François ne pourra pas prendre gîte ici, c'est clair ; mais dès qu'il sera arrivé, je lui aurai vite trouvé un petit appartement simple et de bon goût.

Je vous embrasse tous bien tendrement.

Henri.

QUARANTE-DEUXIÈME LETTRE

MONSEIGNEUR DUPANLOUP A MARINO. — LE CAPITAINE DE GOËSBRIAND A L'ORGUE. — AU PIED DU MUR. — LE CRAYON DE M. DE LAMBILLY. — CALYPSO. — HENRI KAMAN. — EDGARD DE SOISSAN ET LE MARQUIS CAVALETTI. — LES MARTYRS JAPONAIS.

Marino, 26 mai 1862.

C'ÉTAIT hier Dimanche, mon cher Papa. Monseigneur Dupanloup, qu'on nous avait annoncé comme devant nous prêcher à notre messe militaire, est resté tranquillement chez le prince Borghèse en sa villa de Frascati, et ne nous est arrivé que l'après-midi. Une collation des plus convenables, toute venue de Rome, de chez Spillman, attendait Sa Grandeur chez le commandant. C'est moi qui ai fait mettre le couvert. Il y avait de vingt-cinq à trente serviettes, que j'ai d'abord voulu plier en mitre : une jolie idée, hein ! mais Robinet, une des ordonnances du commandant, qui est adroit de ses mains comme un singe de ses pattes, a eu beau seconder ma bonne volonté, tous nos essais ont été infructueux. Dame ! aussi, une mitre, c'est que nous autres nous sommes peu familiarisés avec des coiffures de ce style-là.

Vers les deux heures de l'après-midi, nous sommes presque tous allés, sans armes, toutefois précédés de notre musique, au-devant de Sa Grandeur sur la route de Marino.

Dès que l'équipage du prince Borghèse a été en vue, tous les cuivres se sont mis à roucouler leurs plus belles mélodies, les chevaux ont eu l'air de vouloir se cabrer : ça fait toujours bien, et c'est une bonne note pour un cocher qui met toute son adresse à retenir ces nobles bêtes, lesquelles, très souvent, n'ont pas du tout envie de s'emballer. Aussitôt une portière s'est ouverte, et Monseigneur l'évêque d'Orléans a mis pied à terre. Le corps d'officiers lui ayant présenté ses hommages, Monseigneur Dupanloup a continué de se diriger à pied vers Marino, nous remorquant tous à sa suite. Le coup d'œil n'était pas vilain. Chacun disait son mot. « *Eh bien! mon cher*, m'a glissé dans le tuyau de l'oreille mon brave Vercruysse, *qu'en pensez-vous? Il se paraît que nous allons en entendre un discours, sais-tu ?*

Après une très petite halte de vingt minutes au plus chez le commandant, Monseigneur Dupanloup, que tout le bataillon attendait patiemment dans la rue, ayant franchi le seuil de notre *palazzo*, a mis le cap sur la cathédrale où nous l'avons tous suivi. Monsieur l'abbé Daniel, m'ayant rencontré sur les entrefaites, m'a prié d'aller *cueillir*, si je pouvais,

M. le capitaine de Goësbriand au milieu des officiers, et dans le tas des zouaves, une dizaine de bons chanteurs, et de monter à l'orgue pour entonner le cantique à Notre-Dame des Victoires dont tu connais le refrain : *Eh bien ! chrétiens, soyons soldats!*

En dix bonds j'avais mis la main sur le père de Goësbriand, que les troupiers appellent, je ne sais pourquoi, le Vieux Serpent, et qui dans tous les cas est un vrai Litz sur l'orgue : nous l'avons vu plus d'une fois à l'œuvre à Anagni. Cet excellent capiaine, qui a pour moi autant d'affection que de confiance, voulant m'en donner une nouvelle preuve, m'a demandé de vouloir lui servir de souffleur. — Souffleur du Vieux Serpent jouant de l'orgue, ça m'allait tout à fait, et c'était plein de poésie. — « Mon capitaine, lui ai-je répondu, avant même qu'il eût fini de me porter l'antienne, n'ayez pas peur : si ça ne marche pas, ce ne sera pas de ma faute, car je vous promets de tirer vigoureusement sur la corde. » Oui, la corde, je dis bien ; tu n'as pas idée des souffleries ni des orgues de ce pays-ci !

Bref, il s'agissait de tirer de son mieux sur cette espèce de câble qui rentre en lui-même, c'est-à-dire dans le buffet de l'orgue, dès que vous l'avez tiré. C'est un mouvement d'avance et de recul des plus curieux ; aussi, quand j'ai eu commencé cette singulière manœuvre, dangereuse, tu vas voir, notre organiste et mes chanteurs auxquels je devais donner le ton, tout en tirant, sont partis d'un éclat de rire qui ne pouvait heureusement pas s'entendre d'en bas. « Allons, les anciens ! » leur ai-je crié avec une voix chevrotante, tant cet exercice était fatigant, « il ne s'agit pas de badiner, mais d'entraîner tout le bataillon et d'enlever Monseigneur Dupanloup pardessus le marché. Un peu de sérieux et d'aplomb ! »

Et voici qu'effectivement mes virtuoses, se mordant de leur mieux la langue et les moustaches, entonnent avec un parfait ensemble : *Quel bruit soudain se fait entendre ?*

Le bataillon, qui avait déjà chanté plus d'une fois ce cantique, poursuit avec entrain. Au refrain, c'était un superbe tapage, et les doigts électrisés du père de Goësbriand (du Vieux Serpent, si ça t'amuse) s'enfonçaient dans le clavier, comme plusieurs lames de couteaux bretons dans un coin de beurre de la Prévalais, pendant que moi je halais frénétiquement sur ma grosse ficelle, à l'instar d'un pêcheur de la Turballe ou du Croisic, sur ses filets. Tout d'un coup, *patatras*, je me sens collé au mur avec la force et la vitesse d'un projectile qu'aurait vomi la gueule d'un obusier quelconque. La corde venait de se rompre, et je suis bien demeuré cinq minutes, c'est le cas de dire, au pied du mur, respirant à peine. L'instrument du père de Goësbriand, lui, n'ayant plus d'air du tout, s'est tu naturellement, après quelques grincements plus ou moins harmonieux. Mais des zouaves ne s'arrêtent pas pour si peu de chose ; lancé comme il était, le bataillon a bravement continué et terminé le cantique sans accompagnement.

Aussitôt Monseigneur Dupanloup a commencé ce fameux discours *sais-tu* ? durant lequel nous nous attendions à avoir la chair de poule et à sentir notre sang se figer aux trois quarts dans nos veines. Sa Grandeur ne nous a parlé qu'une demi-heure ; mais quelle chaleur, quelle délicatesse, quel à-propos! L'auditoire était sous le charme. On eût entendu une mouche voler. Cette charmante allocution sera publiée, nous l'espérons bien. Nous avons été vivement impressionnés et demeurons bien reconnaissants à Monseigneur l'évêque d'Orléans de l'honneur qu'il nous a fait.

Après le Salut qui a été superbe, le bataillon a accompagné en masse Mgr Dupanloup sur la place de la Cathédrale. Au moment où sa voiture s'est ébranlée, tous les képis sont tombés de toutes les têtes sur lesquelles une dernière bénédiction du grand Evêque est descendue, et alors nous autres de l'orgue, nous avons pu nous détendre les nerfs et rire à notre aise de nos infortunes.

Le bon capitaine de Goësbriand était aux anges : c'est la bonté même en effet, une crème de capitaine, à laquelle je ne connais rien de comparable que le parfait Monsieur de Lambilly, capitaine de la 3ᵉ compagnie. M. de Lamb*bbb*illy, comme dit le colonel Allet, — en mettant au moins trois *b* de plus qu'il n'en faut entre le premier *b* et l'*i* qui se suivent dans le nom du cher capitaine, — est un artiste dessinateur d'un vrai mérite : je crois bien t'en avoir déjà soufflé un mot. Son crayon, que je trouve charmant, très sûr, très fin et délicat, ne se repose guère ; il faut dire que les belles vues à croquer ne manquent pas dans ce pays-ci ! Heureux les yeux qui pourront un jour contempler, au doux pays de France, les dessins de M. de Lambilly ! Quels précieux souvenirs ! A eux seuls ils formeront une histoire complète, et très intéressante en tableaux, de notre cher bataillon.

T'ai-je jamais parlé de *Calypso* ? *Calypso* est une chatte dont Edouard Trémant s'est fait cadeau peu après notre arrivée dans la capitale des Herniques, et qui, depuis, ne l'a quitté ni la nuit ni le jour. En voilà une bête qui se la coule douce et est née, pour sûr, sous une heureuse étoile. Un bonne part de la gamelle de son maître lui revient de droit ; dans les marches, elle dort tranquillement, mollement étendue sur le haut de son sac, tout près des piquets de tente : à Porto d'Anzio, *Calypso* a campé tout comme nous, pris des bains de mer, et ne s'en porte pas plus mal. Ne l'approche pas qui veut. Elle a sa dignité et ses griffes.

Au moment où je t'écris, j'aperçois de ma fenêtre, à la porte de la caserne du Séminaire, juste en face et à vingt-cinq mètres de notre palais, un nègre du nom de Henri Kaman qui s'exerce à lancer le javelot. Il est d'une adresse admirable, et passé maître dans cet art, auquel il a été initié dans son pays natal, dès sa petite enfance. Le voici qui vient de prendre pour but un pauvre *somaro* cheminant dans la direction de Frascati et suivi de son *padrone*, lequel a dû sans doute se moquer du petit talent de Kaman en passant devant la caserne. Fort heureusement pour notre âne, le roseau décoché par Kaman n'était pas à pointe, car il lui eût traversé les flancs de part en part, tout comme une balle de nos carabines Minier. Le bourriquet ne s'en est pas moins affaissé au coup sur les quatre pattes, puis s'est relevé grâce aux bras robustes de son patron stupéfait et n'ayant plus du tout envie de rire, tandis que le vieux Kaman, lui, se tord sur le banc du corps de garde.

Ce farceur-là vous perce un képi avec un roseau de cinquante centimètres bien affilé, à une distance de cinquante et cent mètres. Il faut le voir pour le croire.

Curieuse l'histoire de Kaman, et bien touchante aussi la providence du bon Dieu à son endroit. Il avait à peine dix ans quand il se vit transplanté des côtes de la Cafrerie, si je ne me trompe, sur les rives de la Sarthe, en la ville du Mans. Son papa et sa maman, j'ai ouï dire même son grand-père et sa grand'mère, venaient d'être rôtis et mangés à belles dents par une trentaine de Messieurs ses compatriotes qui l'avaient réservé comme morceau plus tendre et plus friand pour le dessert.

C'était au bord de la mer, sur une grève très escarpée, que cette régalade de chair humaine se faisait; le pauvre petit diable de Kaman, qui tremblait de tous ses membres en attendant son tour, mais n'avait rien perdu de sa présence d'esprit ni de la merveilleuse clairvoyance de ses yeux, aperçut bien loin à l'horizon la fumée d'un bateau à vapeur. Vite sa résolution fut prise. Une, deux, trois, et le voilà piquant une tête du haut de la falaise dans l'onde amère qui lui fit un moelleux accueil et au sein de laquelle il se trouvait d'ailleurs aussi à l'aise et autant chez lui que le meilleur nageur d'entre les poissons. Sans tarder, une pluie de flèches s'abattit sur lui; mais il nageait vite, et, à force de plonger et replonger, et surtout grâce à la protection de la très sainte Vierge qui avait ses desseins sur cette âme, il eut la chance de se garer de toute blessure, et fut bientôt hors de portée des coups de ses ennemis.

Alors il respira, se reposa quelque temps, en faisant la planche, puis reprit sa course en avant, vers le vaisseau, qu'il atteignit enfin et où il fut reçu à merveille. C'était un navire français. Comment put-il se faire comprendre ? Je ne sais : il me faudrait le faire venir du poste pour le lui demander, et ça arrêterait l'élan de ma plume. Toujours est-il qu'un charitable négociant manceau, qui se trouvait à bord, adopta sur place le pauvre petit négrillon, et lui a toujours servi, depuis, du meilleur des pères. Par ses soins, Kaman, qui reçut le nom d'Henri au saint baptême, a été élevé à l'Institution de Sainte-Croix du Mans fondée et dirigée par le Père Moreau, et devenu grand, pour témoigner sa reconnaissance à

Dieu et à son bienfaiteur, il s'est fait zouave du Pape.

C'est un des meilleurs soldats de la 5ᵉ compagnie. M. de Beaurepaire, son capitaine, qui ne badine pas précisément quand il s'agit du service, en fait un grand éloge. Il faut dire que M. de Beaurepaire adore l'encaustique : gibernes, ceinturons, bretelles de fusil, courroies de sac, il faut que tout soit astiqué à l'encaustique dans sa compagnie. Or la peau de Kaman est aussi luisante que n'importe quel morceau de cuir passé à l'encaustique: dès lors comment son propriétaire ne taperait-il pas dans l'œil *philencaustique* de M. de Beaurepaire ? c'est du moins ce que prétendent des *malins* de la 5ᵉ. Plaisanterie à part, Kaman est un très bon soldat, parce qu'il est très fervent chrétien et qu'il a une grande dévotion à la très Sainte Vierge. En quelques mots voilà toute son histoire: n'est-ce pas qu'elle est jolie, et que ce trait de la miséricorde divine est aussi admirable que consolant ?

Tous les camarades et amis sont bien. Mon fidèle et très cher Edgard de Soissan a, tout comme moi, sa famille romaine. C'est le marquis Cavalletti qui lui ouvre à lui sa maison et son cœur. Jeune encore et d'une amabilité délicieuse, le marquis Cavalletti est, non moins que les Datti, dévoué corps et âme au Pape et aux zouaves. Je le vois souvent qui vient chercher Edgard et l'emmène dans une sienne villa entre Marino et Frascati, à deux pas d'ici par conséquent, et n'en suis pas jaloux; toutefois ce serait avec plaisir que j'irais aussi moi y passer ma petite inspection ; ça viendra sans doute.

Quelle belle âme et quel cœur généreux que cet Edgard! Veux-tu que je t'en donne une idée ? Comme tu n'iras point le lui dire, je puis me permettre de lui jouer ce petit tour.

Peu de temps avant son départ pour Rome en novembre 1861, Edgard s'enferma pendant huit jours chez les Pères Jésuites, pour se préparer, dans le silence de la retraite et dans la prière, à affronter vaillamment les amertumes du départ et de la séparation. Son cahier de retraite, qu'il a conservé, a des pages splendides : par exemple celle-ci, que je copie sans scrupule, pensant bien qu'il me pardonnerait mon pieux larcin s'il savait qui j'en veux enrichir. C'était en la fête de la Présentation de la très Sainte Vierge qui conduisait bien sûr sa plume :

« Demain je vais faire la sainte communion. Oh !
« je vous en supplie, mon Dieu, la mort..... ou au
« moins le dévouement sans limite, le sacrifice
« entier de ma vie et de mes affections. . . . .

« Ma fiancée à moi, c'est la mort pour Jésus-Christ.
« Elle n'est pas revêtue de la robe blanche des noces;
« son vêtement à elle, c'est la robe des martyrs ; ses
« baisers tuent et donnent l'immortalité; c'est elle
« qui me revêtira de son vêtement; c'est elle que
« j'appelle de tous mes vœux ; c'est elle qui m'introduira dans la salle du banquet éternel que préside
« Jésus-Christ. »

Tu vois que je ne choisis pas trop mal mes amis. Si jamais dans quelque vingt ans ces lettres tombent sous les yeux de nos enfants ou de nos neveux, elles leur prouveront que notre vocation aux Zouaves du Pape fut une vocation sérieuse, celle qui devrait s'imposer, à l'heure qu'il est, à tous les jeunes gens catholiques capables de tenir un fusil. Mais hélas! je t'ai déjà fait entendre cette plainte: on ne nous comprend guère. Pourquoi? parce que nous sommes les vrais soldats de la Croix, non pas des soldats de carton ou de parade, mais des soldats voués à une vie quotidienne d'humiliations, d'immolation et de sacrifice, et que le monde a horreur de toutes ces choses.

Voici venir de belles fêtes, la glorification de ces magnanimes martyrs du Japon, dont les prières nous obtiendront la grâce de nous montrer toujours dignes du grand honneur que Dieu nous a fait, en nous appelant à combattre sous son drapeau.

François va, je l'espère, me tomber dans les bras d'un moment à l'autre: ce sera à lui de vous écrire quand il aura touché le sol de la Ville éternelle, et mes prochaines lettres ne seront plus que des *post-scriptum* des siennes.

Je vous embrasse tous bien affectueusement

Henri.

QUARANTE-TROISIÈME LETTRE (1)

SAINTE-CROIX D'ORLÉANS. — LA CATHÉDRALE DE BOURGES. — LE COLONEL DE LAURISTON. — GRENOBLE. — NOTRE-DAME DE LA GARDE.

Marseille, le 31 mai 1862 (en route pour Rome).

QUELQUES instants de répit me sont enfin donnés à Marseille, ma chère maman, et j'en profite pour t'écrire ces lignes. A l'heure qu'il est (cinq heures et demie du soir, samedi), je suis en compagnie de M. l'abbé Delapré, d'un curé hongrois avec lequel nous parlons latin tant bien que mal, d'un vicaire de la Limousinière (diocèse de Nantes), l'abbé Gauchet, et enfin d'un jeune séminariste de vingt ans, actuellement en seconde année de théologie à Quimper. Ayant peu de temps devant moi, je vais te narrer brièvement les épisodes de mon voyage. Je ne parle pas de Nantes : papa t'aura tout dit. Nous sommes arrivés à Orléans à une heure du matin. L'omnibus nous a conduits à

---

(1) Les quatre lettres qui suivent sont celles dont il a été fait mention dans la préface.

l'hôtel du Loiret. Nous mettre au lit n'a pas été long.

A six heures lever, puis messe de M. Delapré à la cathédrale. Rien de plus beau, de plus grandiose que cette cathédrale dont les voûtes semblent se perdre dans les nues. C'est là que j'ai éprouvé la première belle jouissance de mon voyage. M. Delapré ayant terminé son action de grâces, nous sommes allés donner un coup d'œil à la statue de Jeanne d'Arc, érigée il y a deux ans seulement par Sa Majesté l'Empereur. Jeanne est sur son cheval de bataille; les bas-reliefs des quatre faces du socle représentent les faits principaux de la vie de l'héroïne.

A une heure vingt-cinq nous quittions Orléans pour nous rendre à Bourges; nous traversons un pays qui n'a rien de gai : des plaines et toujours des plaines presque nues, parsemées de quelques arbres plus chétifs les uns que les autres; de très rares maisons, des blés de mauvaise apparence.

A Bourges, nous avons admiré la fameuse cathédrale, qui est encore plus vaste, plus élevée sous voûte que celle d'Orléans, mais moins bien entretenue, et, dussent les Pères Cahier et Martin me lapider, ne m'a pas produit une aussi vive impression. J'ai accompagné M. Delapré dans deux ou trois visites, entre autres à un M. d'A.... un de ses anciens condisciples de Saint-Sulpice ou de *Saint-Supplice*, pour parler comme le sacristain de la cathédrale de Bourges.

A Lyon nous avons été reçus par M. le Colonel de

Lauriston avec tous les égards possibles. Voici comment j'avais fait sa rencontre : je passais en fiacre sur le pont du Rhône quand j'aperçus un beau colonel de dragons monté sur un jeune arabe. C'était mon oncle. Aussitôt je m'élance de la portière et interpelle le brillant cavalier, qui se retourne, quelque peu surpris ; nombre de voitures rendaient heureusement la circulation difficile sur le pont en ce moment, et force était au colonel de ralentir le pas. Nous pûmes ainsi échanger quelques paroles, et nous donner rendez-vous à son hôtel qui est au bout du monde. Mon oncle et ma tante nous ont fort aimablement reçus. Après le dîner, qui fut excellent, ils nous conduisirent, en calèche découverte, au Bois de Boulogne de Lyon et nous firent parcourir les plus beaux quartiers de la ville. Le lendemain matin nous prenions le chemin de fer pour Grenoble. Là encore nous avons trouvé la plus gracieuse hospitalité chez M. le général et Mme la générale de X..., amis de M. Delapré ; nous avons un culte tout particulier, comme tu le vois, pour les officiers supérieurs.

Après le dîner, laissant M. Delapré au salon, je suis allé en compagnie de M. Octave de ***, un jeune homme de cinq ans, visiter les promenades de Grenoble ; de l'une d'elles, j'ai aperçu les montagnes couvertes de neige et aussi le fort de la Bastide qui protège toute la vallée du Graisivaudan.

Nous voici à Marseille. Ce matin nous avons fait

notre pèlerinage à Notre-Dame de la Garde ; malheureusement la foule des pèlerins était telle que je n'ai pu communier. Quoi qu'il en soit, j'ai bien prié pour vous.

Nous nous embarquons après dîner. M. Delapré te prie de dire à ces messieurs de la cure qu'il n'a pas le temps de leur écrire ; mais qu'il est très bien. Embrasse papa et mes sœurs pour moi.

Ton fils bien respectueusement affectionné.

FRANÇOIS.

QUARANTE-QUATRIÈME LETTRE

LE « *Capri* » LÈVE L'ANCRE. — *Ave Maris Stella !* — VICTIMES DE LA MER. — L'ARCHEVÊQUE D'ALGER CÉLÈBRE LA SAINTE MESSE A BORD. — VÊPRES PRÉSIDÉES PAR L'ARCHEVÊQUE DE REIMS. — ROME ET L'HÔTEL D'ALLEMAGNE. — HEUREUSE RENCONTRE. — VISITE A LA FAMILLE DATTI. — MGR DUPANLOUP A SAINT-ANDRÉ DELLA VALLE. — LES ZOUAVES AU BELVÉDÈRE. — PERRET GUÉRI.

Rome, 3 juin 1862.

ME voici donc à Rome, ma chère Maman, non pas seulement sain et sauf, mais en parfaite santé, fort heureux de tout ce que j'ai vu jusqu'ici. Il est neuf heures du soir, le bureau de poste est ouvert jusqu'à minuit, je ne t'écrirai donc pas longuement.

Le départ de Marseille a eu lieu à onze heures du soir ; nous étions sur le *Capri*, très beau transport. Rien de plus magnifique ni de plus solennel que ce départ ! Deux cent cinquante prêtres et trente laïques environ montaient le *Capri*, qui s'est détaché lentement du rivage au chant de l'*Ave Maris Stella!* Jamais encore je n'avais assisté à pareil spectacle ; mon admiration fut au comble, quand j'entendis les marins et grand nombre de Marseillais entonner du quai d'embarquement la seconde strophe. L'*Ave Maris Stella* terminé, des cris formidables de *Viva Pio nono!* Vive le Pontife Roi! ont retenti sur le navire, la foule a répondu de terre avec le même enthousiasme. Ce moment entre tous a été superbe (1)!

J'étais donc en secondes (120 fr. aller et retour), un matelas seulement sur le pont. Cette première nuit, la mer a été un peu mauvaise : de là beaucoup de Nantais, pour ne pas dire presque tous, malades. « Ce n'est pas le cas de dire : *Apparent nari Nantes!* » s'exclamait en gémissant le pauvre M. Delapré, si éprouvé par le terrible mal, que j'en souffrais pour lui, car pour moi je suis demeuré inébranlable, et ai dormi du plus profond sommeil ; et tu sais que mon profond sommeil à moi le cède à peine à celui de papa, alors que nous ronflons tous deux comme des toupies, à ton grand désespoir, presque chaque soir, au salon. Le lendemain matin, messe à bord,

---

(1) Villefranche a écrit, depuis, dans son *Histoire de Pie IX* en parlant de ces départs :

« Les nombreux navires se dirigeant sur Civita-Vecchia ressemblaient à autant de couvents ; ils se détachaient des ports de France, d'Espagne, d'Italie, en invoquant l'Etoile de la mer : *Ave Maris Stella*, et des masses de peuple leur répondaient du rivage, car les cœurs de tous partaient avec eux. »

célébrée par Mgr l'archevêque d'Alger. On avait dressé un autel, très modeste, mais très convenable, abrité par une tente disposée à cet effet. J'ai été touché du recueillement de tous ces vénérables prêtres qui se levaient, non sans peine ni souffrance, de leur pauvre matelas, pour assister au Saint Sacrifice.

A trois heures, les Vêpres ont été chantées par Mgr l'archevêque de Reims, entouré, s'il vous plaît, de sept évêques. Voilà des Vêpres solennelles ! Les vagues mugissantes remplaçaient les orgues, et mêlaient leurs harmonies sauvages aux deux cent cinquante prêtres qui chantaient de tout cœur et avec un merveilleux ensemble.

Le lundi, à onze heures du soir, je suis arrivé à Civita-Vecchia frais et dispos. Là j'ai fait viser mon passeport. A onze heures du matin nous atteignions le but de notre voyage au chant du *Te Deum*. Henri, qui n'avait pas reçu ta lettre, n'était pas à la gare. Où aller ? Ma foi, M. Delapré et moi nous nous sommes embarqués pour l'hôtel d'Allemagne, sans savoir que c'était le meilleur de Rome. Après le dîner, vite à la découverte de M. l'abbé Gahier dont nous avions l'adresse. L'inspiration ne pouvait être meilleure, car Henri entrait précisément chez M. Gahier pour savoir s'il n'avait pas entendu parler de nous. Je l'ai embrassé pour vous tous ; après deux ans d'absence, ce n'a pas été une petite joie de se revoir.

Ce matin, je me suis présenté chez les Datti, et j'ai été accueilli à merveille par Madame Datti, qu'il m'était difficile de comprendre, par la bonne raison qu'elle ne dit pas un mot de français. Mademoiselle Carlotta est heureusement arrivée, qui s'est faite mon interprète fidèle, et m'a demandé des nouvelles de vous tous; puis j'ai pu saluer M. le commandeur Egidio, camérier de cape et d'épée de Sa Sainteté, et son neveu, M. Alexandre, qui sortaient d'entendre Mgr Dupanloup à *Sant Andrea della Valle*, et en ont longuement parlé. Son sermon a été tellement beau, paraît-il, que les applaudissements ont éclaté à différentes reprises; mais tous les prélats italiens présents et ces messieurs eux-mêmes ont été si choqués de ces applaudissements qu'ils ont cru devoir quitter l'église avant la fin du sermon. A mon sens, le mal n'est pas bien grand.

Je suis maintenant parfaitement installé à Rome, dans un petit appartement qui me coûte 50 fr. par mois. J'ai vu Saint-Pierre et n'ai pas d'expression pour rendre ma pensée. J'en suis dans la stupéfaction. Sainte-Croix d'Orléans, la cathédrale de Bourges, celle de Lyon, tous ces chefs-d'œuvre, ce sont des miniatures auprès de Saint-Pierre de Rome. J'ai vu les Zouaves casernés au Belvédère qui touche le Vatican, deux heures après leur arrivée, et cette première inspection qui a duré longtemps, a commencé à me donner l'idée de leur vie militaire. C'est rude, et Henri dans ses lettres n'a pas trop chargé le tableau. J'ai traversé les rangs dans la caserne, j'ai parlé à beaucoup et donné force poignées de main.

Blévenec a reçu avec une grande reconnaissance l'aimable cadeau de sa sœur. Pour Warenn, je renonce à décrire son enthousiasme ; Perrault a été radieux des bonnes nouvelles que je lui ai données de sa mère ; Delabrosse me charge de bien remercier ses parents ; Poullain vous offre ses respects. J'ai remis à chacun ce dont j'étais porteur. Perret est maintenant beaucoup mieux, guéri miraculeusement, m'assure-t-on, par les reliques de Guérin. Je n'ai pas encore vu Antoine, mais je le sais très bien ; Bihoret était dans l'enchantement. Je ne me rappelle pas d'autres noms en ce moment ; la suite au prochain numéro.

Je t'embrasse bien tendrement, ma chère maman, ainsi que papa et les autres.

FRANÇOIS.

P.-S. adresser vos lettres jusqu'à nouvel ordre : Via dell' Impresa, n° 8. — 3° P° (terzo Piano, 3ᵐᵉ étage).

QUARANTE-CINQUIÈME LETTRE

LA CANONISATION. — VISITE A LEURS MAJESTÉS LE ROI ET LA REINE DE NAPLES AU QUIRINAL. — PIE IX ET SES TROUPES AU CAMP PRÉTORIEN.

Rome, 15 juin 1862.

Les journaux étant pleins des détails les plus circonstanciés sur les magnifiques fêtes de la canonisation des martyrs Japonais, il est bien inutile que je perde mon temps à t'en faire la description, mon cher papa. C'était beau au delà de tout ce qu'on peut se figurer. Aujourd'hui je veux t'entretenir de deux grandes visites que j'ai faites, l'une au Saint-Père, l'autre à leurs Majestés le Roi et la Reine de Naples.

C'est le lundi 9 juin que nous avons eu le bonheur de voir le Saint-Père dans la grande salle du Vatican. Depuis une heure déjà, nous attendions, très nombreux, avec une grande et légitime impatience le moment tant désiré ! Enfin les gardes nobles parurent, puis les cardinaux, puis le Pape. A sa vue tout le monde se jette à ses pieds ; les uns lui baisent les mains, d'autres font toucher des médailles à sa soutane ; le bon Saint-Père, serré de si près, se trouvait comme prisonnier. Après nous avoir bénis il nous a distribué des médailles (j'ai pu faire toucher la mienne à sa soutane) ; puis il nous a adressé un petit mot plein d'onction et de confiance, nous exhortant à bien prier les martyrs Japonais, afin d'obtenir par leur intercession les grâces dont nous avions besoin. J'étais bien heureux en quittant cette salle, regrettant toutefois de n'avoir pu parler au Saint-Père. J'espère m'y reprendre ces jours-ci.

Hier, nous étions admis près du Roi et de la Reine de Naples. L'audience était fixée pour midi ; mais nous n'avons pu entrer qu'à une heure. C'était au Quirinal (que le Pape a mis à la disposition de Leurs Majestés). Etaient présents : M. l'abbé Delapré, M. l'abbé Bourouet, M. l'abbé Gahier, M. l'abbé Petit, Henri en uniforme, et moi en habit noir. M. Gahier avait accepté de porter la parole en notre nom. Il s'en est parfaitement acquitté. Je me rappelle cette phrase : « C'est un grand honneur et un grand bonheur pour nous de pouvoir rendre hommage en la Ville Eternelle à la Papauté et à la Royauté. » Le Roi et la Reine ont répondu d'une manière fort gracieuse, en louant la valeur et la fidélité des Bretons. — « Oh ! priez, priez bien pour nous, ont répété plusieurs fois Leurs Majestés en nous congédiant ! Priez pour le pauvre royaume de Naples. Priez pour le Pape. » — C'était émouvant. Quels doux moments tu aurais passés, mon cher papa, si tu avais été avec nous !

Jeudi dernier, 12, bénédiction de la première pierre d'une caserne au camp Prétorien ! C'est la réalisation d'un projet nourri depuis longtemps par monseigneur de Mérode. Six mille hommes des troupes pontificales étaient sous les armes, soixante mille personnes les regardaient. Au commandement du général Kanzler, les troupes se sont rangées en une sorte de demi-cercle (je ne connais point le terme militaire) ; elles étaient si bien échelonnées, qu'on eût dit qu'il y avait au moins quinze mille hommes. Bientôt les coups de canon se font entendre et le Pape arrive dans une voiture attelée de quatre chevaux, donnant à tous la bénédiction, au milieu d'applaudissements frénétiques et des cris mille fois répétés de : *Viva Pio Nono, Pontefice Re! Viva! Viva!* Toutes les mains agitaient des mouchoir jaunes et blancs.

Au couchant de la vaste esplanade que forme le camp des Prétoriens, s'élevait une statue colossale de saint Pierre d'après celle de la Basilique Vaticane, mais trois fois plus grande. Sur le piédestal se détachait en grosses lettres le *Tu es Petrus et super hanc petram*, etc. Cette statue dominait de beaucoup le trône pontifical décoré de riches tentures. A la draperie du fond on avait fixé une immense médaille de Castelfidardo avec son exergue : *Pro Petri Sede!* L'effet était grandiose et saisissant, et évoquait naturellement le souvenir des glorieuses victimes tombées aux champs de Castelfidardo, sous les regards de Notre-Dame de Lorette, pour le Siège de Pierre. Après que Pie IX eut pris place sur son trône, Sa Grandeur, Mgr Cullen, archevêque de Dublin, en ornements pontificaux, entre le diacre et le sous-diacre, s'est avancé escorté par le bataillon Saint-Patrice vers le lieu désigné pour la cérémonie, et la pose de la première pierre a eu lieu, comme il est prescrit dans le Rituel.

Après la bénédiction, toutes les troupes ont défilé sous les yeux du Saint-Père : d'abord la ligne, puis les gendarmes pontificaux avec leur magnifique musique, puis les *Cacciatori*, puis les carabiniers suisses, puis les zouaves, au pas de course, dans un ordre magnifique, commandés par Charette et le colonel Allet. C'est alors surtout que l'on applaudissait, que les drapeaux et les mouchoirs voltigeaient et que l'on criait : « Vivent les Zouaves! » Le Saint-Père s'est levé pour mieux les voir passer ; je te promets qu'ils étaient fiers et crânes en ce moment-là. Enfin sont venus les artilleurs et les dragons ! Antoine était impassible sur son cheval de bataille, je l'ai regardé en lui faisant un signe ; il n'a pas même souri. J'ai vu aussi Xavier de Kerampuil ; sa mule ne voulait pas marcher, il fallait voir comme il tapait dessus ! J'ai rencontré plusieurs anciens condisciples de Vannes, entre autres Félix O'Murphy. Je te parlais de l'ovation faite aux zouaves ; les applaudissements se sont prolongés sur leur passage jusqu'au Vatican ; à chaque coin de rue la foule entassée les acclamait !

Aujourd'hui dimanche, à trois heures du matin, les zouaves sont partis pour Marino, contents de reprendre leur service, mais désolés de ne pouvoir assister à la procession du *Corpus Domini.* Henri et moi nous les rejoignons demain ; à Marino ou à Frascati nous louerons des chevaux, et visiterons les villes environnantes.

Je vous embrasse tous bien tendrement.

FRANÇOIS.

Le Colisée

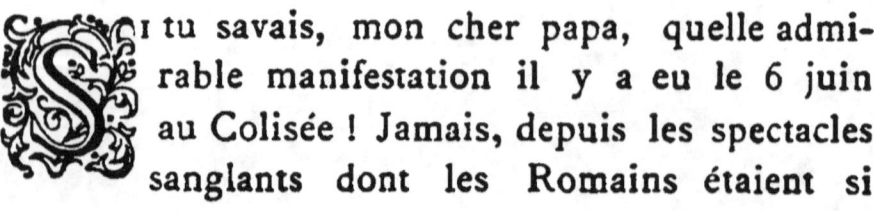

On dirait qu'on entend le torrent des années
Rouler sous ces arceaux ses vagues déchainées.
LAMARTINE.

QUARANTE-SIXIÈME LETTRE

MONSEIGNEUR BERTEAUD, ÉVÊQUE DE TULLE, AU COLISÉE.

Rome, le 17 juin 1862.

Si tu savais, mon cher papa, quelle admirable manifestation il y a eu le 6 juin au Colisée ! Jamais, depuis les spectacles sanglants dont les Romains étaient si avides, l'amphithéâtre Flavien n'avait regorgé d'une pareille foule. Je ne crois pas exagérer en disant que quarante mille personnes s'y pressaient. Tous les gradins, depuis le plus bas jusqu'au plus élevé, étaient garnis ! Cette vaste assemblée humaine composée de cardinaux, d'évêques, de moines, de prêtres, de soldats, de Romains et d'étrangers de toutes les nations qui vivent sur le globe terrestre, présentait un aspect saisissant ! Un instant je me suis demandé si ce n'étaient pas les grandes assises, pour le dernier jugement, dans la vallée de Josaphat.

Pourquoi cet immense concours ? Il s'agissait d'un Chemin de Croix solennel qui devait être présidé par un Prince de l'Eglise, et d'un discours préliminaire par monseigneur Berteaud, évêque de Tulle. Vers trois heures, monseigneur l'évêque de Tulle est arrivé et a eu beaucoup de peine, en dépit des grands bras de monseigneur de Mérode, qui s'agitaient comme les bras d'un télégraphe aérien, à se frayer un passage à travers les flots mouvants, mais serrés de cette multitude. Enfin, il s'en est tiré, et nous l'avons vu apparaître sur le *palco*, hissé à la lettre par Son Excellence monseigneur le proministre des armes qui en suait, et m'a paru, l'opération une fois accomplie, fort aise de s'asseoir. Au fait, ce n'était pas petite besogne, car Mgr de Tulle n'est point léger de sa personne comme le nom de sa ville épiscopale.

La vue de ce superbe auditoire l'a eu vite mis en verbe. Il était splendide à considérer, l'œil en feu, les cheveux au vent, la voix forte et répercutée à merveille par les blocs de marbre de la vieille arène.

Evoquant les souvenirs antiques de ce Colisée dont nous foulions le sol, monseigneur Berteaud a débuté par un parallèle saisissant entre les gladiateurs qui venaient combattre pour désennuyer César et le saluaient avant de mourir, et les chrétiens qui succombaient broyés par les dents des bêtes féroces, en regardant le ciel, et *sans saluer César*.

« Le monde et les puissants de la terre persécuteront toujours les chrétiens : *Hi in curribus et hi in equis* ; ils ont eu et auront de tout temps à leur disposition des masses imposantes de combattants et de redoutables engins de guerre. *Nos autem in nomine Domini invocabimus*, mais aux chrétiens dénués de tous secours humains, par la vertu du nom de Jésus-Christ, la victoire sur l'enfer et sur le monde demeurera infailliblement. »

Monseigneur de Tulle a une prodigieuse mémoire ; tout nourri des Saints Pères à l'école desquels on sent que sa mâle éloquence s'est formée, il les cite par cœur avec une incroyable aisance. C'est toute une page de saint Augustin, par exemple, et une page qui n'en finissait pas, qu'il nous a commentée avec un rare bonheur.

J'ai été littéralement ravi d'une délicieuse comparaison du *cirque* avec le sein virginal de Marie.

« *Là*, Jésus a trouvé un lit doux et pur ; *ici*, dans ce cirque sanglant du Colisée, le Christ mystique s'est formé, a pris naissance, a grandi comme au milieu d'un sein violent et barbare. »

En parlant du pouvoir temporel du Pape, l'évêque s'est écrié : « Son trône de roi n'est pas une félicité ni un privilège pour le Vicaire de Jésus-Christ, mais plutôt un embarras et une croix. *Descende de Cruce*, disaient les Juifs au Sauveur ; descendez de ce trône, crie sans cesse la horde des impies au Pape. Mais le Vicaire de Jésus-Christ n'a pas le droit d'en descendre de lui-même, et il y restera fixé tant que Dieu voudra. Du haut de ce trône qui est sa croix, il tend au monde ses mains déchirées pour le presser sur son cœur. »

Les zouaves ont eu leur compliment. Henri prétend avoir parfaitement entendu ces paroles :

« J'aime à voir ces nobles adolescents commandés par de beaux capitaines. Enfants, je vous félicite. Soyez heureux et fiers, et un jour dites à vos mères : Nous avons été à Rome, nous fûmes à cette fête, nous avons fait un noble service : jour et nuit nous montions la garde pour la cause de Dieu et de son Vicaire.

« Que si quelqu'un manquait à sa mission, si une épée se fatiguait de rutiler au soleil, s'il lui plaisait de rester inactive ou rouillée, ou si elle n'entendait s'employer qu'à des combats vulgaires, eh bien ! ce serait dommage, une grande perte d'honneur et un crime. »

Tu devines sans peine à qui s'adressaient ces dernières paroles.

Enfin notre incomparable orateur a fini par une invocation à la très Sainte Vierge, Reine des martyrs, qu'il nous a montrée engagée envers Pie IX.

Grande nouvelle : le prochain mariage du commandant de Charette avec Mademoiselle Antoinette de Fitz-James, sœur de la duchesse Salviati.

Le bon abbé Gassiat, grand ami d'Henri, est charmant pour moi. Je me porte à merveille.

Ton fils bien affectionné.

F<small>RANÇOIS</small>.

QUARANTE-SEPTIÈME LETTRE

LES ANES DE MARINO. — PROMENADE A MONTE CAVE. — M. DELAPRÉ TIENT BON. — DÎNER CHEZ L'ABBÉ DANIEL, AUMÔNIER DES ZOUAVES. — UN MOT TROP VIF. — ARRESTATION. — UNE NUIT DANS LA PRISON DE LA PLACE FRANÇAISE. — PERMISSION DE PRENDRE PENSION AU FORT SAINT-ANGE.

Rome le 28 juin 1862.

Les journaux t'ont sans doute appris déjà, mon cher papa, l'arrestation d'Henri, et j'espère qu'elle ne t'aura pas trop inquiété. Avant de te dire comment la chose s'est passée, je tiens à te raconter *grosso modo* les péripéties d'une excursion qui a précédé notre mésaventure, car je veux procéder par ordre, autant que possible, dans la rédaction de mon journal de voyage.

Le vendredi 20 juin, j'allai avec Henri à Marino pour voir les zouaves et le colonel des zouaves M. Allet ; M. l'abbé Delapré avait eu l'amabilité de nous accompagner.

Partis de Rome à six heures du matin, nous étions à

huit heures à Marino, et aussitôt notre arrivée nous louions des ânes pour faire l'ascension de la montagne laplus élevée du pays, *Monte Cave*, où se trouve un couvent de religieux Passionistes. Avant notre départ nous allons faire une petite visite à M. Daniel, aumônier des zouaves, et lui proposons de se joindre à nous : il accepte avec empressement et décide son frère aîné, ainsi que M. Debais, vicaire à Saint-Nicolas de Nantes, à se mettre, eux aussi, de la partie. La caravane se composait donc de dix personnes.

Ee partant, les ânes marchaient encore, mais bientôt ils se lassèrent, s'entêtèrent, de sorte que nous fûmes obligés de nous arrêter dans un bois pour cueillir des bâtons ; on fit des pointes aux extrémités, et nous voilà en route. M. Delapré avait un âne dont la valeur ne s'était pas révélée jusquelà; mais bientôt Henri le taquinant avec la pointe de son bâton, le pauvre animal se mit à ruer, et finalement à prendre la tête de la colonne. Arthur de la Tocnaye, arrivant à son tour, astique aussi lui la malheureuse bête. M. Delapré demandait grâce, mais ses ennemis avaient juré sa perte, de sorte que pendant toute la route ce ne fut qu'une lutte continuelle ; plusieurs fois il faillit tomber, mais il revint avec les honneurs de la guerre ; même à Marino, sous les yeux des zouaves, il demeura ferme.

Je puis t'affirmer que jamais je ne me suis amusé comme ce jour-là. Arrivés sur le haut de la montagne, nous avions vue sur toute la campagne romaine, sur la mer ; nous pouvions même distinguer dans le lointain le fameux Porto d'Anzio, et plus près de nous deux lacs de toute beauté : le lac de Nemi et celui d'Albano. Le soir, nous dînions presque tous chez le bon et digne aumônier des zouaves, M. Daniel. La journée avait été complète et, après la prière, nous allions nous coucher dans la maison du commandant de Charette, absent de Marino.

J'arrive maintenant à l'arrestation. Le lendemain de notre excursion à Monte Cave, nous descendions à quatre heures du soir en gare de Rome. Notre premier soin fut de dîner, puis nous nous rendîmes chez un bijoutier nommé Rainaldi pour y faire quelques emplettes. Pendant que le bijoutier nous faisait examiner à l'étalage extérieur de son magasin un presse-papier à l'effigie de Pie IX, un soldat français s'approche et se penche en regardant par-dessus l'épaule de l'un de nous, puis se met à rire en voyant le portrait du Pape. Henri, vexé de ce sans-gêne, lui demande pourquoi il se moque ainsi de nous, et, laissant échapper un mot un peu vif, ajoute : « Vous feriez mieux d'inscrire tout ce que nous achetons » ; notre soldat se retire, et va rejoindre la patrouille dont il faisait partie, et, un instant après, revient sur ses pas.

Le gendarme, chef de la patrouille, s'adressant à Arthur de la Tocnaye (qui était venu avec nous de Marino en uniforme), lui dit : « Vous avez insulté la patrouille, suivez-moi. — Je n'ai rien dit, répond Arthur de la Tocnaye ; je suis gradé, ne me touchez pas, laissez-moi tranquille. » Alors le soldat, montrant du doigt Henri, dit : « C'est *celui-là*. » Aussitôt le gendarme, mettant la main sur l'épaule d'Henri, lui ordonne de le suivre, criant bien haut qu'il allait lui en coûter cher d'avoir insulté une patrouille. On *nous* conduit d'abord chez le commandant de la gendarmerie française, M. Gillet, car j'avais dit au gendarme que je voulais suivre mon frère. M. Gillet était absent.

De là on nous mène à la Place française, au Corso. Pas d'officier. Il pouvait être sept heures du soir : tout le monde dînait ! Le sergent de garde, à la requête du gendarme, nous jette au violon où nous passons la nuit, n'ayant pour lit que deux planches et pour boisson qu'un peu d'eau dans une cruche placée à deux centimètres du baquet réglementaire.

Le lendemain matin, dimanche 22, à huit heures, on vient nous ouvrir; on nous conduit dans un salon où se trouvaient un général, un colonel et sept à huit autres officiers, et on nous lit le rapport du gendarme, puis le général prononce la sentence, et cela sans que Mgr de Mérode, pro-ministre des armes de Sa Sainteté, et le colonel des zouaves eussent été informés de rien. Henri était condamné à huit jours de fort Saint-Ange. Le général, s'adressant à moi, me dit que n'étant pas zouave, ce qu'on avait cru d'abord, j'étais libre et pouvais me retirer, mais que mon frère allait être conduit au fort Saint-Ange en *tenue de zouave*. Ce détail est à remarquer. Henri était en bourgeois quand il fut arrêté; il passa la nuit au violon en bourgeois ; mais on a voulu qu'il fût escorté militairement de la prison de la Place jusqu'au fort Saint-Ange (au moins vingt minutes de chemin) pour faire voir à toute la ville qu'un zouave pontifical avait mérité la prison.

Henri a traversé Rome en plein jour, sans forfanterie, mais aussi sans timidité, au pas de zouave, entre quatre baïonnettes, ne rencontrant que des sympathies sur son passage. La vérité était déjà connue, et l'on avait peine à s'expliquer pourquoi l'autorité militaire française s'arrogeait le droit de punir elle-même un soldat pontifical.

Le soir même de notre arrestation, Arthur de la Tocnaye prenait des témoins, et adressait plusieurs rapports, l'un au pro-ministre des armes, l'autre au général Kanzler, le troisième au colonel Allet ; tous trois ont donc su immédiatement à quoi s'en tenir. Monseigneur de Mérode a en vain réclamé Henri, et protesté contre cette façon des autorités militaires françaises d'agir ainsi à Rome en pays conquis. Arthur de la Tocnaye s'est comporté en cette circonstance plus en frère qu'en ami et a failli être condamné à huit jours de prison ; voici comment :

Le lendemain de l'arrestation d'Henri, nous allions (M. l'abbé Delapré, Arthur et moi) ni plus ni moins chez le général de Montebello, arrivé de la veille, et sollicitions la permission de voir Henri au fort Saint-Ange. Un capitaine nous transmet un refus du général, en nous invitant à ne pas insister, attendu que le général ne revenait jamais sur ses décisions. Toutefois nous ne perdons pas courage. Voyant entrer le colonel commandant la place, nous lui demandons la permission tant désirée ; après nous avoir écoutés avec bienveillance et attention, il nous répond qu'il va faire formuler notre permission ; son caporal secrétaire nous demande alors nos noms. En entendant celui d'Arthur de la Tocnaye, il dit au colonel que c'était le sergent qui avait fait le rapport. Aussitôt le colonel fait signe à Arthur de le suivre dans une pièce voisine et lui tient ce langage : « Le général Dumont vous a d'abord infligé huit jours de fort Saint-Ange pour votre rapport qui ne concorde pas avec celui du gendarme ; mais depuis, il m'a donné l'ordre de vous les lever, *en raison de la bonne entente qui règne entre l'armée pontificale et l'armée française* » (sic).

Arthur a répondu au colonel qu'il avait cru de son devoir de rédiger un rapport, que du reste il avait des témoins pouvant en attester la véracité ; mais le colonel lui a imposé par trois fois silence.

Quoi qu'il en soit, nous avons obtenu la permission, mais pour une fois seulement, de midi à deux heures. Par une mauvaise manœuvre M. Delapré et moi nous ne sommes arrivés, le jour suivant, qu'à une heure au fort Saint-Ange, de sorte que nous n'avons vu le prisonnier que d'une heure à deux. Henri savait déjà que le général de Montebello lui avait gracieusement octroyé, comme don de joyeux avènement, huit autres jours de fort Saint-Ange ; ainsi le veut, paraît-il, l'étiquette militaire, et il n'est pas bien sûr de ne pas en recevoir encore huit en plus, comme cadeau de départ du général de Goyon. En voilà des mœurs polies et agréables !

Malgré tout, le pauvre captif ne se fait pas de bile dans sa prison. On nous l'a amené affublé d'une grande capote de fantassin. Il est superbe. Nous avons pu causer à l'aise de nos aventures, et même rire de bons coups. Henri, Dieu merci, a une paillasse : ça vaut mieux que les deux planches du violon. La nourriture n'est pas riche ; j'ai demandé la permission de lui faire apporter quelques vivres d'un restaurant voisin : refus complet. Ses compagnons de prison l'ont bien accueilli; il leur raconte des histoires et le temps se passe. Puis il prend la chose en vrai zouave : « Le serviteur, nous a-t-il dit, n'est pas plus que le Maître ; la Révolution ne ménage pas les outrages au Pape de ce temps-ci ; rien d'étonnant que ses soldats en aient leur part. » Et moi j'ajoute: *Optimam partem elegit*.

Ne vous désolez donc pas. Tout le monde à Rome s'intéresse au sort d'Henri. M. Daniel, l'aumônier des zouaves, et M. le capitaine Hefner, commandant le dépôt de la *Pilotte,* ont demandé hier à le voir : toujours refus sur toute la ligne. Ces faits se passent de commentaire. Mais après la pluie vient le beau temps.

Je vous embrasse bien affectueusement.

FRANÇOIS (1).

(1) Le correspondant du journal *Le Monde* s'exprimait ainsi, le 24 juin 1862 :

« ... On a répandu des nouvelles très circonstanciées sur les duels qui auraient eu lieu entre des zouaves pontificaux et des soldats français. Il n'y a pas un mot de vrai ; mais on regrette l'emprisonnement d'un zouave, jeune homme breton, d'une distinction parfaite, arrêté dans des circonstances étranges.

« Ce zouave, vêtu en bourgeois, sortait avec son frère et un prêtre de chez un marchand de la rue Condotti. Il avait acheté des marbres surmontés de la figure en relief du Pape. Un soldat français s'approche de lui, examine grossièrement les marbres et se met à insulter le Pape. Le zouave le reprend assez vivement et le chasse ; mais le pauvre jeune homme n'avait pas aperçu que le soldat faisait partie d'une patrouille déjà passée. Ce soldat appelle le gendarme qui marche en tête de ces sortes de patrouilles, et le jeune zouave est pris, conduit à la place, qui le condamne à huit jours de prison, et de là traîné au château Saint-Ange, où il passera quinze jours. »

QUARANTE-HUITIÈME LETTRE

A M. BENJAMIN SEBAUX, A LAVAL.

LE FORT SAINT-ANGE. — COMPAGNONS DE CAPTIVITÉ. — LA TENUE. — LE MENU DU JOUR. — LE JEU DE DAMES. — UNE LAME QUI NE VIENT PAS DE TOLÈDE. — UN PAQUET DE TABAC QUI VIENT DE HAUT. — LA BRIQUE MYSTÉRIEUSE. — CES BONNES RONDES ! — LE CAPORAL RENARD. — UNE CUISSE QUI BRULE ET MUCIUS SCŒVOLA. — RENARD EN ZOUAVE. — PAIN A DISCRÉTION. — LE VIEUX DES ABRUZZES. — L'ARTILLEUR WACQUIER. — ADIEUX AU FORT. — PERMISSION D'UN MOIS POUR LA FRANCE. — MADAME DE KERGOS. — APPARITION A KERGUENEC.

Kerguenec, 4 août 1862.

Mon frère François t'ayant raconté, d'une manière fort exacte, les détails de mon arrestation, je me bornerai, mon cher Benjamin, à te narrer quelques particularités de ma captivité. Au premier instant j'ai grommelé pas mal entre mes dents, puis j'en ai gaîment pris mon parti. Ce qui me vexait davantage, tu le comprends sans peine, c'était de ne pouvoir jouir de la présence de mon frère, qui est bien resté dans la Ville éternelle un mois de plus qu'il ne pensait, car, au lieu de huit jours de fort Saint-Ange auxquels j'étais condamné, j'ai fait trois bonnes semaines de prison : une en l'honneur du général de Goyon qui partait, une autre en l'honneur du général de Montebello qui arrivait, et la troisième en l'honneur du général Dumont, le commandant de place.

Mon crime est donc d'avoir insulté une patrouille française dans l'exercice de ses fonctions. A la vérité, j'ai lancé à la tête d'un fantassin français un mot un peu vif. On devait alors me conduire, après mon arrestation, à la place française. Mes chefs m'eussent puni sur le rapport du gendarme français : rien de mieux ! Mais quel droit le commandant de place français avait-il de me retenir dans ses prisons et de me juger comme un de ses propres soldats ? Pas d'autre que la raison du plus fort. Inutile d'insister là-dessus. A mon entrée au fort, j'ai été, selon le règlement, fouillé de la tête aux pieds. On examine toujours le prisonnier pour voir s'il n'a pas d'allumettes, de tabac, ou des instruments tranchants, tels que couteaux, petites scies lilliputiennes, que certains malins, paraît-il, trouvent moyen d'introduire parfois.

Après cette cérémonie on m'a conduit dans une casemate pleine de paillasses. « Prenez-en une, me dit le caporal geôlier, mais dépêchez-vous, car la garnison ne manque pas là-dedans. » Je ne fis qu'un bond pour entrer et qu'un bond pour sortir avec ma paillasse sur l'épaule ; puis j'entrai crânement dans le cachot qui m'était destiné et où moisissaient les uns depuis quinze jours, les autres depuis trois semaines, un mois, et même davantage, dix-sept pauvres diables de toutes armes et de toute provenance : je dis bien, car en outre de quinze soldats français, lignards, hussards, artilleurs, j'ai trouvé là trois carabiniers pontificaux et deux napolitains, deux de ces royalistes des Abruzzes dévoués à François II, à la vie à la mort, auxquels le gouvernement piémontais donne le nom de brigands, et qui ont été pris tout comme moi, et selon le même droit, par les soldats français.

Comme je m'exprime déjà facilement en italien, j'ai eu vite fait connaissance avec les Napolitains et pu causer à mon aise, sans être compris du pioupiou français qui ne sait guère d'italien que ce qui est indispensable pour demander à manger et à boire. Mes compagnons de misère ne me firent pas trop mauvais accueil ; il a fallu commencer par exposer pourquoi j'étais mis dedans, ce que j'ai fait de mon mieux et à la satisfaction générale. On a vu que je n'étais pas un *bleu*, et, au bout de quelques heures, j'étais admis, et à peu près au courant des usages de la *maison*. Jamais de sortie de faveur que pour faire le service de balayage. Le menu, de la soupe, c'est-à-dire deux fois le jour du pain trempé dans de l'eau chaude où apparaissent quelques grains de riz et de modestes débris de viande.

Nous étions servis dans une gamelle pour six : c'est cela qui est réjouissant ! Pendant quatre jours, n'ayant pu obtenir une cuiller, j'ai dû me servir de mes doigts. La messe le dimanche seulement, entre deux haies de soldats ayant leurs armes chargées ; défense de lire, de jouer, de fumer, de chanter, d'avoir de la lumière, une fois la nuit venue. La tenue pour tous, une capote de punition (c'est-à-dire sans boutons) et un bonnet de police sans gland.

Il faudrait être absolument difficile pour ne pas trouver des charmes d'un ordre tout à part à un semblable genre de vie ! Parole d'honneur, je ne me suis pas fait trop de mauvais sang, malgré que j'ai considérablement maigri. Mais ça c'est forcé : l'avoine faisant défaut, la bête ne peut faire autrement que de s'effiler. Le plus dur c'était de ne pas pouvoir en griller une. Oui, c'est là vraiment le point sensible, le cruel de la captivité. Ne pas pouvoir fumer une pipe, parce que pour fumer une pipe il faut commencer par l'allumer et que pour l'allumer il est besoin d'allumettes ! Ça c'est de l'inhumanité toute pure. Car, enfin, il n'y a pas de danger que le feu prenne à vos rideaux de lit !

D'ici je t'entends dire que cette inaction, que cette oisiveté forcée, que cette inertie du corps et de l'esprit doit être, au bout de quelques jours, intoléra-

Le fort Saint-Ange et la coupole de Saint-Pierre.

ble. Ça n'a rien de trop gai, c'est clair : aussi nous sommes-nous ingéniés à nous créer le plus de distractions possible. Mais comment ? D'abord nous avons trouvé moyen de fabriquer un jeu de dames ; rien que cela, à l'aide d'une vieille lame de couteau que j'eus la bonne fortune de trouver en balayant le préau. Cette méchante lame, à force d'être vigoureusement frottée entre deux briques, devint luisante comme une lame de Tolède et capable de couper toutes sortes de choses.

Retourner deux planches de notre moelleux lit de camp fut l'affaire d'une seconde, un artiste en sculpture vous burina là-dessus, avec une perfection relative, un damier ; mais le damier achevé, il fallait des pions. Une inspiration superbe vint à mon voisin, Renard, caporal à je ne sais plus quelle compagnie de quel régiment de ligne. Ce fin Renard fit donc la motion que chacun de nous enlèverait aux bords de ses souliers avec la susdite précieuse lame tout ce qu'il pourrait de cuir, de façon à ce que l'amputation ne fût pas trop apparente. En moins d'un quart d'heure, nous étions aussi bien montés en pions que le café Procope de Paris, et le jeu de dames fonctionnait.

Ce fut une rage : tout le monde aurait voulu jouer à la fois. Mais hélas ! les parties étaient souvent interrompues par les maudites rondes qui venaient au moins chaque heure troubler nos pauvres petits divertissements ; et encore fallait-il n'être pas pincé : à cette fin, l'un de nous avait toujours le nez aux barreaux de fer d'une petite fenêtre d'où l'on voyait les rondes arriver. Aussitôt le cri d'alarme poussé, les planches du lit de camp qui servaient de damier étaient retournées, et les pions disparaissaient sous une brique du dallage de notre cachot que l'on levait *ad hoc*, pas toujours la même, afin que l'officier de ronde ne vînt pas à découvrir la cachette où reposaient nos trésors ; car les pions eurent bientôt pour compagnons un gros paquet de tabac, une pipe et des allumettes qu'un charitable troubadour s'avisa de nous jeter un jour du haut du fort, enveloppés soigneusement dans du foin, pendant que nous étions en train de balayer tout en bas, notre appartement se trouvant au 3me, au-dessous de l'entresol.

Ce fut une journée mémorable que celle où ce brave paquet de tabac s'imagina de tomber ainsi des régions aériennes dans les profondeurs de notre captivité. Quel accueil on lui fit ! Comme chacun le couva des yeux ! La pipe ne pouvant être fumée par tous simultanément, on dressa une liste, tous les noms furent inscrits, et devant le nom de chacun l'heure à laquelle il pourrait se donner la jouissance du précieux instrument ; on décida en même temps que celui dont la demi-heure ou quart d'heure de pipe viendrait d'expirer, monterait la faction aux barreaux de la fenêtre, pendant que le suivant fumerait. Dès que la ronde était signalée, toutes les capotes s'agitaient comme mues par un ressort magique, pour dissiper le nuage odoriférant ; mais si la fumée avait à peu près disparu quand le capitaine entrait, le parfum n'avait pas eu le temps de s'évaporer. « On a fumé ici, s'écriait le visiteur aux trois galons : vous savez que si le délinquant est découvert, c'est quinze jours de fort de plus! » Et le capitaine d'examiner et le lit de camp et les paillasses, voire même les briques, de nous flairer : « C'est vous, un tel, qui avez fumé! » — « Oh! oui, mon capitaine, j'ai beaucoup fumé avant de venir en prison, et ça sent encore. » — « C'est bon, ça suffit : pas d'observation ; mais si je vous prends, vous fumerez sans tabac. »

Jamais nous n'avons été pris ; il n'y a que moi qui suis, bien sûr, né au lendemain du jour de la chance qui ai failli l'être. Mon précédent, qui montait la garde, mais d'une façon distraite, paraît-il, un certain jour, pour ma sécurité personnelle (il était trois heures de l'après-midi), ne poussa le cri d'alarme qu'au moment où la ronde était déjà à la porte. Je n'eus que le temps de fourrer la pipe tout allumée dans une poche de mes larges braies grises, de mettre les mains sur les deux coutures pendant que le sergent qui accompagnait l'officier de ronde criait : « Fixe! » Nom d'un petit bonhomme, je me tins aussi raide que je pus, durant deux minutes ; mais après, le *fixe* me devint pénible ; par un fait exprès, ce bon capitaine n'en finissait pas ; mon infortuné pantalon brûlait bel et bien, je n'osais porter la main à ma pauvre cuisse gauche qui rôtissait tout comme la main (la main gauche aussi de Mucius Caius Scœvola, à moins que mes souvenirs classiques ne me trompent) sur son brasier ardent, en présence de Porsenna. Mais j'avais beau faire : sous l'ardeur de cette cuisson, mes traits se contractaient, et ma pauvre *humanité* commençait à osciller de gauche à droite et *vice versa*. Mon vieux Porsenna français s'en aperçut. « Qu'est-ce que vous avez à remuer comme ça, vous ? — Mon capitaine, j'ai la colique : on ne boit que de l'eau ici. — Ah ! pour ça c'est pas drôle, je sais bien ; mais fallait pas vous faire fourrer en prison. Enfin, puisque vous êtes souffrant, je n'y puis rien et je m'en vais. Mais on a encore fumé ici ! Ça sent le tabac et même le roussi ! Je vous pincerai ! » Puis, bonsoir.

Il était temps : aussitôt la porte fermée, ce fut un fou rire inextinguible ; moi je m'empressai de donner la liberté à la chère pipe, qui m'avait fait, en cinq minutes, un trou profond de quasi un millimètre et au moins large comme une pièce de 5 francs, sur lequel Renard me mit une compresse imbibée de baume de son cœur, souverain, disait-il, dans ces cas-là ; puis, après avoir quelque peu soufflé et repris haleine, j'achevai la bouffarde, involontairement cruelle à mon endroit, en remerciant le ciel de m'avoir épargné quinze nouveaux jours de prison.

Ce Renard, mon voisin, est un loustic de premier ordre, bon garçon du reste et peu facile à démonter. Son sang-froid me sauva encore, deux jours après la brûlure de la pipe, d'une aggravation de peine que je n'aurais pas ratée sans lui. N'avions-nous pas eu la belle idée tous les deux, sans y voir l'ombre de malice, de changer d'uniforme, pour une demi-heure, à seule fin de voir si la tenue de zouave lui allait bien à lui, et si moi je ne faisais pas trop mauvaise figure sous la livrée d'un caporal d'infanterie française !

Or, il était parfaitement écrit sur une pancarte appendue au mur, mais que nous n'avions pas lue, qu'il était absolument défendu, sous les peines les plus graves, d'échanger son uniforme contre celui d'un autre, cela ne se pratiquant d'ordinaire que dans les tentatives d'évasion.

Par bonheur, le caporal de geôle qui accompagnait la ronde ce jour-là, était un Breton de Rennes, fermier d'un de nos capitaines aux zouaves dont j'avais trouvé moyen de me concilier les bonnes grâces ; à peine nous eut-il aperçus en entrant, Renard et moi, sous notre accoutrement, qu'il nous dit tout bas à l'oreille : « Ne vous trahissez pas devant le capitaine ; vous avez fait une grosse bêtise. S'il vous parle, répondez, vous Renard, comme si vous étiez zouave, et vous Le Chauff, comme si vous étiez fantassin. » Les camarades, comprenant que ça ne plaisantait pas, n'eurent garde de broncher ; pas un sourire, tous à la position du soldat sans armes et raides comme des bouts de bois.

Arrivé devant Renard, l'officier s'écrie : « Tiens, un zouave ! Qu'est-ce que vous faites ici, vous ? — Mon capitaine, j'ai affligé d'un mot un peu vif un brave gendarme ! — Ah ! oui, j'ai entendu parler de ça ; mais ça n'est, tout de même, pas une grosse affaire, tout le monde dit de ces vivacités-là ; seulement, il paraît que votre gendarme était de service et qu'en votre qualité de zouave du Pape vous aviez l'air un peu insolent. — Possible, mon capitaine, a répondu Renard avec un aplomb de Carthaginois ! Un instant j'ai cru que tous les autres, même le caporal geôlier, allaient *craquer*; mais non : la misère partagée en commun rend les âmes vaillantes ; chacun se serra vigoureusement les côtes jusqu'au bout, et je te laisse à penser quels compliments reçut mon fin Renard quand son interrogatoire eut pris fin et que la ronde eut déguerpi.

Quelques instants après, le caporal geôlier eut la complaisance de revenir nous expliquer le grave péril auquel nous lui devions d'avoir échappé, et nous fit lire la pancarte. Les cheveux nous dressèrent sur la tête, et nous prîmes la forte résolution de ne plus recommencer. Ce bon procédé m'inspira de l'intérêt pour le caporal fermier de mon capitaine des zouaves, et m'enhardit même jusqu'à me faire oser lui demander, en lui laissant entrevoir une juste récompense pour le jour où je quitterais le fort, s'il n'y aurait pas moyen de se procurer quelques adoucissements, une fine tranche de jambon, par exemple, avec une *misérable* goutte. «Impossible, me répondit-il ; mais comme je sais que vous avez de l'argent, puisque j'ai entre les mains celui que vous portiez par devers vous en entrant au fort (mon porte-monnaie contenait, je crois, une trentaine de francs, somme énorme pour un troupier), si vous voulez, je pourrai vous donner des rations de pain en plus. — Caporal, vous êtes presque un demi-dieu, lui criai-je ; vous êtes une perfection, donnez-nous du pain à foison, à tous ; je paierai pour tout le monde, et vous pouvez compter sur ma reconnaissance, le jour où j'aurai la douleur de vous dire adieu, et même au delà. »

C'est qu'il tint parole, cette perle de caporal, et dès le lendemain notre casemate regorgeait d'un pain blanc, doré, croustillant, exquis. On en mangea tant qu'on en voulut et tant qu'on put, et cela jusqu'à mon départ. Du coup, j'étais le roi de la bande, et maître de la situation. On m'écouta à partir de ce jour, la bouche béante ; mes paroles étaient accueillies comme autant d'oracles. Mon caporal panetier avait du reste édifié la galerie sur ma position sociale, sur les études que j'avais faites, etc., etc., sachant bien que je saurais lui tenir compte de ces attentions fines, et savourant déjà par anticipation le bon dîner qu'il ferait après ma *délibération,* comme disait un affreux artilleur auvergnat qui, lui, pleurait d'attendrissement en entrevoyant l'heureuse minute où il pourrait serrer entre *ches* (ses) dents, une *gouche* d'ail et un morceau de *péqui chalé*. De fait, quand a sonné l'heure de la délivrance, j'ai été grand, et je suis bien sûr qu'intérieurement — s'il n'a pas osé me dire crûment au revoir, — mon caporal *Rennais* a dû faire des vœux pour que la Place française continue d'envoyer beaucoup de zouaves pontificaux au fort Saint-Ange.

Un mot de mes compagnons napolitains. L'un d'eux était un bon vieillard de soixante-seize ans, qui eut la chance de ne rester que douze jours en prison après mon entrée, et me donna, en partant, sa cuiller. Ce bon et fidèle serviteur de son Roi, épicier en gros de son état, dans la petite ville de San Germano, sur les confins du royaume de Naples et des Etats pontificaux, venait, depuis la prise de Gaëte, une ou deux fois par mois à Rome, et en rapportait dans sa charrette, au milieu du poisson salé, des caisses de cartouches qu'il distribuait, de retour au pays, aux soldats royalistes.

Une patrouille française l'ayant arrêté il y a plus de deux mois, selon la consigne qu'elle en avait, et ayant fouillé la charrette qui s'est trouvée bondée de cartouches, le pauvre homme a été enfermé au fort Saint-Ange, pour y attendre d'être traduit en conseil de guerre français.

Tu te figurerais difficilement la désolation de cet héroïque paysan. « C'est fini, je vais mourir ici, sans revoir mes enfants et mes petits-enfants, me disait-il; ils vont me condamner. C'est dur à mon âge ; mais c'est pour Dieu et pour le Roi, n'est-ce pas, *signore Zuavo*? »

Je me serais mis à ses genoux et lui aurais baisé les pieds à ce loyal et admirable sujet de François II. Comment le consoler ? comment lui venir en aide ? La chose n'était pas facile ! Dieu m'inspira pourtant. Je lui donnai un beau soir le conseil de refuser l'avocat d'office qu'on lui offrait pour sa défense et qui vint en effet le trouver le lendemain. Les défenses de ces avocats d'office improvisés, qui étaient des officiers français, ne servaient à rien, sinon à aggraver souvent la prétendue culpabilité des royalistes Abruzziens. « Défendez-vous vous-même, lui dis-je, et dans votre langue. Il n'est pas possible que vos cheveux blancs ne fassent pas quelque impression sur vos juges. Vous commencerez par vous plaindre de la longue détention préventive que vous avez subie, du jeûne rigoureux qui vous a été imposé, et qu'on aurait dû vous adoucir si l'on avait pris quelque souci de votre âge et de votre honorabilité bien connue dans votre pays, puis vous avouerez bien haut votre soi-disant crime : vous revendiquerez pour vous, comme le plus grand honneur et le plus beau couronnement d'une vie sans tache, le crime d'avoir servi jusqu'au bout, pour l'amour de Dieu et de sa justice, votre Roi légitime injustement dépossédé. Votre conclusion sera qu'un si grand crime ne pouvant être expié que par la peine capitale, vous réclamez la mort, mais aussi, avant d'être fusillé, une grâce, celle d'embrasser vos enfants et petits-enfants, de vous confesser et de communier, et de faire dire à Sa Majesté François II, qu'à 76 ans, pour lui avoir été fidèle, vous êtes tombé en criant : Vive saint Janvier et Vive le Roi ! »

Le matin du jour où l'on est venu avertir mon client qu'il allait comparaître devant le conseil de guerre, nous avons dit ensemble notre chapelet ; puis le vieillard m'a récité sa leçon que je lui apprenais depuis deux jours, sans en passer un mot. Quelques instants après, un piquet de soldats ayant leurs armes chargées est venu le prendre ; il les a suivis, marchant d'un pas ferme, sans émotion, soutenu évidemment par une force surhumaine. Moins d'une heure après, il rentrait dans notre cachot, les yeux humides de larmes, mais de larmes de reconnaissance envers Dieu. Il avait affronté sans pâlir la vue de tous ces officiers en grand uniforme, avait eu la force de dire debout d'une voix tremblante, mais claire et distincte, la profession de fidélité dont nous étions convenus. L'effet avait été celui que j'espérais, et le président du conseil de guerre avait prononcé l'acquittement et la mise en liberté.

Tu juges de la joie du bon vieux et aussi de la mienne. Il était libre et allait peut-être même, aussitôt les formalités remplies, être congédié dès le soir même. Vite, je commençai une longue lettre au crayon pour mon frère François, lui racontant par le menu l'histoire de celui qui la lui remettrait, et lui recommandant de lui donner l'hospitalité jusqu'à son départ de Rome, et de le traiter avec tous les égards dus à un noble martyr de la sainte cause de la religion et du droit.

François n'y a pas manqué, et en prenant congé de lui, son hôte vénérable a pu lui dire qu'il avait passé près d'un royaliste breton les plus douces heures de sa vie, et qu'il n'oublierait jamais les noms de ses deux bienfaiteurs. Mais je ne t'ai pas encore dit comment le cher captif libéré a pu franchir les portes du fort Saint-Ange, porteur de ma lettre. Rien n'est plus défendu et rien n'est plus grave. Eh bien ! mon débrouillard de Renard m'avait aidé à loger mon épistole dans une des semelles des souliers du vieux. Pas mèche d'y rien voir. Après avoir retiré quelques clous, nous avions fendu délicatement la semelle, puis, la lettre glissée dans la fente, remis les clous, rebattu la semelle, et au petit bonheur la chance ! Les souliers furent bien inspectés intérieurement, mais ce fut tout, et une fois l'oiseau hors de cage, ma lettre arriva vite au n° 8 de la Via dell'*Impresa terzo piano* (3ᵉ étage).

Que je te mentionne encore un autre jeu qui a égayé notre captivité. C'est un grand diable d'artilleur français qui nous l'a appris. Notre casemate mesurait environ dix mètres de long sur quatre et demi de large, et les deux tiers de cet espace étaient pris par le lit de camp. Ce qui restait entre le mur et le lit de camp n'était donc pas considérable. Impossible de faire les cent pas, et la seule manière de se donner un peu d'exercice était de faire le pied de chêne sur sa paillasse ou de se livrer à quelques gambades acrobatiques du même genre. Mais *violentum non durat !* c'est-à-dire qu'on ne peut pas toujours faire des œuvres d'Hercule: voilà pourquoi Wacquier nous proposa un délassement d'un genre plus modéré et plus doux, une sorte de colin-maillard *ad usum carceratorum*. On commençait par tirer au sort qui aurait les yeux bandés ; alors en avant par-dessus et à l'entour du lit de camp ; chacun changeait de place et se faufilait de son mieux ; celui qui avait les yeux bandés tâchait d'appréhender de ses mains tâtonnantes le premier qui voulait bien se laisser attraper, et alors il s'agissait de deviner qui était pris. Pas facile, je t'en réponds.

Lors donc que l'un de nous avait été pincé, il se taisait d'abord, puis si c'était un imberbe ou quasi-imberbe, une tête à vieille barbe venait se juxtaposer, aussi symétriquement que possible, entre les deux épaules du prisonnier. Le chercheur palpait les mains, tâtait les bras, la poitrine, puis arrivait graduellement au cou, au nez, à la barbe s'il y en avait, au duvet si la face n'avait pas mieux... Les mains, le thorax, les bras, la voix qui venait de rentrer en elle-même, semblaient appartenir à Jacob ; mais la tête était d'Esaü, en sorte que le pauvre bonhomme aux yeux bandés avait grand'peine à s'y reconnaître, et restait ainsi privé de la lumière solaire, jusqu'à ce qu'il fût tombé juste. Les bons mots abondaient, et une heure s'écoulait ainsi assez rapidement ; c'était toujours autant de pris sur l'ennemi.

Enfin le matin de la délivrance brilla. Mon caporal geôlier et nourricier avait des larmes dans les yeux et dans la voix, en me donnant la poignée de main des adieux. Du fort Saint-Ange je me rendis à la place française au Corso pour y prendre mon sabre qui y était demeuré, selon l'usage, tout le temps de ma détention, et remercier l'officier qui me le remettrait, c'est toujours l'usage. « Vous avez un peu maigri, me dit un capitaine fort gracieux » ; du reste, je les trouvai tous charmants à la place, ce matin-là, et les aurais volontiers embrassés les uns après les autres. « J'espère que vous ne vous êtes pas fait trop de mauvais sang. — Pas trop, mon capitaine : je me suis ingénié de mon mieux pour tromper l'ennui, et j'ai appris une fois de plus à connaître le *Fort et le faible*. »

Un aussi bon mot, qui révélait la parfaite candeur de mon âme et l'absence du plus petit sentiment de rancune de mon cœur généreux, valait bien une *stretta di mano* : aussi bien ce cher capitaine m'en donna-t-il une des plus chaudes, et je m'éloignai, heureux de me revoir mon pauvre sabre au flanc et très en appétit pour déjeuner en homme libre.

Juillet était déjà fort entamé quand je suis sorti de prison. Mon commandant, M. de Charette, était parti de Rome la veille du jour de mon arrestation pour aller présenter à Lucerne à Mgr le comte de Chambord, qui y vint passer quelques jours, sa fiancée,

Mlle de Fitz-James. Mon premier projet avait été de profiter de la permission d'un mois que j'avais obtenue, pour aller d'abord, en compagnie de mon frère, surprendre mon commandant à Lucerne, y offrir mes hommages au Roi et de là gagner la Bretagne. Mais hélas! ma captivité dura trop longtemps, et le Roi avait déjà quitté Lucerne que je savourais toujours les douceurs de mon château Saint-Ange.

Aussi François et moi. avons-nous pris, dans notre sagesse, le parti de regagner au plus vite le foyer paternel. où la nouvelle de mon emprisonnement, que l'on avait appris par les journaux, avait quelque peu fait tourner ma pauvre chère maman à la mère agitée.

En fait de mer, nous en avons eu une superbe de Civita-Vecchia à Marseille. « Que c'est bon, une *belle mer* »! disait avec emphase un Toulonnais qui d'ordinaire était malade et cette fois pouvait manger comme quatre. « Eh! mon bon », ripostait un habitant de la Canebière, chapeau de paille, veston bleu et pantalon *item* rayé de blanc, « si vous en étiez comme moi à la troisième, vous n'en diriez peut-être pas autant. »

Encore un mot, pour clore ce récit, déjà trop long, de ma détention. L'air était si doux que François fut d'avis que nous ferions mieux de passer la nuit sur le pont du navire, enveloppés dans une couverture, plutôt que de nous asphyxier dans les cabines. Comme nous étions en train de nous concerter *ad hoc*, une dame française, très gracieuse du reste, très bonne, très sainte et d'un âge mûr, nous aborda :

— « Vous êtes zouaves, Messieurs ? — Madame, répondit mon frère, moi je ne suis que pèlerin de Rome, revenant des fêtes de la canonisation des martyrs japonais ; mais mon frère aîné, que voici, est zouave.

— « Quelle pénible affaire, Messieurs, que l'arrestation de ce jeune zouave qui a été interné au fort Saint-Ange par le commandant de place français ! Le connaissez-vous, Monsieur ? »

C'était mon tour de parler : « Mais oui, Madame.

— « Ah ! Monsieur, si vous le rencontrez jamais, dites-lui que plusieurs de ces dames et moi, qui étions à Rome aussi pour les fêtes, nous avons fait une neuvaine en l'honneur de saint Antoine de Padoue à son intention. »

De fait, je suis tout à fait retrouvé, mais n'étais point perdu, me disais-je en moi-même.

« Et notre neuvaine a réussi, du moins en partie, car le Saint-Père, qui a daigné nous recevoir en audience, la veille de notre départ, nous a dit qu'il avait demandé et obtenu pour son zouave une réduction de peine. »

Joliment ! me disais-je, toujours en mon petit intérieur : on ne m'a pas fait grâce d'un quart d'heure. Alors élevant la voix : « Madame, si vous me le permettez, je puis affirmer que si le Saint-Père a obtenu la faveur dont vous parlez, le zouave, lui, n'en a rien su et n'en a aucunement bénéficié. — Ciel ! serait-ce possible ? — Madame, j'en suis sûr. »

Et je m'éloignai pour étouffer le fou rire qui me gagnait. François, qui ne souffre pas moins que moi de cette horrible maladie, n'eut pas le temps de se détourner et éclata comme un pétard au nez de notre noble interlocutrice qui comprit tout et s'écria : « Oh ! c'est lui, c'est votre frère, bien sûr, qui a été mis en prison. »

Je dus alors revenir sur mes pas pour recevoir mille compliments, en échange desquels je priai Mme de Kergos (c'était son nom) de vouloir bien agréer mes remerciments sans fin, surtout pour la neuvaine à saint Antoine de Padoue, et, après s'être souhaité le bonsoir, on se sépara. Il faisait si chaud que je m'étendis tout bonnement sur un banc de la dunette, sans daigner aller chercher une couverture, et ne tardai pas à m'endormir du sommeil du juste, j'allais presque dire du martyr, car Mme de Kergos n'avait pas craint de briser toutes les vitres de ma modestie en me lançant cette épithète à la face.

Excellente Mme de Kergos ! Le lendemain matin, à mon petit réveil, je me trouvai, non sans étonnement, embobiné dans une couverture superbe, bordée comme celle d'un lit de Saint-Cyrien. Mme de Kergos avait procédé à cette opération avec un soin absolument religieux.

Quand les côtes de France ont commencé de paraître, le cœur a fait tic-tac ! Toute la scène du départ, il y avait deux ans, me repassait devant les yeux, et j'étais très attendri quand le canot de débarquement nous déposa sur les quais de la Joliette. Marseille ne nous a pas gardés longtemps, Paris a eu l'honneur de nous posséder davantage. Il fallait bien voir monseigneur de Ségur et quelques autres vieux amis. Enfin, le 20 juillet, nous avons revu Kerguenec et embrassé père, mère, frère et sœurs qui nous attendaient avec impatience. Que de choses à se dire, et que de beaux projets nous avons formés dès le jour de mon arrivée, pour bien employer le temps un peu court de ma permission, que je compte faire prolonger d'un mois !

Dis-moi bien vite le jour de ton arrivée à Kerguenec, j'irai au-devant de toi. Tous mes hommages respectueux à ton excellente tante, mademoiselle Thérèse, et à toi bien affectueusement.

Henri le Chauff de Kerguenec,
Zouave pontifical.

QUARANTE-NEUVIÈME LETTRE

A MONSIEUR BENJAMIN SEBAUX.

BRUIT DE GUERRE. — RETOUR PRÉCIPITÉ A ROME.

Marseille. 9 août 1862.

J'Y étais il y a quinze jours, mon cher Benjamin, tu le sais bien, puisque je t'ai adressé le journal de ma captivité, et franchement je ne m'attendais pas à revoir de sitôt la Canebière. Voici ce qui s'est passé : j'avais à peine dormi une douzaine de nuits dans mon lit de Kerguenec, et pris à la table de famille plusieurs repas qui commençaient à me refaire l'estomac tant soit peu fatigué par le jeûne du fort Saint-Ange, que les journaux me donnèrent l'alarme. Il n'était question de rien moins que d'une nouvelle invasion des Etats qui restaient au Pape, par les troupes piémontaises, du côté de San Germano, royaume de Naples. On annonçait, et le fait était vrai, que les compagnies françaises stationnées à Ceprano avaient reçu l'ordre de se replier sur Velletri et d'abandonner la défense de la frontière aux troupes pontificales. C'était, croyait-on. un second Castelfidardo qui se préparait, et, dans quelques jours, l'occupation de la Ville Sainte par les soldats du gouvernement de Turin serait un fait accompli.

En moins d'une demi-heure, il a été convenu entre mon père et moi que je reprendrais dès le lendemain le chemin de Rome. Le devoir était là : tant pis pour la bourse et pour la pauvre permission qui s'en allait ainsi à l'eau ; il n'y avait pas à balancer ; ma mère a pleuré, mais sans se permettre une seule objection.

Le lendemain matin, après avoir reçu sa bénédiction et embrassé mes frères et sœurs, le cœur gros, mais soutenu par la force d'en haut et par la vaillance de mon père, qui a encore voulu m'accompagner jusqu'à Nantes, je me suis éloigné une seconde fois de ce pauvre Kerguenec. Au premier moment j'ai été vexé, tu le comprendras sans peine, car je ne suis pas encore remis de mes fatigues et privations ; mais Dieu le veut, il n'y a qu'à obéir gaiement en imposant silence aux récriminations de dame Nature. Pourvu que je n'arrive pas trop tard !

On dit ce matin à Marseille, qu'il n'y aura rien du tout, et d'aucuns me blâment d'être parti si vite. Bast! je m'embarque quand même. S'il n'y a rien, le bon Dieu me récompensera de ma bonne volonté ; mais aussi, s'il y a quelque chose, comme je vais taper, et comme je serai heureux, que j'y reste ou que j'en revienne, de n'avoir pas écouté la voix de la chair et du sang ! Prie pour moi, et si je tombe, tâche d'envoyer des amis, je ne dis pas me venger, on n'a pas besoin de l'être quand on combat pour Dieu, mais prendre ma place, si la lutte doit continuer.

Je t'embrasse bien affectueusement.

HENRI.

CINQUANTIÈME LETTRE

AFFAIRE DE CEPRANO. — EXTRAITS DE LA CORRESPONDANCE DE ROME ET DU RAPPORT DU COLONEL ALLET. — MADAME DE CHARETTE ET LES SŒURS DE SAINT-VINCENT-DE-PAUL A L'HÔPITAL DE MARINO. — VIVE MON BATAILLON !

Rome, 16 août 1862.

Je suis arrivé à Rome mercredi dernier, à 8 heures du soir, mon cher papa. Tout est de nouveau plus calme que jamais, et le bataillon est de retour à Marino. Grand a été mon désappointement. Enfin, j'ai fait mon devoir ; je le devais à Dieu, à mes camarades et à moi-même, n'en parlons plus. Sans autre préambule, je commence le récit de l'affaire de Ceprano. Le 27 juillet, les zouaves reçurent l'ordre de partir pour la frontière ; ils descendirent la montagne jusqu'à une demi-lieue de Marino, pour prendre le chemin de fer qui les conduisit jusqu'à Ceprano, frontière des Etats Pontificaux et du royaume de Naples. En même temps ordre était donné aux autres troupes de se mettre en marche. Le général partit lui-même, comme nous l'avons vu dans les journaux en France, passa par Anagni, alla donner ses instructions à Ceprano, disposa ses troupes, et revint immédiatement à Rome pour conférer avec Mgr de Mérode.

Le 4, dès huit heures du matin, les zouaves entendirent le canon et des coups de fusils. C'étaient les Piémontais qui tiraient sur les royalistes napolitains, autrement dit *réactionnaires*, et menaçaient de violer le territoire pontifical. Aussitôt le colonel Allet fit avancer ses compagnies, les posta et envoya en avant une patrouille de dix-sept hommes commandée par le lieutenant Mousty de la quatrième, et dont Urvoy et Delabrosse faisaient partie. La patrouille, marchant à pas de loup, découvrit pendant sa reconnaissance trois compagnies de bersagliers qui, poussées l'épée dans les reins par les royalistes napolitains, entraient bravement sur le territoire pontifical. Sans perdre un instant, Mousty déploie ses hommes en tirailleurs, et leur recommande de s'embusquer de leur mieux derrière les arbres et les accidents de terrain. Urvoy, qui avait été de garde et de patrouille toute la nuit et avait parfaitement reconnu le terrain, fut très précieux à ce moment-là, car ce fut aux abords d'un chemin qu'il indiqua, que Mousty posta ses zouaves. « Attention! leur dit-il, ne faites feu qu'à mon commandement. » Il était midi ; les bersagliers avançaient toujours. « Feu! » commanda Mousty, et dix-sept balles vont frapper les pauvres bersagliers en leur faisant un mal énorme.

Apercevant les zouaves qui relevaient la tête et allongaient un peu le bras pour charger, ils font feu à leur tour ; les balles sifflent aux oreilles de nos hommes couchés à plat ventre dans les sillons, et pas un n'est atteint. « Feu ! » commande de nouveau Mousty ; « visez à tant de mètres ! » tout cela avec un sang-froid imperturbable. Et les zouaves de mettre tranquillement la hausse fixe de leur carabine au point indiqué, comme s'ils eussent assisté à une théorie sur le tir à la caserne ; plusieurs bersagliers font encore la fatale culbute, les autres tournent le dos. « En avant, bersagliers de pacotille ! » s'écria leur capitaine en bon français ; ils ne sont qu'une vingtaine, et nous sommes trois compagnies ! » Le sergent Dubois, indigné, se lève et agitant son képi : « Tire donc dedans, grand serin, et viens-le prendre avec tes trois compagnies, si tu as du cœur. » Le capitaine répond par un geste de mépris. « C'est bien ! dit Mousty avec son flegme belge : cette fois-ci vous voyez la cible, ajustez bien, c'est à 600 mètres ! Vous y êtes ? Feu ! » Six balles étendent raide mort le malheureux capitaine, toutes les six logées là où on avait visé, on le constata plus tard.

Alors les bersagliers se débandent et, en gravissant une colline qu'il leur fallait nécessairement franchir pour se mettre à l'abri, ils prêtent leur flanc aux zouaves qui les fusillent à leur aise. Pas un zouave de blessé. « Vos hommes ont eu une fameuse chance ! » disait le soir un officier français à notre colonel. —

« Que voulez-vous ? a répondu le bon colonel Allet, mes zouaves étaient en plaine, et ils savent qu'en pareil cas on ne fait pas l'école de tirailleurs sur des échasses. »

Après l'action, Mousty a envoyé quatre hommes chercher sur un brancard le corps du fameux capitaine : le malheureux était couché dans une mare de sang, ayant à ses côtés la carabine d'un bersaglier qu'il avait prise pour tirer.

C'était bien un Français, mais un mauvais Français, dont je savais le nom, qui, ayant eu de tristes affaires dans son régiment, était allé se fourvoyer dans cette galère.

Quatre, des dix-sept braves de Mousty, quatre seulement, tous le méritaient, mais il faut des bornes en cela comme en toute chose, ont été décorés. Le sergent Dubois, déjà chevalier de l'Ordre de Pie IX, a été fait en outre chevalier de Saint Sylvestre ; Urvoy a reçu pareillement la croix de Saint-Sylvestre. Je regrette bien que Delabrosse, qui a été, au dire de ses camarades, magnifique de sang-froid et d'entrain, n'ait pas eu la même récompense. Le bon Dieu se chargera de le dédommager. Toujours est-il que j'ai eu bien du plaisir à le féliciter et à lui serrer la main.

Les bersaglieri n'ont tué qu'un bœuf qui s'était égaré parmi les zouaves et a fait d'excellente soupe le lendemain matin.

Je laisse maintenant la parole au journal *la Correspondance de Rome* du 8 août, dont je me procurerai du reste un numéro, pour te l'envoyer :

« — Ah! si l'on nous laissait ici quarante-huit
« heures de plus, murmurait douloureusement, en
« quittant Ceprano, un lieutenant de zouaves, on en
« parlerait.

« — Soyez tranquille, répondait un capitaine fran-
« çais : on ne parlera déjà pas mal de la petite affaire
« d'hier.

« — Oui !.. Mais, vous le reconnaissez vous-
« même, c'est une petite affaire !

« — Vous étiez bravement prêts pour une grande.

« Les soldats du Pape étaient prêts, en effet.
« Deux compagnies de ligne indigène brûlaient de
« rivaliser avec les zouaves. La veille, les bersagliers
« avaient tiré sur un clairon romain qui se pro-
« menait sans armes, sur le sol pontifical ; les
« paysans accouraient, portant leurs fusils, et annon-
« çaient que sur toute l'étendue des frontières et
« dans le royaume, la présence des zouaves enflam-
« mait le courage des persécutés. La situation
« devenait très grave. Nous avons la conviction
« que le Piémont n'y eût pas résisté, et notre con-
« viction était la sienne.

« Pendant l'engagement de Mousty sur les bords
« du Sacco, quatre compagnies se tenaient en armes
« sur la place de Ceprano. Un gendarme arrive au
« galop de son cheval, on l'interroge : Vos camarades,
« dit-il, sont aux prises avec les Piémontais. Vive
« Pie IX ! s'écrient tout d'une voix les zouaves ! Nous
« allons enfin combattre !... Enfin !... Vive Pie IX !

« Et ces jeunes hommes, pris d'une sorte de délire,
« se mettent à danser sur la place. Ils brandissent
« leurs armes, ils s'embrassent, ils pleurent de
« joie..... Ah ! le cœur de la noble France était là !
« Que disons-nous ? C'était le cœur du monde
« catholique battant dans ces poitrines que Dieu
« venait de visiter. Dans le trajet de Ceccano à
« Ceprano, la veille, les soldats du Pape avaient tour
« à tour parlé à leurs aumôniers et, le matin, ils
« s'étaient agenouillés dans la cathédrale pour rece-
« voir dévotement le corps et le sang de Jésus-Christ.
« Il n'est plus permis de parler légèrement des sol-
« dats du Pape, de mettre en doute leur bravoure, la
« noble fermeté de leur conviction. Leurs ennemis
« doivent se borner à haïr la cause qu'ils aiment.

« M. le général comte de Montebello, en appre-
« nant l'affaire du 4 août, a aussitôt télégraphié à
« Velletri et donné l'ordre à deux de ses compagnies
« d'aller s'unir aux pontificaux de Ceprano, puis il
« a exprimé le désir que le gouvernement du Saint-
« Père le laissât seul défendre la frontière. Le désir
« du noble général doit être regardé comme un
« nouveau témoignage des intentions de l'Empereur
« en faveur du Saint-Siège, et comme le présage
« d'un retour prochain à la lettre des traités. »

Dieu veuille entendre les vœux de la *Correspondance de Rome* et les exaucer !

Le colonel Allet a adressé à monseigneur de Mérode un rapport très long et très détaillé sur ces événements ; je n'en finirais pas de le copier en entier ; voici seulement les dernières lignes :

« Votre Excellence aurait admiré le calme et l'énergie qu'ont montrés les zouaves et les troupes de ligne. Tous ont attendu l'ordre de marcher sans un cri, sans émoi ; et lorsque cet ordre a été donné, ils ressemblaient à de vieux soldats éprouvés qui ne se laissent arrêter par aucun obstacle dans l'accomplissement de leur devoir. Trois compagnies sont demeurées pendant trois heures l'arme au bras, en face et à portée des canons d'Isoletta.

« Finalement l'attitude des troupes a été admirable ; nous sommes restés à un mille en deçà de notre frontière, sans nous occuper des réactionnaires que nous n'avons même point vus. Les Piémontais sont venus d'eux-mêmes chercher et recevoir leur punition en plein territoire pontifical.

« Le 5 août, un chef de bataillon et deux compagnies de la garnison française de Velletri vinrent reprendre position à Ceprano, et nous reçûmes de Votre Excellence l'ordre de retourner à Marino. Ce fut avec regret que je m'éloignai d'une ville dont la population nous avait montré une sympathie qui prouve que plus près est l'ennemi, plus vivement se manifestent les sentiments dont sont animés les sujets du Saint-Père.

« Le résultat de notre expédition peut se résumer ainsi : sans perdre un seul homme, par l'attitude énergique et décidée des troupes, nous avons montré aux habitants du pays la ferme intention de les défendre en opposant la force à la force. Les soldats du Pape ne sont pas tous sous terre à Castelfidardo, et si on peut les écraser par le nombre, cependant il faut au moins se mettre en mesure avant de se présenter devant eux. »

A mon arrivée à Rome, j'ai vu Arthur de la Tocnaye qui n'en avait pas bougé, lui, bien que son lieutenant lui eût promis par trois fois de le laisser partir pour Ceprano. Notre aumônier, le cher M. Daniel, est très souffrant. La chaleur, qui est excessive, a fait éclore quantité de fièvres ! l'hôpital reçoit chaque jour plus de cinquante fiévreux. La jeune commandante, madame de Charette, rivalise de zèle avec les Sœurs de Saint-Vincent-de-Paul pour soigner les malades. Je te réponds qu'elle ne craint pas sa peine ! Inutile de te dire que j'ai reçu d'elle et du commandant l'accueil le plus aimable et le plus gracieux.

L'autre jour, sur le paquebot, nous nous sommes rencontrés huit *anciens* : tous avaient décampé comme moi au premier signal. Je n'ai pu m'empêcher de rire aux éclats en reconnaissant le pauvre vieux capitaine de Goesbriand, qui a reçu du plomb dans la tête à Castelfidardo ! « Croyez-vous que c'est de la veine ! m'a-t-il dit. J'allais me marier dans trois jours ; dès que j'ai lu le journal, j'ai dit à ma fiancée : C'est triste, mais il faut rallier les camarades ; et figurez-vous qu'elle ne m'a pas retenu. Ça m'a donné encore plus d'estime pour elle. » Pas moyen de s'empêcher de rire ! Mais il n'y a pas à dire, c'est beau. Il est reparti ce matin pour la France et sera marié dans huit jours. Sur notre paquebot, se trouvait encore le bon M. Pergeline, supérieur des Enfants Nantais.

Ce n'est pas sans émotion que j'ai revu mon cher bataillon. Décidément, il me tient joliment au cœur !

Ton fils bien respectueusement affectionné.

HENRI.

CINQUANTE ET UNIÈME LETTRE

A M. BENJAMIN SEBAUX.

Départ de Prossedi. — Regrets aux brigands. — La Madonna della Neve. — Alatri ! — C'est des jolis blocs ! — Guarcino. — Subiaco. — Le couvent de Sainte-Scholastique. — Les Zouaves au réfectoire. — Une séance littéraire. — La croix du Révérend Père de Géramb. — Un mot de Viterbe et de Sainte-Rose. — Monseigneur de Ségur et le sixième anniversaire de Castelfidardo. — Ce que Dieu voudra.

Subiaco, 25 septembre 1866.

Mon cher Benjamin,

Voici le journal que je t'ai promis sur mes faits et gestes depuis notre arrivée à Subiaco, d'où je puis encore te dater ces lignes ; il est fort probable que la fièvre qui ne me quitte pas va me contraindre d'aller à Rome et peut-être même de faire un tour en France.

Rien ne me vexera davantage, car je suis attaché plus que jamais et à mon bataillon et à ce pays ; et

Un repaire de brigands près de Sezze, fouillé par les zouaves pontificaux.

j'ai des raisons très particulières de ne pas vouloir m'absenter en ce moment.

C'est le samedi 14 avril au soir que nous sommes

arrivés de Prossedi à Subiaco. Pauvre Prossedi ! Quelle rude mais quelle bonne et belle vie nous y avons menée durant quatre grands mois ! Oh ! Messieurs les brigands, vous nous en avez mis des kilomètres dans les jambes ! Rappelle-toi plutôt tout ce que je t'ai raconté de nos courses et de jour et de nuit dans ces montagnes, les plus sauvages des Etats Pontificaux, dans les gorges de ce *Cacume* que je connais par cœur comme si j'y étais né, tant je l'ai parcouru en tous sens !

Mais aussi notre chasse a été bonne : les voilà presque tous pris ou fusillés, et jamais le sol papal n'en avait été purgé comme il l'est aujourd'hui. Cette guerre a été bien intéressante, car c'est une vraie campagne de dix mois que nous venons de faire. Outre son intérêt et ses péripéties chaque jour nouvelles, elle a eu aussi ses dangers. En définitive, ces messieurs sont meilleurs tireurs et savent mieux s'embusquer que nous, et, n'eût été le prestige de notre uniforme et de notre nom, ils auraient dû nous écharper cent fois pour une, tandis que de notre côté la cueillette a été complète.

Chaque fois que nous allions à leur rencontre ou à leur poursuite, et c'était presque chaque jour, nous pouvions très légitimement nous demander si nous reviendrions le soir ou le matin avec la tête sur les épaules. Aussi ai-je remarqué que les confessions et communions, durant ces dix mois de *chasse au brigand*, ont été très fréquentes. Chacun tenait à

ne garder aucun fétu dans sa *flûte*, et ce n'était que
sage C'est fini, et nous voici passés de la barbarie en
pleine civilisation, car Subiaco c'est une ville de lumière auprès de Prossedi, Pisterzo, San Lorenzo,
Maenza et toutes ces bourgades vraiment sauvages
où nous avons vécu d'inoubliables journées.

Nous avons franchi en trois jours les cinquante-
quatre milles qui séparent Prossedi de Subiaco. Pour
des gens entraînés à la course comme nous le sommes
maintenant, ces trois étapes ont été une charmante promenade, en dépit d'une chaleur accablante, joignant
son poids à celui de M. Azor que nous n'avons pas
porté de l'hiver. Le 12, au soir, nous avons trouvé
de bonne paille à la *Madonna della Neve*, au-dessous
de *Frosinone*, et j'ai ronflé consciencieusement.

Le lendemain nous avons fait la grande halte à
Alatri, la ville cyclopéenne par excellence. C'est
bien autre chose que Ferentino. *Pour des jolis blocs,
c'est des jolis blocs*, n'a cessé de me rabâcher, pendant une heure et plus, un excellent maçon limou-
sin, très bon zouave aussi du reste, mais n'en finis-
sant plus quand on le lance sur la taille de la pierre.
Le soir nous relâchons à Guarcino, petite ville des
plus intéressantes et tout à fait pittoresque, posée
comme un œuf de pigeon au fond d'un nid dont les
bords sont d'immenses rochers à pic taillés, ceux-là,
par le grand ciseau du bon Dieu.

Entre Guarcino et Subiaco, il y a une sorte de
désert long de cinq ou six kilomètres, une plaine aride

parsemée de rochers grisâtres, qu'on prendrait pour autant de pierres tombales ; immédiatement l'idée du désert où Notre-Seigneur jeûna pendant quarante jours et quarante nuits après son baptême du Jourdain, m'est venue à l'esprit : c'est ainsi que je me le suis toujours représenté chaque fois que j'ai lu l'Evangile du premier dimanche de Carême.

Subiaco, c'est ma ville de prédilection : tu vas bientôt en saisir le pourquoi. Quand on y arrive par la route de Rome, on passe sous un bel arc de triomphe d'un grand air, élevé par les habitants à la mémoire de Pie VI, qui a doté la ville de sa superbe église de Saint-André, de papeteries, de grandes forges et autres établissements d'utilité publique ; puis l'œil voit se dresser devant lui, sur une cime très élevée qui domine notre caserne et que nous appelons *la rocca*, un palais ou château fort, d'où l'on embrasse le plus vaste panorama de montagnes qu'il soit possible d'admirer.

Notre installation à Subiaco est plus confortable qu'elle ne fut jamais ; chacun a son lit, sa paillasse, ses draps. La *locanda della Pernice* offre à ceux qui peuvent s'en donner le luxe une pension vraiment convenable. Depuis le 15 avril, nous y avons mené la vie de garnison sans incidents dignes d'être rapportés, mouvementée seulement et variée dans sa monotonie par des patrouilles et des détachements non sans charmes dans les pays d'alentour, et par le garde du couvent de Sainte-Scholastique et du *Sacro Speco*.

Sainte-Scholastique, Saint-Benoît, le *Sacro Speco!* J'ai éprouvé dans ces lieux bénis des impressions qui m'ont remué l'âme si fortement que je leur devrai sans doute l'orientation du reste de ma vie. Tu commences à deviner, n'est-ce pas? les raisons de ma « violente amour », comme disait Henri IV, pour Subiaco. C'est ici, dans des rochers d'une âpreté particulièrement sévère, qu'un jeune homme né de parents nobles, quittant de bonne heure les délices de Rome, vint se cacher pour faire pénitence et se livrer à la contemplation des choses divines : tu as nommé saint Benoît. C'est ici le berceau de la vie monastique en Occident.

L'église et le monastère de Saint-Benoît sont à trois milles de Subiaco, au flanc d'une montagne escarpée, à vingt mètres, sinon plus, au-dessus de l'Anio, grossi sans cesse par les torrents des montagnes qui le dominent, et roulant ses eaux avec un fracas parfois semblable à celui du tonnerre, au fond de la vallée.

Un mille avant d'arriver au monastère de Saint-Benoît, on rencontre le couvent de Sainte-Scholastique. Sainte Scholastique était la sœur de saint Benoît, et l'histoire rapporte qu'elle vivait dans un monastère que son frère avait fait bâtir près du sien. Le couvent de Sainte-Scholastique, aux proportions plus vastes que le monastère de Saint-Benoît, est occupé par une soixantaine de religieux Bénédictins ayant un Abbé crossé et mitré à leur tête. Saint-Benoît ne renferme qu'une dizaine de religieux. Il y a de vrais trésors entassés dans ces deux monastères. Les brigands, qui n'ont jamais jusqu'à ce jour osé en franchir le seuil, ont, paraît-il, manifesté, il n'y a pas longtemps, l'intention d'y venir en pèlerinage à leur façon, car il en reste pour graine, dans ces retraites montueuses, inaccessibles, une bande sur laquelle on n'a pu encore mettre la main.

En conséquence, les Pères ont demandé un poste de zouaves en permanence au couvent, s'offrant très gracieusement à les nourrir. Nous ne nous sommes pas fait prier, et depuis le 15 avril dernier jusqu'à aujourd'hui 15 septembre, les postes se sont relevés très régulièrement tous les huit jours à Sainte-Scholastique. Mon tour est venu pour la première fois le 26 avril, un jeudi, à onze heures du matin. Ces huit délicieuses journées ont fui pour moi avec la rapidité de l'éclair.

J'avais sous mes ordres de braves gens, s'il en fut, la plupart flamands, entre autres un petit Louis Hogger (1), un bout d'homme de la 6ᵉ escouade de ma compagnie (la 2ᵉ) qui m'a joué un joli tour, cet hiver. Ce brave enfant qui n'est petit que de taille, mais grand en tout le reste, ne s'était-il pas avisé de se perdre dans une de nos *perlustrazioni* (c'était le terme militaire consacré) sur le Cacume ! Envoyé avec quelques hommes de bonne volonté à sa

---

(1) Trappiste depuis bientôt vingt ans.

recherche, j'eus la chance de mettre le nez dessus à la chute du jour. Il était temps, car le pauvre Louis, après avoir erré comme un fou, pendant trois heures, dans ces gorges plus profondes et plus sombres que celles de Roncevaux, et voyant la nuit approcher grand train, avait déjà fait plus d'un acte de contrition.

Sa situation n'était pas du tout gaie, et de son petit regard flamand il avait parfaitement embrassé les trois alternatives (car il n'y en avait que trois) qui lui étaient réservées, à savoir : ou mourir de faim, son estomac ayant fini de digérer il y avait déjà presque vingt-quatre heures ; ou être dévoré par les loups ; ou tomber entre les mains des *signori briganti*. Chemin faisant, nous avions invoqué saint Antoine de Padoue, car l'oiseau à retrouver en valait vraiment la peine ; en le ramenant, nous n'avons eu garde d'oublier le chant de la reconnaissance.

A peine entré au couvent, je priai *fra Pietro* le desservant de l'hôtellerie, qui a été pour nous d'un dévouement et d'une complaisance sans bornes, de me conduire à la cellule du Père Abbé. Après avoir reçu sa bénédiction, je lui demandai ses ordres qu'il me donna très simplement. « Vous savez, me dit-il, que les zouaves mangent avec la communauté au réfectoire : jusqu'ici ils nous ont beaucoup édifiés. » De retour au poste, je recommandai à mes hommes de se bien tenir, afin de mériter les mêmes éloges du très révérend Père Abbé : c'était bien inutile, car aucun d'eux n'avait envie de manquer au silence, et je dois leur rendre cette justice qu'ils ont tous été aussi modestes, aussi graves, aussi recueillis que de vieux Bénédictins. C'était charmant, et je regrette qu'il ne se soit pas rencontré parmi nous, à ce moment-là, quelque peintre de renom pour immortaliser par son pinceau les scènes touchantes que le magnifique réfectoire de Sainte-Scholastique voit se renouveler depuis quatre mois.

J'entrais avec mes zouaves à la suite du Révérend Père Abbé, au réfectoire, et me plaçais le premier devant la table, à main droite de celle du Père Abbé. Mes hommes se mettaient sur un rang à ma suite, puis les Religieux de chaque côté du réfectoire, à la droite des zouaves et à la gauche du Père Abbé ! Le milieu du réfectoire était occupé par les élèves des Pères Bénédictins au nombre de quarante, et leur maître. Tous ces enfants portent le costume religieux et sont si bien façonnés à la discipline monastique que je n'en ai jamais vu un seul avoir même la tentation de dire un mot. Quand tout le monde était debout devant les tables, le *Benedicite* commençait, le Père *cellerajo* (célérier) récitait le psaume d'une voix grave, lentement, faisant même une petite pause après chaque verset, et tous les moines et aussi les zouaves continuaient, alternant avec lui.

Les capuchons gris de nos manteaux nous donnaient, ce me semble, un petit air bénédictin et militaire tout à la fois, qui ajoutait encore à la vie du tableau. Dès le second jour nous faisions avec un parfait ensemble les inclinations au *Gloria Patri*.

Quand tout le monde était assis, le Rév. Père Abbé et les Religieux demeuraient immobiles devant leur cruchon d'eau et leur modeste pitance jusqu'à ce que j'eusse déplié ma serviette; alors le Père Abbé donnait un petit coup sur son verre: c'était le signal de l'action, tous les moines à son exemple dépliaient leur serviette et le repas commençait.

Nous autres, nous avions d'excellente viande et un carafon de vin; les écoliers pareillement; les Pères Bénédictins, eux, ne boivent que de l'eau et font toujours maigre. Quatre lecteurs se succédaient dans la chaire, et chacun d'eux lisait, en une langue différente, le premier en latin, le second en grec, le troisième en italien et le quatrième en anglais.

Ce qui a davantage excité notre intérêt, ce sont les pénitences que les Religieux ont coutume de faire au réfectoire, même lorsqu'il y a des étrangers. Elles sont de plusieurs sortes: on se mettait à genoux devant nous, on nous baisait les pieds que nous nous sommes mis à nous laver chaque jour en conséquence: rien de plus facile ni de plus agréable, car il y a de l'eau, et de la belle à profusion, à Sainte-Scholastique. Parfois en sortant du réfectoire nous étions même condamnés à enjamber trois ou quatre Bénédictins couchés tout de leur long, par humilité, en travers de la porte. Mes Flamands, qui sont d'une pâte pétrie rien qu'avec de la foi, avaient l'air de trouver cela tout naturel et se seraient laissé, je crois, baiser les pieds, du matin au soir. La vérité, c'est que tous nous étions pourtant impressionnés à fond, et que toutes ces pratiques d'humilité, qui n'étaient pas qu'extérieures mais révélaient aussi les sentiments intérieurs des bons moines, nous inspiraient de sérieuses réflexions.

Après le dîner venait la récréation que nous passions les uns avec les Pères, les autres avec les enfants qui avaient un culte pour nous. Rien de plus curieux que de les voir gambader et jouer à la balle avec leur habit bénédictin, qui du reste leur va à merveille.

Nous les menions en promenade à trois ou quatre kilomètres du couvent, ayant nos armes chargées s'il vous plaît, afin d'enlever aux brigands la tentation de venir faire main basse sur ce cher et tendre petit troupeau.

Tous les jours après Complies, nous assistions à genoux, derrière les Pères, à la bénédiction du Très-Saint-Sacrement ; d'aucuns même se sont accordé la jouissance d'assister à l'Office de nuit, car la règle primitive s'observe à Sainte-Scholastique dans toute sa ferveur. Nous montions continuellement à Saint-Benoît dont nous avons visité et vénéré une à une toutes les merveilles, l'empreinte des pieds de saint Benoît dans le rocher du *Sacro Speco*, le buisson d'épines que notre Saint, avide de pénitence, empourpra un jour de son sang, le bois sacré dont les arbres s'inclinaient devant lui, selon la tradition, quand il passait, et sont restés, depuis, dans la même posture, etc., etc.

J'allais oublier cet énorme quartier de rocher d'un volume de plusieurs mètres cubes que l'on aperçoit

Le couvent de Sainte-Scholastique

suspendu au-dessus de la sacristie, à une vingtaine de mètres de la cime de la montagne d'où il s'avisa de dégringoler un jour. C'en était fait du monastère, si saint Benoît ne se fût trouvé par bonheur tout en dessous, à ce moment-là, occupé à lire le saint Evangile. Armé de la puissance que Dieu lui communiqua, il arrêta, d'un signe, le rocher dans sa

Documents manquants (pages, cahiers...)
NF Z 43-120-13

course, en lui jetant, je ne dirais pas à la face, mais dans les flancs, ces mots gravés sur le socle de la statue érigée à cet endroit « *Ferma, o rupe, non danneggiare ai figli miei!* Arrête, ô rocher ne fais point de mal à mes fils. »

Les élèves de Sainte-Scholastique nous ont invités un soir à une séance littéraire et aussi à une petite régalade qu'a bien voulu présider le très révérend Père Abbé, qui m'a fait l'honneur de me mettre à sa droite. Ah ! nous sommes bons amis ! Ce révérend Père a passé du temps près de madame la duchesse de Parme qu'il vénère à l'égal d'une sainte, et je te laisse à penser si nous pouvions tarir sur un tel sujet.

Voulant lui témoigner mon humble reconnaissance pour les soins paternels et affectueux dont les Pères et lui n'ont cessé de nous entourer, je me suis risqué à commettre quelques vers que je t'envoie. C'est peut-être un peu dur, et ça sent trop l'effort ; mais, dame, on n'en fait pas tous les jours. S'ils ne sont pas de ton goût (car je te sais difficile en poésie comme en musique), tu les noieras dans la Mayenne et rengaîneras tes compliments dont je me passerai, et il n'en sera plus question. Une seule petite observation : au moment où j'ai extrait cette pièce de mon cerveau non encore fiévreux, je me croyais à la veille de quitter Subiaco, tandis que nous y sommes encore.

Arrivé à Saint-Benoît, le Père de Géramb, encore tout ému, commença par raconter son accident, et les bons Religieux, non contents de le féliciter d'avoir échappé à un si grand danger, résolurent de perpétuer, par l'érection d'un monument, le souvenir de la protection des saints Anges et de saint Benoît sur le très Révérend Père Général des Trappistes.

Immédiatement on fit venir de Subiaco un ouvrier sculpteur, pour lui confier l'exécution du travail. Notre homme se hâta d'arriver ; on lui exposa ce qu'on voulait, et il promit de faire un chef-d'œuvre ; mais, entendant un des Pères insister sur le miracle auquel le Révérend Père de Géramb, qui était présent à cette délibération, devait son salut, il ne put s'empêcher de s'exclamer, dans un superbe élan de franchise et le plus sérieusement du monde : « *Ma questo fatto non lo trovo io per niente miracoloso, la mula pesava molto, e questo pesa di più, la cosa non poteva succedere altrimente.* Je ne vois pas grand miracle à cela ; la mule était pesante, et celui-là (montrant du doigt le Très Révérend Père Général) pesait encore plus que la mule : ça ne pouvait pas arriver autrement ».

Tu entends de Laval les éclats de rire qui durent accueillir cette boutade. Le bonhomme ne s'en mit que mieux à l'œuvre, et le monument fut bientôt achevé. C'est une colonne surmontée d'une croix ; sur le piédestal on lit ces mots du psalmiste : « *In manibus portabunt te* ».

De violentes douleurs rhumatismales dans l'épaule gauche m'ont obligé, vers la mi-juillet, à demander une permission d'un mois pour Viterbe, dont les eaux sulfureuses sont très renommées. Croyant bien faire, j'ai pris environ cinquante bains et bu avec excès d'une eau ferrugineuse alcaline, l'*Aqua acetosa*, qui m'a détérioré l'estomac, de sorte que, le 4 août au soir, j'ai été appréhendé par une fièvre pernicieuse, c'est le cas de dire, de la plus belle eau.

Un de nos lieutenants, M. de Fumel, qui se trouvait par bonheur à mes côtés, en ce moment, m'a conduit à mon domicile. Je n'oublierai jamais avec quel dévouement il m'a soigné.

L'excellente famille *Giustini*, chez laquelle je logeais, l'a du reste secondé avec autant d'intelligence que de zèle. Deux médecins ont été appelés et m'ont sauvé en me saturant de sulfate de quinine entre le deuxième et le troisième accès. Et dire que j'étais invité pour le lendemain du jour où la fièvre m'a mis par terre ou plutôt dans mon lit, à aller fêter saint Dominique en compagnie de ses fils, à leur fameux couvent de la *Quercia*.

Mon père en Dieu à Viterbe, *Padre Atanasio*, le gardien des Pères Carmes, a failli m'administrer les derniers sacrements. Ma foi, j'aurais filé volontiers dans l'autre monde, car je ne serai peut-être jamais mieux disposé.

Sainte Rose de Viterbe m'a, comme on dit vulgairement, *empoigné* le cœur. Je n'ai pas manqué seul jour, souvent plusieurs fois le jour, d'aller m'agenouiller dans son église et devant son tombeau. Mais aussi quelle église et quel tombeau ! Au-dessus du grand autel se trouve un superbe tableau représentant sainte Rose emportée au ciel par les Anges. Chaque fois que je le regardais, je me sentais impressionné. Il y a tant de douceur et de pureté sur le visage de cette Sainte de dix-huit ans, qu'on ne peut s'empêcher d'envier son bonheur, et de se sentir comme attiré par la virginale odeur de ses parfums.

Et le tombeau ! si l'on peut donner ce nom à cette admirable châsse toute revêtue d'or et de pierres précieuses, où repose le corps de notre Sainte, toujours flexible comme au 6 mars 1252, lorsque les Anges en détachèrent son âme bienheureuse. De ce tombeau, c'est la vie qui s'exhale, la vie avec ses divines senteurs de glorieuse éternité, car la corruption de la mort n'a pas osé atteindre la sainte dépouille. Des livres entiers auraient peine à contenir le récit des merveilles de résurrection qu'opère sans cesse son contact sacré.

Chaque fois qu'on leur en fait la demande, les Religieuses, gardiennes de cet inestimable trésor, lavent les mains de sainte Rose avec de l'eau qu'elles versent ensuite dans des ampoules de verre munies du cachet de leur monastère. Elles délivrent cette eau sans exiger la moindre rétribution, et accompagnent d'ordinaire leur cadeau d'une belle rose artificielle ayant séjourné quelque temps entre les mains de sainte Rose. Comme j'étais au mieux avec ces excellentes Sœurs, qui m'ont toujours accueilli à leurs grilles avec une amabilité sans pareille, et se sont même acharnées à me témoigner une confiance et des égards dont un cardinal aurait eu le droit d'être jaloux, je me suis procuré une bonne provision d'eau et plusieurs roses.

Tu te figures aisément la joie qu'éprouvera ma mère à la réception de ces chères reliques, que j'ai confiées à une occasion sûre et qui ne tarderont pas à lui arriver.

J'ai bu de cette eau et j'ai prié sainte Rose tant que j'ai pu ; bien des fois j'ai communié dans son église ; toutes les Religieuses, Supérieure en tête, ont demandé très sérieusement ma guérison complète de la fièvre, et la fièvre ne s'en va pas. *L'aria fina* de Subiaco qui devait infailliblement m'en délivrer, au dire de mes deux médecins de Viterbe, n'y peut rien. Saint Benoît fait la sourde oreille tout comme sainte Rose. Il faut croire que l'un et l'autre trouvent plus avantageux pour moi que je garde la fièvre.

Toi qui es un *pieux*, si tu n'es pas édifié par tout ce que je viens de te conter et de Viterbe et de Subiaco, je ne te reconnais plus. Mais voici une superbe lettre de monseigneur de Ségur qui arrive à l'instant et qui t'édifiera encore bien davantage, car je veux la livrer à tes méditations.

C'est moi qui ai eu l'honneur de la recevoir, l'adresse ne portant que mon nom ; mais tu verras qu'elle est collective et datée du 18 septembre dernier, sixième anniversaire de Castelfidardo. Ouvre les yeux et lis attentivement, car la pièce en vaut la peine.

18 septembre 1866.

« A mes chers amis, Henri Le Chauff de Kerguenec, Ludovic de Galembert, Narcisse Lelièvre et son compagnon ; Gustave Guillon, Aristide Bobeau, Jules Trudelle, Augustin Sicard, et les autres amis de Montmorillon et de Poitiers ; Arthur Poyet et Joseph Lucas ; Alfred Collindgrige, et tous les autres zouaves que j'ai le bonheur et l'honneur de connaître ; salut et bénédiction en Notre-Seigneur.

« C'est à vous tous que j'écris à la fois, mes enfants, en ce grand et bel anniversaire de nos martyrs de Castelfidardo, à la protection de qui je vous recommande tous. J'ose vous souhaiter la grande grâce de souffrir comme eux, et comme eux de mourir glorieusement et saintement pour la plus grande, la plus pure, la plus catholique de toutes les causes. Malheureusement nous avons à craindre les éclats des révolutionnaires modérés qui, en empêchant les éclats du mal, empêchent aussi les éclats du dévouement et de la foi, si nécessaires aujourd'hui pour réveiller le monde. Quoi qu'il en soit, mes chers enfants, soyons très fidèles à servir Dieu et son

Vicaire ; gardons dans toute sa pureté un sang qu'il faudra peut-être bientôt répandre pour Notre-Seigneur Jésus-Christ, et retrempons sans cesse notre foi dans les sources de la vraie vie éternelle, qui sont les sacrements de l'Eglise. Dans votre position, on ne saurait communier trop souvent ni se tenir assez en garde.

« Je vous embrasse tous avec ma vieille affection paternelle. Je remercie tous ceux d'entre vous qui veulent bien m'écrire quelquefois. Je voudrais pouvoir répondre à tous et immédiatement ; mais vous savez combien je suis surchargé de travail. Je vous bénis de tout mon cœur en me recommandant à vos prières, surtout quand vous communiez et quand vous visitez les sanctuaires. Que la Sainte Vierge Immaculée vous garde tous purs et dignes de Jésus !

« ☦ L.-G. DE SÉGUR.

Que t'en semble, mon cher Benjamin ? On croirait lire saint Ambroise ou saint Jean Chrysostôme. En ce qui me concerne, je suis vraiment confus du *respect* avec lequel notre bon monseigneur de Ségur me traite. Ceux de mes autres frères d'armes qui sont nommés dans cette lettre le méritent, car ce sont de vraies âmes de saints, vigoureusement trempées, mais moi, sous ce rapport, je ne leur viens pas à la cheville.

Quoi qu'il en soit, ces encouragements-là vous

soulèvent malgré vous. Tu reprendras sans doute, en novembre prochain, le chemin de Paris pour aller y recueillir les fruits de toutes les boules blanches de tes examens de doctorat, (serviteur, monsieur le Docteur !) et une de tes premières visites sera pour la chère petite chapelle du 39 de la rue du Bac. Je te charge très particulièrement de remercier monseigneur de Ségur en notre nom à tous, et de nous recommander à ses prières. Ses anciens fils spirituels, qui sont nombreux aux zouaves, lui demeurent extrêmement attachés et se font gloire de suivre ses conseils. Gustave Guillon, de Poitiers, et Alfred Collindgrige qu'il a spécialement confiés à ma vigilance d'ancien, sont de charmants jeunes gens pour lesquels j'ai autant d'estime que d'affection. Gustave Guillon est ici et se porte à ravir. Alfred Collindgrige tient garnison à Velletri ; c'est le vrai gentilhomme irlandais, à la foi ardente, aux sentiments nobles et chevaleresques, d'une énergie qui vient à bout de tout, le soldat du devoir qui se ferait hacher plutôt que de violer la moindre consigne.

En voilà d'un journal ! J'aime à croire que tu ne t'en plaindras pas. La fièvre ne me permettant pas encore d'entreprendre de longues courses, je suis obligé de rester à *casa* plus que je ne voudrais, et je passe mon temps à écrire.

Avant-hier les six pauvres *milles* que j'ai faits pour aller demander un peu de secours à saint Benoît, au *Sacro Speco*, m'ont causé une telle fatigue que j'ai failli demeurer à Sainte-Scholastique, où force m'a été d'entrer et de m'asseoir. *Fra Pietro* s'est apitoyé sur mon sort et m'a soigné comme une maman. Ah ! ce ne sont plus les jarrets d'acier de cet hiver. Ce n'est pourtant pas la faute de mon excellent ami et lieutenant Zacharie du Reau dont je partage la chambre à la *locanda della Pernice*, et qui me dorlote comme un autre *Fra Pietro*.

Rien ne me serait plus désagréable que d'être obligé de demander une permission en ce moment-ci. Je vois les galons de sous-lieutenant briller à l'horizon, puis me voici tellement identifié à ce pays et si profondément attaché par toutes les fibres les plus délicates du cœur au drapeau papal et à mon bataillon que je ne pourrais plus, ce me semble, vivre dans un autre air. Enfin à la garde de Dieu ! il n'adviendra que ce qu'il voudra.

Tous mes respectueux souvenirs autour de toi, et crois toujours, mon cher Benjamin, à ma meilleure affection.

HENRI LE CHAUFF DE KERGUENEC,
Sergent aux Zouaves pontificaux.

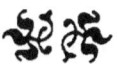

TABLE

A mes Enfants. v

Ire Lettre. — Rome, 5 janvier 1861. — A M. Etienne de... étudiant en Droit à Paris... Pourquoi se faire soldat du Pape ? 1

IIe Lettre. — Rome, 7 janvier 1861. Le départ de Kerguenec. — Mgr Jaquemet. — L'hôtel des Missions étrangères à Paris. — Mgr de Ségur. — Madame Lapène. — Madame du Bourg. — Le buffet de Dijon. — Chemises rouges. — Arrêt forcé à Saint-Rambert. — La théorie de l'Excentrique. — La Canebière. — A bord du *Vatican*. 8

IIIe Lettre. — Rome, 9 janvier 1861. — Débuts dans la vie militaire. — 1re visite au Pape. — Le serment. . 25

IVe Lettre. — Monte-Rotondo, 22 janvier 1861. — Départ de Rome sans *tambours* mais avec trompettes. — Palombara. — Nerolla. — Monte-Libretti. . 33

Ve Lettre. — Monte-Rotondo, 31 janvier 1861. — Affaire de Passo di Correze. — La cantinière. — Conduite des prisonniers à Rome. — Le caporal Morlais. — Ordre du jour du colonel de Becdelièvre. 41

VIe Lettre. — Monte-Rotondo, 17 février 1861. — Campagne de Nazzano. — Prise de Gaëte. — Retour à Monte-Rotondo. — Mort d'Artus de la Salmonière. 57

VIIe Lettre. — Anagni, 23 février 1861. — Arrivée à Anagni. 6

VIIIe Lettre. — Anagni, 4 mars 1861. — La vie de garnison. — Les Vêpres du Dimanche présidées par Mgr l'Évêque. — Une promenade à Ferentino. — Constructions cyclopéennes. 72

IXe Lettre. — Anagni, 14 mars 1861. — Une visite à Genazzano. 79

Xe Lettre. — Anagni, 24 mars 1861. — Les Pâques. — Le colonel Allet. — Charette Commandant. . . . 81

XIe Lettre. — Rome, Samedi Saint, 30 mars 1861. — La caserne Saint-Sixte. — Les catacombes Saint-Calixte. — Le tombeau des Scipions. — Bénédiction *Urbi et Orbi!* — Le tombeau du général de Pimodan à Saint-Louis des Français.. Le Comte de Bermond de Vachères. 88

XIIe Lettre. — Anagni, 8 avril 1861. — Les trois étapes d'Anagni à Rome. — Séverin Vercruysse. — L'hôtel d'Italie, à Anagni. — Le jour de Pâques à Rome. — La coupole de Saint-Pierre illuminée. — La *girandola* au Pincio. 100

XIIIe Lettre. — Anagni, 2 mai 1861. — Le général Kanzler. — Le mois de Marie. — Ce qu'on ne voit pas à l'horizon. — Le casernement à Anagni. . . . 107

XIVe Lettre. — Anagni, 9 mai 1861. — Le docteur Chauvin. — Projet de camp. — Mort de Ludovic de Taillart. — Le père La Joie. 111

XVe Lettre. — Anagni, 7 juin 1861. — Procession de la Fête-Dieu et clôture du Mois de Marie. — Les confitures de cerises et Léger de Boussineau. — A Raoul de Villoutreys. 115

XVIe Lettre. — Anagni, 24 juin 1861. — Souhaits de fête et groupe à l'adresse du Révérend Père Pillon, Recteur de Saint-François-Xavier de Vannes. . . 127

XVIIe Lettre. — Anagni, 20 septembre 1861. — En voiture pour Porto d'Anzio. — Compagnons de voyage. — Le père de Kersaintgilly. — Xavier de Régnon. — Marais Pontins. — Déjeuner à Genzano. Le nectar. — Le Pont de l'Aricia. — Porto d'Anzio. — Vieux artilleurs et caserne. — Le chez-soi. — L'*Antium* de Néron. Tous les maux à la mer. — Les Pères de la *Civiltà Cattolica*. — La fête de saint Ignace. — Famille et palais Datti. — La villa du Pape. — Académie de l'Allée des Muses. — A l'eau, canards! — Nettuno. — La poule de Saint-Pierre au palais Datti. — Excursion à Terracine. 130

XVIIIe Lettre. — Rome, 9 septembre 1861. — La fête de la Nativité à Rome. 165

XIXe Lettre. — Anagni, 23 septembre 1861. — Retour à Anagni. — Alertes. — Incendies. — Ferdinand de Charette. — Premier service anniversaire pour les morts de Castelfidardo. 168

XXe Lettre. — Saint-Paul-hors-les-Murs, 19 octobre 1861. — D'Agnani à Rome en passant par Marino. — Caserne Saint-Paul. — Les chaînes de saint Paul. — Le Frère Victor. 174

XXIe Lettre. — Saint-Paul-hors-les-Murs, 27 octobre 1861. — Visite du Pape à Saint-Paul. — La plus belle ovation de Rome à Pie IX depuis Gaëte. — Une lettre de Mgr de Ségur. 179

XXIIe Lettre. — Rome, 15 novembre 1861. — Près du Commandant de Charette. 184

XXIIIe Lettre. — Rome, 25 novembre 1861. — Maladie et mort de Paul Saucet, sergent aux zouaves et chevalier de Pie IX. — La Messe au tombeau de sainte Cécile et Madame la Vicomtesse de Curzay. 187

XXIVe Lettre. — Rome, 29 novembre 1861. — Remise à M. Laroche-Billou de la photographie de la reine de Naples. 193

XXVe Lettre. — Rome, 3 décembre 1861. — La Messe du Saint-Père dans sa chapelle privée. — Indulgences. — Funérailles de Paul Saucet. 195

XXVI° Lettre. — Rome, 21 décembre 1861. — Maladie et guérison du lieutenant Garroni. — Bref de Pie IX concernant Joseph Guérin.   204

XXVII° Lettre. — Rome, 10 janvier 1862. — Discours du Pape aux officiers pontificaux. — Sainte-Croix de Jérusalem. — La princesse d'Arsoli.   209

XXVIII° Lettre. — Rome, 31 janvier 1862. — Pourquoi François ne viendrait-il pas à Rome ?   213

XXIX° Lettre. — Souhaits de bonne année aux Pères et aux écoliers du collège Saint-François-Xavier. . .   216

XXX° Lettre. — Rome, 15 février 1862. — Vingt minutes dans le cabinet de Pie IX.   218

XXXI° Lettre. — Fièvre et carnaval. — Le Comité révolutionnaire. — Le Corso. — Yeux enfarinés. — *Confetti*. — L'antipétasisme. — Mort de Joseph de la Villebrunne.   221

XXXII° Lettre. — Marino, 5 avril 1862. — Arrivée à Marino. — Un contre quarante.   226

XXXIII° Lettre. — Marino, 14 avril 1862. — Détails d'installation. — Loulou. — Clôture de la retraite pascale. — Mgr de Dreux-Brézé.   232

XXXIV° Lettre. — Marino, 17 avril 1862. — Marino et sa fontaine. — Cori et le temple d'Hercule. — Grotta-Ferrata. — Adolphe de Kermoal, ses blessures et sa guitare. — Un rêve.   237

XXXV° Lettre. — Rome, 19 avril 1862. — Lamentations et *Miserere* à la Sixtine. — Chemin de Croix au Colisée. — Ira-t-on camper à Porto d'Anzio ? . .   245

XXXVI° Lettre. — Rome, 25 avril 1862. — De Marino à Porto d'Anzio. — La *locanda* du général. — Ces scélérats de boutons de guêtre ! — Nos tentes. — L'arrivée du Pape. — Le palais Datti. — Drapeaux au vent.   250

XXXVII° Lettre. — Camp de Porto d'Anzio, 5 mai 1862. — Pie IX au camp. — Le pain du Pape. — C'est trop cher, je n'en bois pas. — La corvette l'*Immaculée-Conception.* — En mer. — Une pêche non miraculeuse. — Victor-Emmanuel au large. — Leurs Majestés le Roi et la Reine de Naples visitant le camp. — Vieux débris de Gaëte. — Manœuvres et défilé devant le Roi. — Le général de Goyon en bourgeois. — Départ du roi de Naples. — Bénédiction des Drapeaux en la fête de l'Invention de la Sainte Croix. — Discours de Pie IX. — Son départ. 256

XXXVIIIe Lettre. — Camp de Porto d'Anzio, 10 mai 1862. — Le Pape et le Roi au palais Datti. — La *Serenata.* — Fauteuils et filles d'Eve. — Messes militaires au camp. — Pie IX sur la *Loggia* et le drapeau de la Croix. — Petite guerre. 273

XXXIXe Lettre. — Camp de Porto d'Anzio, 13 mai 1862. — Charles de Raimond et Guillaume Guillerm se noient. — Charette sur le rocher. — Obsèques de Charles de Raimond. — Sa tombe. . . . 280

XLe Lettre. — Marino, 19 mai 1862. — On lève le camp. — Les trous du Père Fioravanti. — Encore Loulou. — Obsèques de Guillaume Guillerm. — Adieux au Campo Santo. — Perret d'Escoublac. 285

XLIe Lettre. — Marino, 24 mai 1862. — Le Mois de Marie. — Si la Méditerranée venait à prendre feu ! Louis Veuillot au palais Pamfili. 291

XLIIe Lettre. — Marino, 26 mai 1862. — Monseigneur Dupanloup à Marino. — Le capitaine de Goësbriand à l'orgue. — Au pied du mur. — Le crayon de M. de Lambilly. — Calypso. — Henri Kaman. — Edgard de Soissan et le marquis Cavaletti. — Les Martyrs japonais. 297

XLIIIe Lettre. — Marseille, 31 mai 1862. — Sainte-Croix d'Orléans. — La cathédrale de Bourges. — Le colonel de Lauriston. — Grenoble. — Notre-Dame de la Garde. 308

XLIVᵉ Lettre. — Rome, 3 juin 1862. — Le *Capri* lève l'ancre. — *Ave maris Stella*! — Victimes de la mer. — L'archevêque d'Alger célèbre la sainte Messe à bord. — Vêpres présidées par l'archevêque de Reims. — Rome et l'hôtel d'Allemagne. — Heureuse rencontre. — Visite à la famille Datti. — Mgr Dupanloup à Saint-André *della Valle*. — Les zouaves au Belvédère. — Perret guéri. 312

XLVᵉ Lettre. — Rome, 16 juin 1862. — La canonisation. — Visite à Leurs Majestés le Roi et la Reine de Naples au Quirinal. — Pie IX et ses troupes au Camp Prétorien. 317

XLVIᵉ Lettre. — Rome, 17 juin 1862. — Mgr Berteaud, évêque de Tulle, au Colisée. 322

XLVIIᵉ Lettre. — Rome, 28 juin 1862. — Les ânes de Marino. — Promenade à Monte Cave. — M. Delapré tient bon. — Dîner chez l'abbé Daniel, aumônier des Zouaves. — Un mot trop vif. — Arrestation. — Une nuit dans la prison de la place française. — Permission de prendre pension au fort Saint-Ange. 327

XLVIIIᵉ Lettre. — Kerguenec, 4 août 1862. — A. M. Benjamin Sebaux à Laval. — Le fort Saint-Ange. — Compagnons de captivité. — La tenue. — Le menu du jour. — Le jeu de dames. — Une lame qui ne vient pas de Tolède. — Un paquet de tabac qui vient de haut. — La brique mystérieuse. — Ces bonnes rondes! — Le caporal Renard. — Une cuisse qui brûle et Mucius Scævola. — Renard en zouave. — Pain à discrétion. — Le vieux des Abruzzes. — L'artilleur Waquier. — Adieux au Fort. Permission d'un mois pour la France. — Madame de Kergos. — Apparition à Kerguenec. 335

XLIXᵉ Lettre. — Marseille, 9 août 1862. — A. M. Benjamin Sebaux. — Bruit de guerre. — Retour précipité à Rome. 358

L LETTRE. — Rome, 16 août 1862. — Affaire de Ceprano. — Extraits de la Correspondance de Rome et du Rapport du colonel Allet. — Madame de Charette et les Sœurs de Saint-Vincent-de-Paul à l'hôpital de Marino. — Vive mon bataillon ! — 361

LI° LETTRE. — Subiaco, 25 septembre 1866. — A M. Benjamin Sebaux. — Départ de Prossedi. — Regrets aux brigands. — La Madonna della Neve. — Alatri ! — *C'est des jolis blocs!* — Guarcino. — Subiaco. — Le couvent de Sainte-Scholastique. — Les zouaves au réfectoire. — Une séance littéraire. — La Croix du Révérend Père de Géramb. — Un mot de Viterbe et de Ste Rose. — Mgr. de Ségur et le sixième anniversaire de Castelfidardo. — Ce que Dieu voudra. . 370

POITIERS. — TYPOGRAPHIE OUDIN ET Cie

www.ingramcontent.com/pod-product-compliance
Lightning Source LLC
Chambersburg PA
CBHW071910230426
43671CB00010B/1555